北京高校中国特色社会主义理论研究协同创新中心（清华大学）
资助出版

本书编委会

顾　问：邢贲思　李　捷　林　泰　刘美珣　朱育和
主　任：邓　卫　艾四林
副主任：肖贵清
委　员（按姓氏笔画排序）：

　　　王传利　王宪明　王峰明　王雯姝　韦正翔　孔祥云
　　　刘书林　刘　立　刘敬东　李义天　李成旺　肖　巍
　　　吴　倬　吴潜涛　邹广文　欧阳军喜　赵甲明　韩冬雪
　　　解　安　蔡乐苏　戴木才

编　务：吴　丹

邹广文 ◎ 著

文化理想与文化批判

邹广文学术自选集

中国社会科学出版社

图书在版编目（CIP）数据

文化理想与文化批判：邹广文学术自选集 / 邹广文著．—北京：中国社会科学出版社，2020.4
ISBN 978 - 7 - 5203 - 5892 - 7

Ⅰ.①文⋯ Ⅱ.①邹⋯ Ⅲ.①马克思主义哲学—文化哲学—文集 Ⅳ.①B0 - 0②G02 - 53

中国版本图书馆 CIP 数据核字（2020）第 021482 号

出 版 人	赵剑英
责任编辑	张 林
特约编辑	张 虎
责任校对	李 莉
责任印制	戴 宽

出　　版	中国社会科学出版社
社　　址	北京鼓楼西大街甲 158 号
邮　　编	100720
网　　址	http://www.csspw.cn
发 行 部	010 - 84083685
门 市 部	010 - 84029450
经　　销	新华书店及其他书店
印刷装订	北京君升印刷有限公司
版　　次	2020 年 4 月第 1 版
印　　次	2020 年 4 月第 1 次印刷
开　　本	710×1000　1/16
印　　张	21.25
插　　页	2
字　　数	327 千字
定　　价	118.00 元

凡购买中国社会科学出版社图书，如有质量问题请与本社营销中心联系调换
电话：010 - 84083683
版权所有　侵权必究

目 录

上编　马克思主义基本理论及其当代解读

马克思总体性思想与当代中国问题 …………………………… (3)
全球化语境下的哲学实践主题 ………………………………… (17)
文化理想与文化批判
　　——马克思《1844 年经济学哲学手稿》中的现代性精神 ………… (35)
马克思"新世界观"的总体构思
　　——重读《关于费尔巴哈的提纲》 ………………………… (49)
马克思恩格斯世界历史思想及其时代意义 …………………… (64)
马克思文化思想及其中国文化观 ……………………………… (74)
论文化自觉与人的全面发展 …………………………………… (88)
马克思的现代性视野及其当代启示 …………………………… (100)
哲学理解略论 …………………………………………………… (114)
试论主体的能动性与超越性 …………………………………… (123)
人在场的本体论与马克思哲学基本视阈 ……………………… (133)
论马克思哲学的超越性维度 …………………………………… (147)

中编　人类的文化实践矛盾及其价值追问

关注整体性：文化哲学的重要问题 …………………………… (163)
试论文化哲学研究的现代意义 ………………………………… (171)
关于文化哲学的基本问题 ……………………………………… (180)

试论文化哲学的理论源流 …………………………………（192）
人文精神及其当代价值定位 ………………………………（203）
当代文化哲学建构的中国资源 ……………………………（213）
在文化世界中延展哲学之思
　　——卡西尔《语言与神话》阅读札记 ………………（228）
论文化的境界 ………………………………………………（237）
中国精神的民族特征与时代追求 …………………………（247）
建设"文化中国"的几点思考 ……………………………（258）

下编　当代中国社会发展问题省思

发展哲学与中国的现代化 …………………………………（269）
中国走向现代化的三重文化背景 …………………………（278）
论社会发展中的文化含量 …………………………………（289）
个体的文化价值世界论要 …………………………………（298）
论可持续发展的人文本质及其人文对策 …………………（308）
以健康的文化观引领社会生活 ……………………………（319）
注重社会发展的价值排序 …………………………………（323）
当代哲学如何关注"中国问题" …………………………（325）
人类命运共同体意识的文化关切 …………………………（331）

后　记 …………………………………………………………（336）

上 编

马克思主义基本理论及其当代解读

马克思总体性思想与当代中国问题

以总体性视角来关注整个生活世界，是马克思哲学的一个重要的特征。诚如卢卡奇所言："总体范畴，整体对各个部分的全面的、决定性的统治地位，是马克思取自黑格尔并独创性地改造成为一门全新科学的基础方法的本质。"[①] 我们知道，马克思哲学作为时代精神的精华，凸显的是"形而下"与"形而上"的双重关切。就"形而下"来说，马克思认为哲学不是纯粹抽象的观念思辨，哲学应该密切关注人类存在的历史性过程及其形态演进，以彰显其"时代性"；而就"形而上"来说，马克思认为哲学不能等同于一般意义上的经验实证科学，必须将对人类社会生活的考察诉诸一种辩证总体性方法，实现对生活世界的超越，以彰显哲学反思的"精神性"。因此，要切实实现"时代"与"精神"的统一，就必须诉诸辩证总体性的研究方法。今天，中国的改革与社会实践已经到了一个关键的发展节点，需要我们对于改革的总体性有一种理论前瞻，即注重改革的系统性、整体性与协同性，以确保中国改革的顺利推进。基于这一背景我们认为，自觉理解和把握马克思的总体性思想无疑具有重要的实践意义。

一 "总体性"与"现代性"的内在关联

总体性是人类赖以生活的基础，它涉及人存在的根本性维度。我们知道从哲学层面来说，总体性不是一个局部性的、经验性的问题，对于

[①] 卢卡奇：《历史与阶级意识》，商务印书馆1999年版，第79页。

总体性的彻底性回答，必然要指向全局性和超验性。人与动物的最大不同就在于，人不是完全被动地受制于外界必然性并服从于自然的规律，人能够提升自己，把自己甚至把世界作为对象性存在来进行反思，这样，就必然产生关于"总体性"的追问——人作为个体与世界是什么关系？人所面对的世界究竟是有限的还是无限的？它能够被人把握吗？从某种意义上说，总体性是人的超越性努力的体现。唯有从人的超越性角度理解总体性，对人才是有意义的。

人作为主体性存在，既需要认识这个世界，更需要感受和体验这个世界。而只有在体验的层面，世界与我才不会陌生，才是我所亲历的、为我的存在。按照马克思的理解，当人与对象世界处在一种平衡状态的时候，世界就变成了"无机的身体"，变成肯定人的存在的对象。但是，工业文明的出现终结了人与世界的这种平衡，世界的图景开始改变。例如在《德意志意识形态》当中马克思就强调："周围的感性世界决不是某种开天辟地以来就已存在的、始终如一的东西，而是工业和社会状况的产物，是历史的产物，是世世代代活动的结果。"[①] 当世界作为人的肯定性对象而呈现的时候，人与世界是融为一体的，人此时作为主体性存在亦能感受其"总体性"价值。但是资本的逻辑让这个世界变快了，可谓变幻莫测、异彩纷呈。资本的逻辑诉求是要将整体的世界精确地分解为它的各个组成部分，并用各专门的技术与科学去分门别类地研究其特殊的、局部的规律，进而达到"合理化"地把握世界。但是如此一来，整体的世界图景被肢解了，片面的、局部的世界对应的则是片面的、局部的人，人甚至成为异己的、无根的存在，生活的种种劳作与人的目的性追求没有关联。

从这个角度看，总体性作为一个哲学问题被凸显出来，与人类的现代性历史实践息息相关。当然，这并不是说在前现代文明哲学家不关注"总体性"，探求人的生存境遇、关注人的世界统一性，这一直是哲学家们绕不开的话题。因为人们不堪忍受无根的、飘忽不定的生活，不堪忍受纷繁陈杂的世界，总期望赋予这个世界以一种秩序、一种统一图景，如此人类才能安身立命，构建出属人的生活世界。众所周知，现代性作

[①] 《马克思恩格斯全集》第3卷，人民出版社1960年版，第48页。

为人类现代化实践的内在精神，始终在与资本逻辑的实践展开相伴随。我们这里旨在强调的是，工业化时代的到来，导致有机的世界被技术化了，从而遮蔽了"具体的总体"[①]"历史过程的整体"[②]，因此，建构总体性就成为现代性历史语境中首当其冲的主题。

正是在现代性历史语境中，马克思的总体性思想才彰显出其独到的价值。我们知道人类在前现代文明发展阶段，由于生产力水平的限制，人与自然的矛盾关系尚未充分展开，总体上还处于一种原初的和谐状态；而就人的社会文化生活而言，每个民族都还处于一种相对隔绝的状态，所呈现的基本图景还是离散时空的发展格局，正如中国先秦思想家老子所描绘的"邻国相望，鸡犬之声相闻，民至老死不相往来"[③]。人类前现代文明时代的交往受限于地域，受限于人的活动速度。例如在中国古代农业社会，马车是人们最基本的交通工具，时速一般不会超过30公里。而现代工业文明开启了人类发展的新纪元，人类从地域性的交往走向了全球性的交往时代。马克思在《共产党宣言》中对此曾有过生动的描述：

> 资产阶级，由于开拓了世界市场，使一切国家的生产和消费都成为世界性的了。使反动派大为惋惜的是，资产阶级挖掉了工业脚下的民族基础。古老的民族工业被消灭了，并且每天都还在被消灭。它们被新的工业排挤掉了，新的工业的建立已经成为一切文明民族的生死攸关的问题；这些工业所加工的，已经不是本地的原料，而是来自极其遥远的地区的原料；它们的产品不仅供本国消费，而且同时供世界各地消费。旧的、靠本国产品来满足的需要，被新的、要靠极其遥远的国家和地带的产品来满足的需要所代替了。过去那种地方的和民族的自给自足和闭关自守状态，被各民族的各方面的互相往来和各方面的互相依赖所代替了。物质的生产是如此，精神的生产也是如此。各民族的精神产品成了公共的财产。民族的片面性和局限性日益成为不可能，于是由许多种民族的和地方的文学形

[①] 卢卡奇：《历史与阶级意识》，商务印书馆1999年版，第58页。
[②] 同上书，第240页。
[③] 《老子》第十八章。

成了一种世界的文学。①

的确，从15世纪到17世纪的人类地理大发现，新生的资本主义逐渐登上人类历史舞台，尤其是打破了全世界各民族之间的相对孤立的发展状态，此后的世界日益成为一个相互影响、联系密切的整体，进而从根本上改变了人类历史的发展进程。但是马克思同时也清醒地认识到，资本主义所开启的是一个"以物的依赖性为基础的人的独立性"②的时代，在这一时代背景下，资本逻辑追逐的是利润最大化和效用最大化，物质利益成为支配人的社会生活的主导要素。马克思分析指出，西方工业革命有力地推进了早期资本主义手工生产方式向机械化大生产方式的变革，机械化生产清晰地描绘了工人与资本家之间关系的现实表征：机器本身作为人类异化的类本质已经成为工人的直接隐喻，人就是机器，甚至"由于工人被贬低为机器，所以机器就能作为竞争者与他相对抗"③。可以说，近代工业文明的诞生史就是近代资本主义的发展史，而近代资本主义的发展史就是人类本质异化为资本的流变史。"资产阶级撕下了罩在家庭关系上的温情脉脉的面纱，把这种关系变成了纯粹的金钱关系。"④ 在马克思看来，资本所开启的这种"现代性逻辑"正在使有机的世界被重新塑造成为纯粹物的、碎片化的世界——物质的扩张阻抑了人与人之间的精神联系。"资本在具有无限度地提高生产力趋势的同时，又……使主要生产力，即人本身片面化，受到限制。"⑤ 资本逻辑导致了人的全面异化，在资本主义生产关系中，工人被迫从事异化劳动。劳动的异化性表现为，个体通过劳动生产的东西并不被他自己占有而是被他人剥夺，人通过外化劳动将自己的类本质让渡到劳动产品中，却没有从这些劳动产品中得到其本质的回归，结果是人与人之间、人与社会之间变得陌生了，从而造成人的类本质丧失与个体人格完整性的解体，并由此进一步导致社会整体发展与个体发展之间的分裂甚至对抗。

---

① 《马克思恩格斯文集》第2卷，人民出版社2009年版，第35页。
② 《马克思恩格斯全集》第46卷（上），人民出版社1979年版，第104页。
③ 马克思：《1844年经济学哲学手稿》，人民出版社2000年版，第11页。
④ 《马克思恩格斯文集》第2卷，人民出版社2009年版，第34页。
⑤ 《马克思恩格斯全集》第30卷，人民出版社1995年版，第406页。

可以这样说，马克思对于资本主义现代性的批判，与其对于人类"总体性"建构的历史使命是相辅相成的。资本与现代性让这个世界越来越同质化，越来越失去灵性，所以必须呼唤总体性思维，培育辩证的总体观。我们看到在马克思的相关文本中，不乏一些与"总体性"精神表达相近似的概念如"完整性""全部丰富性""共同体""全面的本质""全面而深刻感觉的人"等。透过总体性哲学的构建，表达着马克思扬弃私有制和异化的革命立场，标示着马克思哲学批判的超越性维度。

二　马克思总体性思想的逻辑展开

诚然，对于总体性思想，马克思并没有系统而具体地予以阐发。但是，作为一种方法论原则，的确是马克思考察人类社会发展的历史规律、构建科学社会主义理论的重要方法。如前所述，哲学的"总体性"是一个指向全局性和超验性的范畴，当然也是一个有着价值承诺的范畴。同样，马克思哲学作为关注人的解放、人的自由而全面发展的彻底的、革命的理论，必然要诉诸总体性考察视野。

我们知道在黑格尔哲学那里，总体性就曾经受到过特别的关注。他对总体性的具体表述是："哲学的每一个部分都是一个哲学总体，一个自身完整的圆圈。但哲学的理念在每一部分里只表达一个特殊的规定性或因素，每个单一的圆圈，因它自身也是整体，就要打破它的特殊因素所给予的限制，从而建立一个较大的圆圈。因此，全体便有如许多圆圈的圆圈所构成的大圆圈。这里每一个圆圈便是一个必然的环节，这些特殊因素体系构成了整个理念，理念也同样表现在每一个别环节之中。"① 显然黑格尔这里对总体性的哲学表述具有浓厚的思辨色彩。但是与黑格尔哲学对总体性的理解不同，马克思所强调的总体已经不再是一种绝对精神的演绎，而是包含在人类客观历史过程中的具体，是在对社会现实的认识中被发现并在社会行动过程中被重新赋予了现实性的总体。对于总体性哲学方法，马克思在《1857—1858年经济学手稿》中曾有过非常具体的说明："从实在和具体开始，从现实的前提开始，因而，例如在经济

---

① 黑格尔：《小逻辑》，商务印书馆1980年版，第56页。

学上从作为全部社会生产行为的基础和主体的人口开始,似乎是正确的。但是,更仔细地考虑起来,这是错误的。如果我,例如,抛开构成人口的阶级,人口就是一个抽象。如果我不知道这些阶级所依据的因素,如雇佣劳动、资本等,阶级又是一句空话。而这些因素是以交换、分工、价格等为前提的。比如资本,如果没有雇佣劳动、价值、货币、价格等等,它就什么也不是。因此,如果我从人口着手,那么这就是关于整体的一个混沌的表象,并且通过更切近的规定我就会在分析中达到越来越简单的概念;从表象中的具体达到越来越稀薄的抽象,直到我达到一些最简单的规定。于是行程又得从那里回过头来,直到我最后又回到人口,但是这回人口已不是关于整体的一个混沌的表象,而是一个具有许多规定性和关系的丰富的总体了。"①

的确,在马克思那里,总体性是一个有着终极关怀的价值预设。总体意味着大全,而人们不可能在经验层面获得总体性,因此一定意义上说总体性是一个超验性范畴,唯因其超验性,才确保了以总体性思维去分析考察社会生活现实的绝对合法性。卢卡奇将"总体性"标注为马克思哲学的实质与核心,是有一定道理的。可以说正是基于总体性的视角,马克思把人类社会历史看作一个统一辩证的过程,对之进行整体的、全面的考察分析。马克思以此来对抗人与自然关系的疏离、人与社会关系的紧张以及人的异化与片面化发展。对此,我们做一具体展开分析。

首先,从总体性视角构建人与自然的关系。人与自然本来是相互关联、相互依存的,但是,在现代性的历史展开阶段,理性与技术都成了肢解有机自然的工具,结果造成人与自然关系的紧张,甚至受伤的自然开始报复人类。在马克思看来,这一切归因于人的态度,不是自然出了问题,而是人出了问题。在现代性语境下,资本主义人以一种功利化心态面对自然、解剖自然:"以前的一切社会阶段都只表现为人类的地方性发展和对自然的崇拜。只有在资本主义制度下自然界才不过是人的对象,不过是有用物;它不再被认为是自为的力量;而对自然界的独立规律的理论认识本身不过表现为狡猾,其目的是使自然界(不管是作为消费品,

---

① 《马克思恩格斯文集》第 8 卷,人民出版社 2009 年版,第 24 页。

还是作为生产资料）服从于人的需要。"① 现代性助长了人的傲慢，人的这种傲慢又导致人与自然愈演愈烈的疏离态势，结果是人失去了自己的存在之根。

从总体性的角度来审视人与自然的关系，马克思认为，人类与万物共同来源于自然界并且具有共同的物质基础，所以，人与自然也本应处于互养相成的平等地位，两者之间具有内在的统一性："被抽象地理解的、自为的，被确定为与人分隔开来的自然界，对人说来也是无。"② 人与自然必然要产生相互作用，在自然面前，人既要凸显自己的主体性，但是更要强调人类与自然的统一性，自然界"是人的无机的身体"③，是"人的精神的无机界"④，人类本身就是自然界的产物，人类自身的一切都拥有自然属性。要找回人与自然的和谐关系，首先就要有效解决资本主义私有制与社会化大生产之间的矛盾，马克思强调要克服这一矛盾必须消灭私有制，建立起由生产者联合起来的公有制社会，从而最终在人类"和解"的基础之上实现人类与自然的"和解"。而这就是共产主义所要致力的工作，"共产主义是私有财产即人的自我异化的积极的扬弃……这种共产主义，作为完成了的自然主义，＝人道主义，而作为完成了的人道主义，＝自然主义，它是人和自然界之间、人和人之间的矛盾的真正解决。"⑤ 显然，马克思在这里是将共产主义置于总体性的层面来予以关注的，因为唯有在共产主义社会，人才真正实现自然的人化和人的自然化，即人与自然的共同解放，通过与自然的和解进而达到人对自己本质的真正占有。

其次，从总体性视角把握人的社会生活。从总体性视角把握人类社会历史生活是马克思唯物史观的基本特征。马克思将人类社会生活视为一个不断生成、不断完善的动态发展过程，认为只有诉诸总体性眼光才能准确把握社会生活的历史演进，进而探寻其发展的规律。例如正是基于总体性的角度，马克思提出了"亚细亚的、古希腊罗马的、封建的和

---

① 《马克思恩格斯全集》第 46 卷（上），人民出版社 1979 年版，第 393 页。
② 马克思：《1844 年经济学哲学手稿》，人民出版社 2000 年版，第 116 页。
③ 同上书，第 56 页。
④ 同上。
⑤ 同上书，第 81 页。

现代资产阶级的生产方式可以看作经济的社会形态演进的几个时代"① 的社会形态理论。在《资本论》第一版序言中，马克思就曾明确指出："现在的社会不是坚实的结晶体，而是一个能够变化并且经常处于变化过程中的有机体。"② 可以说这一结论是马克思对资本主义社会总体研究的思想结晶。在马克思看来，人的社会生活是一个由多种社会要素构成的相互联系、相互依存的有机整体，它的发展既是一个自然的历史过程，也是人类能动自觉参与的不断进步的过程。此外，我们看到马克思在其他相关著述中所使用的"社会形态""社会经济形态""社会意识形态""世界历史""世界的文学"等概念，都折射了马克思力图从总体性考察人类社会生活的努力。

马克思在其著名的《〈政治经济学批判〉序言》中，特别从动态发展的角度具体描绘了一幅社会有机体结构和功能的发展图景，这可视为马克思社会总体性思想的系统性表达：

> 人们在自己生活的社会生产中发生一定的、必然的、不以他们的意志为转移的关系，即同他们的物质生产力的一定发展阶段相适合的生产关系。这些生产关系的总和构成社会的经济结构，即有法律的和政治的上层建筑竖立其上并有一定的社会意识形式与之相适应的现实基础。物质生活的生产方式制约着整个社会生活、政治生活和精神生活的过程。不是人们的意识决定人们的存在，相反，是人们的社会存在决定人们的意识。社会的物质生产力发展到一定阶段，便同它们一直在其中运动的现存生产关系或财产关系（这只是生产关系的法律用语）发生矛盾。于是这些关系便由生产力的发展形式变成生产力的桎梏。那时社会革命的时代就到来了。随着经济基础的变更，全部庞大的上层建筑也或慢或快地发生变革。③

从社会总体性来看，社会体系的各个环节是不可分割的有机整体，

---

① 《马克思恩格斯文集》第 2 卷，人民出版社 2009 年版，第 592 页。
② 《马克思恩格斯文集》第 5 卷，人民出版社 2009 年版，第 13 页。
③ 《马克思恩格斯文集》第 2 卷，人民出版社 2009 年版，第 591—592 页。

它是跨层次性的囊括社会生活领域的。社会总体性不是全部社会生活条件简单相加,而是有机整合,在这一有机体内,人一方面要同自然界进行物质变换,进行物质资料的生产实践,另一方面还要进行人自身的生产,以实现种的繁衍。另外社会发展的重要目标是要实现物质与精神的平衡。物质和精神对应于人之不同的需求层次,物质的富庶与技术的进步就是为了让人们生活得更舒适更便捷,但是它不能解决人的精神充实问题,所以人类需要人文精神的介入。人是一种目的性存在,这种目的性标示着人要创造文化、追寻意义。正是人的精神世界划定了人性的圆周。同样,人的精神维度标识着物质进步的方向。人类在社会实践中创造了物质文化世界和精神文化世界,物质世界满足了人的肉体生理的需求,精神世界满足了人的主体精神需求。而谋求物质世界和精神世界的平衡正是社会作为有机体的内在要求。

再次,从总体性视角致力于个体自由而全面的发展。马克思认为总体性同样要具有个体性关怀,因为"每个人的自由发展是一切人的自由发展的条件"①。具体的个人才是社会生活的最真实要素,只有个体的发展与完善才是为未来社会奠定了坚实的现实基础。可以说,个体的自由而全面的发展正是"个体的总体性"的表征。马克思说,新的社会制度"使这种全面的发展,即不以旧有的尺度来衡量的人类全部力量的全面发展成为目的本身。在这里,人不是在某一种规定性上再生产自己,而是生产出他的全面性"②。反抗劳动的异化,反抗资本逻辑下人的片面发展,这是马克思最鲜明的立场。人类的社会进步并不是抽象的概念演绎,而是拥有具体而真实的历史内容的,人类社会进步的各种成果只有最终落实到具体的人的发展层面,才称得上是完整意义上的进步。

塑造"总体的人"③(Totaler Menschen)是马克思反思与批判资本现代性的价值旨归。从人的生存境遇来看,马克思认为人是一种二重性存在,我们每个人既有肉体,也有心灵,所以人既有动物性也有神性。人的肉体需要满足,心灵也需要满足,只有身心平衡才符合"完整的人"

---

① 《马克思恩格斯文集》第2卷,人民出版社2009年版,第53页。
② 《马克思恩格斯全集》第46卷(上),人民出版社1979年版,第486页。
③ 马克思:《1844年经济学哲学手稿》,人民出版社2000年版,第85页。

的基本要求。但是资本逻辑的展开却导致个体成长的异化，马克思指出：
"私有制使我们变得如此愚蠢而片面，以致一个对象，只有当它为我们所拥有的时候，就是说，当它对我们来说作为资本而存在时，或者它被我们直接占有，被我们吃、喝、穿、住等等的时候，简言之，在它被我们使用的时候，才是我们的。"① 个体被降低为通过纯粹物的占有才感觉到自己存在的可怜境地，拥有欲代替了人的一切，人的灵性因此被遮蔽了。马克思指出必须通过私有制和异化的扬弃，才可能恢复人与世界的本真关系，进而实现"完整的人"的塑造，"对私有财产的扬弃，是人的一切感觉和特性的彻底解放；但这种扬弃之所以是这种解放，正是因为这些感觉和特性无论在主体上还是在客体上都成为人的。"② 只有扬弃私有财产和异化，人才能够在自己的对象性活动中确证自己的存在本质，才会在物的交换关系中生成为人与人之间的本质交换关系，所以说完整的人是人对于自己本质的全面性占有。"因此，人是特殊的个体，并且正是人的特殊性使人成为个体，成为现实的、单个的社会存在物，同样，人也是总体，是观念的总体，是被思考和被感知的社会的自为的主体存在，正如人在现实中既作为对社会存在的直观和现实享受而存在，又作为人的生命表现的总体而存在一样。"③ 只有每个个体呈现出自由自觉的生活状态，由此所生成的社会总体性才是真实的、富有意义的。

三 总体性哲学与当代中国问题

梳理考察马克思的总体性思想，对于当代中国具有特别的意义。中国的改革实践需要理论自觉，正如马克思所说，"光是思想力求成为现实是不够的，现实本身应当力求趋向思想。"④ 中国改革前行已经40余年，我们不能再一味去"摸着石头过河"，而应该在实践中完善我们的社会发展意识，以使我们的改革更具有方向性和目的性。

---

① 马克思：《1844年经济学哲学手稿》，人民出版社2000年版，第85页。
② 同上书，第85—86页。
③ 《马克思恩格斯文集》第5卷，人民出版社2009年版，第188页。
④ 《马克思恩格斯文集》第1卷，人民出版社2009年版，第13页。

检讨中国的改革开放实践我们首先看到，我们实现了跨越式发展，取得了举世瞩目的成就。尤其是在经济领域，通过灵活多样的经济形式尝试，激活了社会发展潜能。现如今，我们的经济总量已经跻身世界第二，中国的经济发展指数已经成为世界经济走向的风向标。但是冷静思考我们会感到，中国发展的代价也是空前的。我们"一心一意谋发展"实际只是经济上的一枝独秀，而与之相配套的社会综合改革举措并没有及时跟进，这导致中国社会发展的不平衡——我们的政治改革滞后，文化建设不尽如人意，生态环境日益恶化，这一切都成了影响未来中国发展的紧迫性问题。呼唤改革的全局性思路，关注社会的总体性发展日渐成为一种社会共识。思考应然性问题是哲学体现其价值之所在，我们必须自觉摈弃那种只注重量的扩张而没有质的提升、见物不见人的片面发展模式，在顶层设计层面要对未来中国发展具有总体性的价值关切。

理论自觉是行动自觉的前提。放眼世界我们看到，伴随着人类现代化的历史进程，与之相对应的各种社会发展理论层出不穷。对于当下的中国发展而言，建构有中国特色的、切实解决中国问题的社会发展理论尤其重要。2013年11月党的十八届三中全会所通过的《中共中央关于全面深化改革若干重大问题的决定》明确提出："必须更加注重改革的系统性、整体性、协同性，加快发展社会主义市场经济、民主政治、先进文化、和谐社会、生态文明，让一切劳动、知识、技术、管理、资本的活力竞相迸发，让一切创造社会财富的源泉充分涌流，让发展成果更多更公平惠及全体人民。"2014年底，习近平总书记又提出要主动把握和积极适应经济发展新常态，协调推进"四个全面"建设即"全面建成小康社会、全面深化改革、全面推进依法治国、全面从严治党"。透过党中央的这些举措，我们应该清醒地认识到，与其他国家的社会转型及其现代化实践相对比，今天我们所面临的"中国问题"的确具有特殊性；就宏观历史跨度来说，中国的社会转型面临着历时性文明（前现代、现代和后现代）的共时性（各种问题矛盾集结呈现）承受问题；而就具体社会生活层面看，中国的改革已经进入深水区和攻坚期，涉及各种利益关系的深度调整，其复杂性、敏感性和艰巨性可谓前所未有。因此必须告别先前那种修修补补的碎片化改革思维，要从未来中国社会发展的总体性战略高度来布局谋篇，确保社会发展的可持续性。

今天的中国改革需要确立总体性思维。重温马克思的总体性思想，对于我们破解当代中国社会发展难题无疑具有重要的方法论启示意义。笔者以为，从总体性角度看，改革要紧紧围绕关乎全局性的矛盾问题展开，突出改革的系统设计，探索改革的总体方案，谋求改革的整体突破。从这一总要求考察中国社会发展，当务之急是要解决好社会发展的公正性、发展的平衡性以及发展的人文性问题。

首先，要注重发展的公正性。公正是一个社会的基本品质，更是人类社会永恒的价值追求。党的十八届三中全会强调要"坚持社会主义市场经济改革方向，以促进社会公平正义、增进人民福祉为出发点和落脚点"，其着眼点也许正在于此。从哲学的层面来看，公平并不单纯是一种不同社会成员之间利益的增减，就其性质而言，它还具有人类理性的内在"善"的要求，表达的是社会的良知。社会财富越增加，公平越重要，因为如果没有公平公正作保障，可能社会财富越多社会矛盾越突出。所以着眼于中国改革的总体性要求强调社会公正，就显现出特别的意义：其一，社会是否公正关涉中国社会健康发展的方向。追求社会的公平公正既是建设和谐社会的价值基础，也是社会主义发展的内在本质要求。我们看到中国在经济的高速增长中，效率优先的观念被过度强化，市场经济逻辑也被泛化，结果导致在政治、社会、文化等诸多领域出现了日益严重的问题：权力寻租时有出现，民生保障尚未完善，社会公益性事业发展还不健全，再加上日益严重的贫富分化现象，所有这些问题已经偏离了以人为本的发展理念，成为影响国家长治久安的重要因素。只有确立社会公平，真正让全体中国人共享改革发展成果，我们的改革才不会迷失方向。其二，社会是否公正关涉百姓对中国未来发展的信心。社会越公平，每个人的贡献与所得就越一致，每个人的社会参与热情便越高。公平是效率的根本保证，关注公平就是关注人心所向。社会越公平，人们损害社会和他人的倾向便越小，从而社会总体的活动效率便越高，就会进一步在社会基础层面夯实人们对未来发展的信心。其三，社会是否公平公正，关涉社会生态环境的多样性与丰富性。在全球化的发展时代，社会将越来越关注个体发展质量，即越来越从"集体记忆"走向"个体感受"。公平公正的社会才会产生自由而全面的有个性的人，才会出现各种各样的技能和文化，这样的社会才更有活力，更能够发展。从一定意义来说，社会公平公正所保证的，其实是群体的多样性——使社会中的每个成员有更好的生存机会和生存品质。唯有这样，社会才可能无论遇到什么样的情况，都会有某些个体能够发挥自己的特长，引导整个族群得以延续。

其次，要注重发展的平衡性。当前中国发展的不平衡问题在许多领域都有所表现，区域发展间的不平衡、城市与乡村发展间的不平衡、人民日益增长的文化需求与文化产品供应之间的不平衡、经济与社会发展间的不平衡，此外还有诸多导致社会不平衡发展的问题，如两极分化导致的居民收入差距不断扩大、经济发展受到资源与环境的制约，等等。应该说我国发展的不平衡问题由来已久，有其历史与现实的、自然与社会的、体制与机制的、政策与措施的等诸多方面的原因，是社会各种复杂因素相互作用的结果。不可否认在中国改革的进程中，一定程度上的不平衡发展会释放发展的活力，对社会具有促进作用。但是，如果发展不平衡问题得不到根本改善，则可能影响社会稳定，危及社会的可持续发展。从总体性哲学角度来看，发展的平衡性体现在社会生活中，即指社会的和谐状态，其中包含着丰富的内容，如人与自然的和谐，人与社会的和谐，人与人的和谐等。要做到平衡发展，就需要根据社会生态系统的特性和演替动力，遵照自然法则和社会发展规律，去合理地分配社会资源，达到环境合理、经济高效、行为高尚、社会文明和系统健康，进而实现社会的稳定与繁荣。

最后，要注重发展的人文性。中国所致力的社会发展是"以人为本"的发展，其核心价值诉求就是关心人、理解人、尊重人，把人当成人，一句话，人是目的。显然，这体现出鲜明的人文导向。通过社会发展，使"人以一种全面的方式，就是说，作为一个总体的人，占有自己的全面的本质"。[①] 文化是社会进步的灵魂，一个社会如果没有文化的进步和国民素质的提升，这种进步就是不真实的。正如2014年10月习近平在文艺工作座谈会上的讲话中所指出的："没有中华文化繁荣兴盛，就没有中华民族伟大复兴。一个民族的复兴需要强大的物质力量，也需要强大的精神力量。没有先进文化的积极引领，没有人民精神世界的极大丰富，

[①] 马克思：《1844年经济学哲学手稿》，人民出版社2000年版，第85页。

没有民族精神力量的不断增强，一个国家、一个民族不可能屹立于世界民族之林。"不容否认，在我们当下的社会生活中，还存在着重技术经济而轻人文精神的现象，存在着精神文化被淡化和边缘化、生活中神圣的东西被消解的倾向；在个体实践层面，则存在着感性欲望的泛化、主体道德人格迷失和精神价值消解的倾向。由于人文关怀的缺失和物质享受欲的泛滥，进一步衍生出了诸多社会问题，人的个人生活被碎片化、实用化，缺少恒常的人文关怀。人类世界不能成为物质所堆积的、追逐名利的场所，我们的世界更不能完全通过科学技术来"祛魅"，因为当这个世界被祛魅之后，这个世界就会变成机械呆板的死的世界，精神、信仰、理想、灵魂这些本该让我们心生敬畏与虔诚的词汇便没有了存在的价值。

我们的社会应该夯实培育精神充实、人性崇高的社会基础，注重科学精神和人文精神的统一，重建我们的精神家园。总之，丰富中国人的精神世界，构建全社会的人文关怀，应成为我们社会发展的目的性指向，以此来赋予社会发展以恒常的价值与意义，以确保社会发展的总体性、全面性与可持续性。

（原载《高校马克思主义理论研究》2015年第1期）

全球化语境下的哲学实践主题

当今人类已经进入一个全球化发展时代——不管人们对于全球化做怎样的解释，这都是一个不争的事实，而且需要我们去认真面对。人类的社会实践具有历史性。全球化时代的到来使人的实践行为发生了重大的历史变化，尤其是随着物质、能量、信息在全球范围内的广泛交流，人类在实践的性质、规模、水平、效能等方面，都在经历着空前的改变。全球化实践标志着人类征服和改造自然的能力空前提高，人类的本质力量借助新科学技术的武装日益扩展和渗透到至大无外、至小无内的广阔空间，进而深刻地改变了人与自然的关系、人与社会的关系，乃至人们的生活方式、思维方式和价值观念。

在这种全球化的历史视野中，人的实践行为越来越被整合为一个完整的体系，实践主体的人类性已经多方面地呈现出来。在人与自然、人与社会的关系中，人作为自觉的能动的方面，能否切实实现人与对象世界的和谐发展，完全取决于人类自身的活动和对这种活动的自觉程度。在这种背景下产生的全球性的问题如文化的冲突与融合、价值的一元和多元以及人与自然关系的协调等，无不折射着全球性实践的印记。

一　全球化语境及其解读

从社会发展的视角来看，全球化是作为一种历史过程而进入人们的关注视野的。自从哥伦布发现美洲新大陆，麦哲伦环球航行成功，全球化时代的序幕也就从此拉开。在500多年的历史变迁中，工业化充当了全球化进程的生力军。而贯穿始终的主导旋律，则是民族与国家企图打破封闭的地域和民族界限,使区域和民族的交往与联系在全球范围内展开,并向社会生活各个领域的渗透与深化:它在物质层面表现为生产力的高度发展和国际化进程的不断加强,在精神层面表现为对现代文化价值的逐渐认同,在社会与人的关系方面则表现为生产关系国际化的趋势日益深化。历史进入20世纪80年代,以电视机、电子计算机和通讯卫星的问世为依托,人类迎来了全球信息化时代,"全球化"这一概念进而得以广泛使用,从而进一步廓清了全球化的历史图景。

就其总体趋势来看,全球化促进了世界文化的交流与对话,这一点是毋庸置疑的。全球化的历史进程使全世界各民族在一个新的历史平台上进行文化的比较、对话、交流和创新成为可能。唯因如此,我们认为,在全球化的语境中表达着现代人类生活实践的诸多典型特征。全球化浪潮也给当代哲学提出了全新的课题:如何变革非此即彼的思维方式,全面认识和把握全球化的发展现实,并自觉地应对全球化的挑战?如何从和平与发展的时代视角,理性分析当代人类文明的矛盾冲突?

恩格斯曾经指出:"每一个时代的理论思维,从而我们时代的理论思维,都是一种历史的产物,它在不同的时代具有完全不同的形式,同时具有完全不同的内容。"[①] 显然,哲学作为时代精神的精华,必须对全球化问题做出自己的回答,从而丰富自己的哲学实践。

正视全球化对当代人类生活实践的意义和影响,这也许是我们从哲学层面思考和解读全球化问题的前提和基础。而这种意义和影响主要有以下几个方面:(1)全球化为人类文化的整体发展提供了条件和可能。按照罗兰·罗伯逊(Roland Robertson)的理解,"全球化既指世界的压缩(compression),又指认为世界是一个整体的意识加强。"[②] 正是在这种被压缩的新的文化时空里,世界各民族开始在一个新的文化坐标系中审视自己的历史和文化,寻找着与"他者"文化的认同方式,并确立其在全球化语境下民族文化的应有地位。以往,由于文化传播交流手段的地域和阶段性限制,某种先进的文化往往为某个民族和某种社会阶层所拥有,

---

[①] 《马克思恩格斯选集》第4卷,人民出版社1995年版,第284页。
[②] 罗兰·罗伯逊:《全球化——社会理论和全球文化》,梁光严译,上海人民出版社2000年版,第12页。

这客观上造成了文化的不平衡发展,也产生了文化的霸权主义。而随着全球化时代的到来,文化的时空距离大大缩小了,文化的民族或阶层垄断也被打破,而且客观上把信息接受者联为一个整体,共同参与文化的消费与创造,这使人类的不同文化主体间有了比较接近的行为尺度,有利于文化的整体发展。(2) 全球化使当代人类的文化交流与融合变得空前频繁。以往,各民族、各国家和各阶层的活动都相对独立,甚至可以对外封闭。然而,现代的信息网络却突然把人们紧紧地捆在一起,人们开始感到世界的拥挤,以至于面对信息你别无选择,你的行为本身就是在进行着文化的交流,而且某些个别的、局部性的行为后果都有可能迅速造成全球的影响。(3) 文化交流的频繁也加剧了文化间的冲突。因为"全球化不是一个单一的过程,而是各种过程的复合,这些过程经常相互矛盾,产生了冲突、不和谐以及新的分层形式。例如,本土民族主义的复活以及本土认同的增强直接与相对立的全球化力量交织在一起"①。这种冲突具体表现在文化个体与群体之间、不同文化形态之间的冲突,而在精神与价值层面的文化冲突则集中表现为民族传统与时代精神之间的冲突。即日益强劲的世界性现代文化浪潮正在涌向世界的各个角落,而现代化在工业技术层面所导致的标准化、齐一化、感性形象化的文化追求,正消弭着民族文化发展的独特性和个性。关于这一点,我们从美国学者塞缪尔·亨廷顿发表《文明的冲突》所引发的关注与争论里,便有突出的感受。(4) 一系列全球性问题相继出现。全球性问题无疑是现代工业化文化时代的产物,在 20 世纪,科学技术获得了前所未有的普及与进步。现代信息的传播手段更是推动了这种科学技术的普及。这使生产力的运用所产生的后果,不仅影响到一个阶级、一个民族和国家的利益,而且影响到全人类的利益,进而形成一系列全球性问题,如能源匮乏、环境污染、生态失衡、艾滋病蔓延、粮食短缺、战争危险等等。这些问题能否有效地得到控制和解决,将直接影响着全人类的文化与社会发展。

由此看来,全球化绝不仅仅是一种时髦的话语,抑或某种新的知识,毋宁说它就是当代人类正在亲身经历的文化实践经验本身。从全球化语

---

① 安东尼·吉登斯:《超越左与右》,社会科学文献出版社 2000 年版,第 5 页。

境出发，尤其是面对当代世界的一系列全球性问题，我们必须诉诸一种文化价值层面的深层哲学思考，并着手建构一种新的体现文化普遍价值的理论解释范式，用以应对种种现实文化实践层面所出现的文化危机，并达成不同文化形态间的跨文化理解。

着眼于这一价值视角，笔者认为对呼唤文化普遍价值、培育民族文化个性和生态文明的现代重建，便成为全球化语境下需认真面对和思考的重大哲学实践主题。文化普遍价值的达成是维系全球社会文化稳定发展的重要前提，培育民族文化个性是保持当代世界文化生动性的核心要素，而生态文明的现代重建则是实现未来人类永续发展的根本保证。

二 普遍文化价值——文化的理想维度

全球化的发展以及一系列全球性问题的出现，极大地加深了我们对于世界的整体感受，增强了对于全球性的文化认同。特别是"9·11事件"给世人所带来的现实冲击和心理震撼，使人们更直接更清晰地感受到了世界各民族的生存与发展是那样的息息相关。"人类只有一个地球"、自觉关注全球人类生存境况并善待我们的世界，这越来越成为全球性共识。

如果说严峻的生存境遇是人类呼唤普遍文化价值的现实根据的话，则透过纷繁陈杂的现象世界去把握事物的一般本质，这是人类思维的本性，也是普遍主义哲学信念得以存在的理由。众所周知，从普遍主义的哲学立场出发，人们相信人类生活中存在着"终极"的、绝对合理的、普遍适用的一元价值及其标准，而且这种标准是化解经验世界纷争、达于人类文化进步的基本尺度。唯因如此，从古至今，哲学家们从来没有停止过对普遍主义价值的哲学追寻。仅就近代以来的西方而言，黑格尔、孔多塞（M. de Condorcet）、孔德（A. Comte）、埃森斯塔德（S. N. Eisenstadt）、狄尔泰（W. Dilthey）、马克斯·韦伯（M. Weber）、哈贝马斯（J. Habermas）等思想家都从不同视角表达过他们的普遍主义文化理念。我们不能简单否定普遍主义信念的合理性，因为这的确是人类思维的本性使然。我们这里的问题在于：在人类全球化时代到来的今天，何以普遍主义与特殊主义的争论日趋加剧？这便涉及普遍主义的当代语境问题。我们不能向西方现代哲学否定黑格尔理性主义哲学那样，简单否定人们对于普遍主义信念的坚持，而应该着眼于当代人类的文化实践现实，特别是全球化的现实去思考普遍主义问题。

在这里，我们有必要对于文化的普遍价值内涵做一具体分析和说明。因为在学界关于普遍主义的阐释中，存在着种种不同甚至相反的观点。

的确，以工业现代化为核心标志的"全球化"助长了人们对"普遍主义"关注，如埃及学者萨米尔·阿明（Samir Amin）就认为，资本主义第一次在世界范围内创造出对于普遍主义的客观需要。然而由此导致的一种倾向是将西方发达国家的文化价值标准世界化，赋予其普遍主义的身份，并据此提出了一种超越国界的"全球市民社会"（global civil society），以此来寻求一种新的"全球社会秩序"①。再如被视为西方社会理论的理论家和阐释者的哈贝马斯认为，所有社会中的社会进化的可能性空间或逻辑和所有文化的形式属性或结构是普遍的，基于这一观点他曾著文《兽性与人性——一场法律与道德边界上的战争》，在该文中他就曾建议"把国际法转化为世界公民法"②。然而如果按照哈贝马斯的这种理解延伸开来，作为理想价值层面的普遍主义就被现实化、经验化了，这将由此导致一个无法克服的实际矛盾：无法让其欧洲中心主义维度和其普遍主义理念协调一致。个中原因很明显，当一个民族置身于普遍主义的边界就会清晰地意识到：如果这种普遍主义理想不适用于我，它怎么会是普遍的呢？它能够一方面把我排除在外，另一方面仍然保持其普遍性吗？

那么，面对这种矛盾，我们必须反省"文化普遍主义"如何可能的问题。笔者认为，文化的普遍价值作为文化的理想维度，它并不是在经验层面实际发挥作用的，而是在理想信念层面对人们的文化实践所给予的某种范导、规范和启示。换句话说，文化的普遍价值是居于文化的精神内核而对现实文化实践的一种导引和提升，它并不具有"必须如此"

---

① 参见萨米尔·阿明《当代阿拉伯世界的文化与意识形态》，王逢振主编《全球化症候》，天津社会科学出版社2001年版，第185页。

② 哈贝马斯：《兽性与人性——一场法律与道德边界上的战争》，刘慧儒译，《读书》1999年第9期。

的、经验的作用与功能。从文化哲学的视角来看，文化是有层次的，从外而内，大体可分为物态文化层、制度文化层、行为文化层和精神文化层。不同的文化层次由于价值密度不同，对外来异质文化的抗阻力也不同。一般而言，物态文化层面价值密度最小，文化抗阻力最弱，其对异质文化的吸纳融合也较为容易。但是文化层次越往纵深延伸，其对异质文化的拒斥力便越大，乃至于到精神文化的核心层次，由特定民族历经悠久历史所蕴化出来的价值观念、审美情趣、思维方式等因素已经积淀成为民族文化心理结构，是最稳定、最难改变也是最难与异质文化沟通的。

而文化的普遍价值恰恰需要在这一文化的核心层面达成。由此我们也许可以理解——为什么普遍主义文化理念难以在全球范围内推行和认同。由此我们认为，一种富有意义的文化普遍价值，绝不能是某种特殊文化价值对其他文化形态的征服或强制使然，更不能借助于某种特殊的社会或集团的政治势力、经济势力和军事势力来获取，而只能通过文化的平等对话和理解予以展开。只有这样，它才可能获得真正的价值普遍性认可，也才能真正成为具有广泛可接受性和正当合理性基础的有效规范系统。

所谓文化的普遍价值，从根本上说，就是有利于人类整体进步与发展的价值，它是世界各个国家民族在文化交往中所应恪守的基本原则，如尊重人的现实生存、承认文化的差异性、善待人的生活世界、保障平等发展等。文化的普遍价值诉求有两个向度：一是在多元文化的前提下，倡导人类社会必须认同也可以认同的某些价值观念、道德规范和行为准则，它应该受到全人类的普遍尊重，具有超越民族、文化、宗教的普遍约束力；二是应努力寻求不同文化传统在面对普遍文化价值中所能发挥的特殊作用，尊重世界各个民族文化创造的权力。简言之，普遍文化价值追求的是，在尊重各种文化传统价值的基础上发掘和利用不同民族文化传统中的价值思想资源，建构用来解决当今经济全球化进程中人类生活所面临的共同问题的文化理念。

在对于"文化的普遍价值"理解上，我们要注意克服两种倾向：其一，经验化倾向。即主张现实文化实践操作层面的趋同，并达到文化的同质化（culturalhomogenization）发展态势。文化的普遍价值追求并不等同于文化的同质化，后者所呈现的更多是在文化经验或文化形态层面的整齐划一，其后果可能导致文化帝国主义或文化霸权主义。而文化的普遍价值则是体现在文化理念层面人类共同的目的指向和价值理想，它代表着人的"类"的需求与进步，是人类自由向度的体现。从人类现代化的历史实践看，在文化的普遍价值的引导下，人类社会生活正在经历诸多共同的实践课题，如市场经济日益成为现阶段资源配置和社会发展的共同选择，作为第一生产力的科学技术日益得到世界各国的认同与实践，政治民主化、反对腐败、维护人权、开展广泛的国际交往、融入国际秩序等日益成为人类共同的政治实践内容，网络文化、生态文化、可持续发展、大众消费文化等正体现着人们越来越多的共识。可以预测，这些共同性内容会随着全球化的深入而拓展，会随着社会的进步而深化。但是人类这些共同的实践课题并不能简单等同于文化的普遍价值，因为实践课题作为现代化文明的具体展开形式，其合理性是有限度的，需要在社会生活实践中以文化的普遍价值为参照系进行反省和批判，以保障人类文明健康向上的发展态势。其二，西方中心论倾向。就迄今为止全球化的进程看，的确具有浓厚的西方主导色彩，打上了西方利益、价值和要求的印记。但是全球化的历史发展毕竟有自己的客观尺度，其中所呈现的基本价值取向断不会被西方所期望的价值所吞没和取代。全球化不等于西方化，在全世界各民族的共同努力下，未来全球化的发展进程必将越来越凸显出文化的普遍价值维度。

也许我们时至今日尚没有达成为全世界各个民族所共同认可的文化的普遍价值，但是这并不妨碍我们对其所做的追求，更不应成为我们拒绝文化普遍价值的理由。作为一种文化理想，文化的普遍价值对于任何一个民族来说，从来都是其不懈追求的目标之一。我们整个人类始终生活在同一块大地上，这种共同的生存环境，可能是人类在价值层面达于普遍性思维的客观物质前提。当人们形成一种人类存在共同体和命运共同体的文化意识时，就有可能和必要达成全球性价值立场的相对一致，从而形成某种程度上共享的人类文化价值观。这种人类文化价值观正是我们确立一种普遍主义文化理想的世界性视景的基础。

那么，文化的普遍价值应该如何达成？首先，应该谋求一种建立在人类共同利益基础上的公共理性，如与自然和谐相处、维护人类和平、保护文化平等发展等。这种公共理性因为是在多元文化的沟通与共识前提下形成的，所以具有广泛的社会性和普遍性；其次，普遍文化价值作为人类性的价值关切，所诉求的是人类社会最基本的发展理念，因此它应该把承认文化差异、尊重文化个性作为其重要的追求指向，在促进多元文化间的沟通对话中呈现其存在的意义；最后，唯因文化的普遍价值预设了对于文化个性的尊重，所以对于不同的文化形态来说，文化的普遍价值为它们提供了文化的"交际性"（inter-ness）平台，跨文化、跨地域的人们可以在特定的生活条件下，体认文化的普遍价值对其生活实践的指导与调节意义。

总之，倡导和呼唤文化的普遍价值，强化人们对于世界整体的认同，将会有效地缓解世界文明间的冲突与紧张，以保证世界文化的健康发展。未来全球性文化整合不仅要超越具体的文化价值和目标，而且在这一整合过程中，我们还要通过文化普遍价值的倡导来融合各种具体的文化价值目标，使其顺乎人类整体的文化运作而成为一种文化实践合力，其结果将是人类文化精神将在一个新层次上超越迄今为止所面临的分裂与冲突的格局。这种文化实践合力作为一种超越性的人类文化理想，反过来将对各种具体的文化实践行为和具体文化形态具有价值导引的作用。

三　民族文化个性的培育

在当代世界的文化实践中，与提倡文化的普遍价值相伴随的，则是民族文化个性的张扬。

面对全球化的现实推进，全世界各国的有识之士都从不同角度呼吁，要警惕全球化对于文化个性的消弭。这种担忧不无道理。的确，环顾当今世界，伴随着经济全球化进程，我们看到的是各种形式的文化冲突与纷争。而这些文化冲突与纷争的起因，多根源于对民族文化个性的关注与捍卫。保护和倡导民族文化发展的个性，已经成为全球化进程中一个首当其冲的文化课题——无论是发展中国家还是发达国家，几乎都意识到了这一课题的紧迫性。

从文化现实演化来看，西方发达的资本主义文化的扩张，已经形成了对各民族本土文化的强大冲击。面对西方国家的强势文化入侵，首先是发展中国家充满了对于民族文化传统流失的深切忧虑。他们认为,西方利用在经济、传媒等方面的优势,对发展中国家实施文化殖民,使其文化日益沦为西方文化的附庸,产生了民族文化的"身份"认同危机。西方所倡导的文化及其价值观,只是"西方中心主义"或"美国中心主义"的表现,民族本土文化被强制地纳入了一个以西方文化为评判标准的价值系统,因而,本土文化价值没有得到有效的发扬。

不仅是发达的资本主义文化冲击发展中国家的本土文化,而且,这种现象同样发生在西方发达国家之间。据报载,近年来,文化产业在世界经贸中的比重激增,美国凭借优势,特别是在多媒体、互联网络、卫星电视等方面的强大势力,以贸易自由化为借口,积极打入他国文化市场,既渗透文化,又获取实利。美国的近邻加拿大首当其冲,受害最深。其95%的电影、93%的电视剧、75%的英语电视节目和80%的书刊市场主要为美国文化产品所控制。加拿大政府对此深为忧虑:如果听任美国文化大举入侵,加拿大文化就有被美国文化淹没的危险。在法国,反对美国文化入侵的呼声近年来也日益加强,一些法国思想家指出,美国人的消费方式、行为方式思想习惯以及经济哲学的"全球标准化",使欧洲各民族正逐渐丧失自我意识,所以"在捍卫我们的民族自我意识时,我们是在保护多样性免于标准化"[1]。法国电影界人士曾经大力呼吁政府采取措施,保护本国的电影业,阻止美国好莱坞的大肆入侵。

"文化多元论"(multiculturalism)的滥觞以及近年来的反全球化运动,正是这种文化心态的反映。他们所倡导的是本土主义(localism),旨在维护并弘扬本民族、本地方的文化传统,主张从文化精神层面来发掘并阐释民族本土文化的内在价值,使因被西方义化排挤而边缘化的本土文化重新回到它本来的位置,用以抵抗全球化大潮中西方文化和价值观念的侵蚀和支配。

这无疑是值得肯定的文化立场,因为倡导文化多样性是全球化进程的一个重要内涵。文化首先应当是地区的民族的,任何跨文化传统的价值目标和价值认同都必须基于这一前提。质而言之,捍卫民族文化个性,

---

[1] Christopher Caldwell, "The Crescent and the Tricolor", *The Atlantic Monthly*, November 2000, p. 32.

这是一种义不容辞的文化责任,因为它关系到一个民族和国家的生存理由和命运。所以,面对强势外来文化的冲击去着力于民族文化个性的维护,往往是一个十分正常的选择。但是从辩证的观点看,对于文化的普遍价值的认同与强调民族文化价值是相辅相成、辩证统一的,可以说离开任何一方,都不能真实地反映全球化的本质要求。这诚如当代德国学者海因里希·贝克(Heinrich Belk)所言:"绝对的多元主义,无论作为一种知识态度,或作为一种生活方式,因其只是各种独特文化的简单共存,也是淡薄了人性的。那唯一的和平,根本上将以人道的方式'和平着',更多地是对立两极端的中和:如同一种智能的有机体,在其中,个体成员表现出一定的独立性和自主权,也表现出一定的互补性和相互依存的需要。只有在相互补充完善的关系中,个体成员才能获得他们所向往的'存在的完整性',并从中找到自己的完整身份。"[①] 英国学者罗兰·罗伯逊也强调:"我自己的观点,包括了既对特殊性、差异性又对普遍性和同质性保持直接关注的尝试……我们是一个巨大的两重性过程的目击者和参与者,这个过程包含了特殊主义的普遍化和普遍主义的特殊化二者的相互渗透。"[②] 所以,应该注意在这种文化的普遍性中去开发文化的创造性和个性,倡导一种公平对待人类个性与分歧的平等主义。

毫无疑问,坚守民族文化发展的个性,是维护民族文化的心理认同的首要前提。从文化哲学的视角来看,一种文化形态生生不息向前发展的最持久动力,莫过于体现该文化的内在精神及其个性。同时,也正是这种内在精神及其个性,使该文化区别于其他文化形态并在世界文化之林展示出了独到的魅力。甚或说,唯有文化的个性化发展,全球化历史进程才是真实的、富有成果的。

那么,着眼于民族文化个性的培育,我们应该从以下几个方面进行努力:

第一,积极推动跨文化理解。从本质上说,世界各个民族的文化都

---

① 海因里希·贝克等:《文明:从"冲突"走向和平》,吴向宏译,中国社会科学出版社1998年版,第7页。

② 罗兰·罗伯逊:《全球化——社会理论和全球文化》,梁光严译,上海人民出版社2000年版,第144页。

是平等的,因此,应该以平等心态,积极推动不同民族文化形态之间的跨文化理解。就跨文化理解的本义来说,去理解别的文化(Will-understand)与希望被别的文化所了解(Will-be-understood)就像一枚钱币的两面,缺一不可。通过有效的跨文化的理解,我们要发现的是交互文化性(interculturality)。它不是某种具体地存在于某种文化中的东西,也不是不同文化的简单混合,而是通过文化的比较才能获得的一种真理。从讨论协商的多元主义出发,重新建立一种新的、对彼此都具有可资借鉴的文化价值原则,这种新的文化价值原则的逐渐明晰,很可能成为人类文化的普遍价值的要素资源。以此为契机,进而对整个人类的文化进行一种不带任何文化和哲学偏见的解释。

第二,倡导多元宽容精神。坚守民族文化精神,就应当承认差异,宽容差异,倡导个性,而且要把这一原则推及对待"他者"文化的行为之中。从文化的普遍价值视角,我们当然也期待不同文化形态间能够达成基础性的一致、同一,但更应推崇的是差异与兼容、协调的"相似"和"相近",以此实现一种"和而不同""兼容并包"、富有弹性的人文旨趣。进一步看,在文化认同问题上的多元宽容精神不但应当适用于民族国家之间,而且也应当适用于民族国家内部的各团体、社会或阶级的不同文化认同之间。如果无视民族国家内部文化认同多元化的事实,而强行把它们统一于单一的主流文化之中,就可能造成民族国家内部的文化压迫与强制性的文化一体化行为。从多元宽容的文化立场出发,我们欣赏、鼓励的是不同文化形态间的"相似""相近""相容""相补",这样才能彰显民族文化的个性。

第三,积极发掘民族文化资源。从多元文化视野观之,任何民族的文化形态都是"这一个",对世界文化有着不容替代的意义和魅力,因此必须对本民族丰富的文化传统、文化资源进行积极的保护发掘,并着力于民族传统文化的现代转化。从文化个性培育的视角要求,就是如何将民族文化传统中的优秀成分,转化成在当代具有全球意义的文化价值资源,进而对世界文化做出独特的贡献。当然,这种民族文化资源的发掘必须在一种开放的时代视野中进行,因为民族传统文化需要在与外部环境、外来文化的不断撞击中才能得到锤炼和发展。保护传统文化,并不是像对待古文物那样把它与周围世界隔绝开来,相反,一种文化只有与时代相适应，跟上时代前进的步伐，既不断地更新和发展，又不失却自身传统的特色，这才是一种有生命力的、根深叶茂的文化。

在全球现代化的整个历史进程中，不同国家民族之间的文化价值冲突也许将会伴随始终。因此，在文化的普遍价值与个性发展之间保持必要的张力，这也许是我们谋求当代世界文化健康合理发展的基本思路。

四 "极限意识"与生态文明的重建

人与自然的关系作为哲学的老问题，是人类文化实践中最原初、最基本的问题。回首人类的文明史，从某种意义上我们可以说，人类的全部文明观念都是在与自然的相互作用中形成的。对自然的认识与理解构成了人类生存与发展的基础。全球化时代的到来，进一步凸显了这一问题的现实性与紧迫性，甚至可以说，它已成为全球化语境下不容回避的又一重大的人类实践主题。

我们知道，20世纪中叶以来现代化的全球性推进，加速了技术理性主义价值观在全球的滥觞，使人类改造自然的能力空前提高。但人类在拥有着巨大的物质文明的同时，也承受着与自然的关系日益紧张的代价。当今世界日益突出的生态问题、环境问题，把人与自然的关系这一哲学问题又一次尖锐地呈现出来。从文化哲学的视角来看，肇端于西方的现代化浪潮，内在蕴含着对自然生态和文化生态均进行讨伐、征服的倾向，它通过某种普遍性的标准，将进步、发展、富强、文明、先进等文化指标强行纳入一个单一的评价体系中来。它创造了"文明的"侵略性和侵略性的文明体系，并将这种价值标准和评价体系，通过扩张主义的商业贸易强行推广到全世界，从而导致人与自然关系的尖锐对立，多元并存的文化生态景观开始走向凋零。

"极限意识"（Ultimate consciousness）的提出，正是基于这样一种价值关切。在现代化与工业化的早期，人与自然的关系问题似乎是以人类征服自然的方式被解决了，但是当代人类在受到了大自然有史以来最严重的惩罚时，才开始意识到问题的严重性。它促使人类去认真反思——"面对未来，人类的生存方式要不要改变"？20世纪70年代，随着西方现代化的普及，人们反思工业文明的声音也日趋强劲。1972年，美国学者沃德和杜博斯主编的著作《只有一个地球》问世。该书以大量的事实为支撑，并汇集了全世界上百位相关领域顶尖专家的观点，书名如警世之钟，在旁征博引、丝丝入扣的论证中表达着强烈的忧患意识：生活在世界不同角落的不同人群，共同拥有唯一的地球。不同的人群可以生活在不同的地区和国家，可以有贫富之别，可以占有不同份额的资源，但有一点是平等的，即我们只有同一个地球。因此人类必须善待地球，不能让其最终沦落成荒芜的家园。以任何方式对地球的施暴、对资源的过度掠夺、对环境的肆意破坏，其后果最终都无法转移，都会以曲折的方式落到破坏者头上。本书最终作为联合国人类环境大会的非官方报告推荐给世界各国。很显然，《只有一个地球》不仅是一般的学术专著，而是代表当今世界人类对环境保护和自然生态等重大问题的共识。同一年度，罗马俱乐部也发表了名为《增长的极限》的报告，做出了"如果目前世界人口、工业化、资源消耗、环境污染、粮食生产的趋势继续不变，下一个100年的某个时刻，就会达到这个行星增长的极限——出现不可控制的灾变"的著名预测，从此全球性生态危机的话题震惊了全人类。40多年过去了，人们发现这个预测正在被一个又一个无情的事实所验证。此后，"极限意识"从不同角度被世界的有识之士所强调。

我们这里强调的"极限意识"旨在表明：地球是一切生命的家园，人类拥有一个地球，人类也只有一个地球！在茫茫星海中大大小小的"陆地"虽不可计数，但迄今却只有一个星球尚可让长有四肢，用肺呼吸，用大脑思考，用嘴表达意愿的高等动物生存。整个地球是一个有机的生命整体，地球上的资源是有限的，生态系统吸收我们排放的废物的能力也是有限的，如果人类自毁家园，明天我们将无处容身，人类所创造的一切文化成果最终也将失去意义。所以我们必须善待地球，使地球保持生机。

的确，全球化时代提醒人们，在一个人类生存发展日益相互关联的地球上，没有谁的行动可以与他人无关地独立发生。与农业文明的那种彼此隔绝的离散文化实践状态不同，今天的人类正处于一体化的发展时代，全世界所有的民族、所有的文化，都被纳入这一共时性的发展轨道中来。人类赖以生存和发展的环境已经形成一个复杂的动态系统，一旦系统的平衡受到干扰和破坏，都会在不同程度上影响世界总体的发展。

所以我们必须站在未来人类生存发展的高度,去反省人类当下的实践行为,进而建构致力于人与自然和谐的生态文明观。

人类文明如果是自发地发展,而不是自觉地发展,则留给我们的必然是荒漠。重建现代生态文明,从本质上讲,就是要通过反省现时代人的实践行为,真正确立人与自然的内在同一关系。关于这一点,马克思曾经做过深刻的阐释:

> 人同自然界的关系直接地包含着人与人之间的关系,而人与人之间的关系直接地就是人同自然界的关系,就是他自己的自然的规定。因此,这种关系以一种感性的形式、一种显而易见的事实,表明属人的存在在何种程度上对人说来成了自然界,或者,自然界在何种程度上成了属人的存在。因而,根据这种关系就可以判断出人的整个文明程度。①

在马克思看来,人的对象化实践作为"自由自觉的活动",具有超越性特征,这突出表现在"动物只是按照它所属的那个种的尺度和需要来进行塑造,而人则懂得按照任何物种的尺度来进行生产"②。所以,人的这种"自由自觉的活动"标示着人的永恒的、不可或缺的本质维度,体现着与自然的内在亲缘关系。人在对象化实践的过程中,不仅要用自己的对象化活动扬弃自然存在物的给定性,而且要不断超越和扬弃人的创造物及人的活动的异化,真正实现自然主义与人文主义的有机统一。

人类要生存,社会要发展,就必须拥有一个能与人类长期和谐共处的自然环境。告别盲目的发展状态,共同建立起一种"全球性的生态文明",这是保证人类真正实现可持续发展的基础。因此,未来人类的实践行为必须自觉关注现代生态文明的重建,展示人类文明发展的真正意蕴。

首先,要扬弃狭隘抽象的二元对立思维范式,在观念与实践层面真正培育起人与自然的亲和关系。

在对人与自然的关系问题的理解上,有两种对立的观点:人类中心

---

① 马克思:《1844年经济学哲学手稿》,人民出版社1979年版,第72页。
② 同上书,第50—51页。

主义和自然中心主义。前者强调人与动物的区别性，赞美、突出人的实践智慧，认为人在万物之上，是自然的中心、主宰、统治者，所以，一切应从人的利益出发，人对自然有绝对的自由支配权力。这种观点的实质是无视自然的人类利益中心论；后者则重视人与动物的共性，赞美、突出大自然，但是该观点却否定了人的能动地位，轻视人的利益和创造力，认为一切应该顺应自然。我们认为这两种观点看似极端对立，但其思维范式却并无二致——均坚守了人与自然的对立立场，没有看到人与自然的内在同一性。而现代生态文明是人与自然环境和谐相处的文明，它揭示人与自然的本真关系——互养相成、彼此亲和。因此，人类在与自然的相互作用中，应该自觉将这种价值理念贯彻其中。

生命发展的高级形式是人，生物进化的终极目的也是人，但发展与进化的过程却是以自然界为基础，以其他生命形式为中介。破坏自然、戕害环境无异于毁灭我们的生存之源，无异于人类的自我毁灭。人是自然的一部分，人与自然之间的物质变换是生态系统中最为复杂的物质变换。从某种意义上说，人的生活就是人与自然之间进行物质变换。要保护自然环境，我们首先必须在生产实践活动中调节、控制人与自然之间的物质变换，但这并不是指人应该对自然处于绝对支配的地位，而是指应该把人与自然之间的物质变换合理地调节，把这种物质变换置于人与自然的相互培养的范围之内。正如马克思所说："要在最无愧于和最适合于他们的人类本性的条件下来进行这种物质变换。"① 为了这一目标，要求人类必须把握自然环境的变化规律和演化趋势，从长远的、整体的、系统的高度处理人类与自然环境的关系，调整控制人类活动对自然环境的改造程度，使自然环境的演化有利于恢复、维持人类社会与自然环境的亲和关系，从而更好地促进人类自身的生存和发展。

其次，应自觉借鉴中国传统生态文化的思想资源，并实现其创造性的现代转换。

在重建现代生态文明的实践中，努力发掘借鉴中国传统生态文化的思想资源至关重要。

在中国传统文化中，天人关系是其核心主题之一。中国传统文化在

---

① 《马克思恩格斯全集》第25卷，人民出版社1974年版，第927页。

处理天人关系问题时，并不是把天与人的关系简单地对立起来，而是在力求寻找二者内在联系的同时，把天人关系视作同源的和谐关系。张岱年先生曾指出，"天人合一"作为天人关系的基本表述，表达的是天人之间的"相通""相类"，其有两层基本含义："第一层意义，是认为天与人不是相对待之二物，而乃一息息相通之整体，其间实无判隔。第二层意义，是认为天是人伦道德之本原，人伦道德原出于天。"[①] 儒家思想家强调"天地之大德曰生"，认为创造生命是自然界的内在价值，自然界是人类生命之源，也是人类价值之源。正因为如此，人与自然界的关系是内在的、相互塑造关系。显然，对人与自然关系的这种理解，与现代生态文明的价值追求是相吻合的。

对于中国古代朴素的生态文化思想，需要我们站在时代高度予以借鉴和发扬。这突出表现在三个方面：其一是尊重生命、仁民爱物的思想。如孟子强调"亲亲而仁民，仁民而爱物"，就是说不仅要爱护自己的同胞，而且要扩展到爱护自然环境，珍惜自然资源；其二是对生物资源顺时取用、化育并进的思想。如庄子提倡"天地与我并生，而万物与我为一"，告诫人们要与万物为友，与自然和谐一致。《礼记·中庸》主张"参天地之化育"，即参与自然创造和养育万物的进化过程，而不是以戡天役物的态度去征服自然，破坏自然；其三是倡导放眼未来、为后人造福的思想。如《尚书·太甲上》曰："惟怀永图"，孔子告诫"人无远虑，必有近忧"，孟子教导人们不要"涸泽而渔，焚林而猎"，而应"远谋近功"，为后人造福等。

总之，中国古代"天地一体""万物同源""道法自然"的生态文明思想，是人类珍贵的思想遗产，这些思想对于人类解决21世纪的世界性难题，无疑具有深刻的启迪意义。

最后，在社会生活层面，要自觉倡导并培育生态文明新理念。

人类世界现代化的历史进程表明，人类文明形态从传统向现代的转型总是伴随着生活方式领域的社会变革。而全球化时代的到来更加突显了生活方式变革的重要性，无论对于个人还是对于社会来说，努力将生态文明的理念渗透于人们的日常生活，培养一种文明的生活方

---

① 张岱年：《中国哲学大纲》，中国社会科学出版社1982年版，第181页。

式,是十分必要的。在现代社会中,人们的生活质量在很大程度上取决于人们采取怎样的生活方式。2003年春天,我国突如其来的"非典"疫情,给社会的正常生活带来巨大影响,给人民的生命安全带来重大威胁,甚至演化成为一个为世界所瞩目的全球性问题。"非典"疫情也促使我们反省:究竟应该如何选择良好的生活方式,树立正确的生活观和消费观?

我们这里强调在社会生活层面自觉倡导并培育生态文明新理念,主要包括以下内容:

第一,学会负责任地生活。全球化时代必须强化人们的责任意识——既要对自己负责,也要对自然负责、对他人负责。人类应意识到,对环境不负责任的生活方式是造成生态环境恶化的根源,所以环境保护是每个人的责任。相信在不久的将来,负责任的生活方式、承担个人环境责任的意识,会逐渐成为我们社会的主流价值标准。

第二,崇尚适度消费、绿色消费。恩格斯曾经把人们的消费需要分为生存、享受、发展三个层次,认为消费需要这种由简单到复杂、由低层向高层的不断变化,反映着消费质量的不断提高。在现代社会中,适度节俭的消费、绿色消费,它体现着消费者的文明与教养,也标志着高品质的生活质量。绿色,代表生命,代表健康和活力,适度节俭则是人生永远的美德。我们要倡导适度消费、绿色消费,告别种种不健康的奢华消费、炫耀性消费方式,选择对健康有益的、与环境友好的绿色消费方式。

第三,培养对自然的敬畏之情。未来的人类要用尊重自然、敬畏生命的哲学信念代替人类中心主义哲学信念,用普遍联系的、有机的世界观代替机械论、元素论世界观,感受自然的神圣性,感受生命的神圣性,关爱地球上的所有生命以及生命赖以维持的环境。并以此来表达了我们对大自然的敬畏之心和对万物生灵的博爱之怀。

对全球化时代人类文化价值的合理把握,从根本上说有赖于人的实践行为上的自觉。在经历了工业化时代工具理性文化的片面性发展之后,今天的人类应该实施一种对文化与文明的全新理解,而这种理解必须正视不同文化形态间在实践与发展中所呈现出的整体的相关性,必须精心呵护人类与自然的本真关系,从而使其实践行为充溢着一种健康自觉的人文关怀。人类只有把文化实践行为与时代精神要求有机结合起来，则其所实施的文化实践才会真正成为时代精神的生动体现。

（原载《中国社会科学》2003年第6期）

文化理想与文化批判

——马克思《1844年经济学哲学手稿》中的现代性精神

19世纪40年代，青年马克思在流亡巴黎时写下了一些手稿，后人将这些残缺不全的手稿加以整理出版，取名为《1844年经济学哲学手稿》（以下简称《手稿》），通常也称为"巴黎手稿"。手稿出版后受到人们的普遍重视，对于《手稿》的研究波及哲学、美学、经济学等诸多学科，甚至还形成了不同的学派。这种情况，大概在人类文化史上都是罕见的。在当代中国，尤其是改革开放以来，学术界对于《手稿》的关注热情有增无减，可以说一直是马克思思想研究的"兴奋点"。国内外对于《手稿》的这种热切关注，折射出马克思主义在当今世界的地位与影响，也突出表明了马克思的这一思想文本对于我们今天社会生活的巨大启示意义。从不同视角对《手稿》的解读，成为深化马克思思想研究的重要路径。

对于马克思哲学精神实质的把握，可以从两个思路展开：其一是对于马克思原典的系统解读，即通过"回到马克思"来捕捉马克思的思想语境，进而把握其精神实质；其二是立足今天的时代与现实"回视马克思"，马克思哲学所具有的独特的社会批判特征，为我们提供了鲜活的思想方法，这要求我们在与马克思思想资源的对接中，努力去创生出马克思思想对今天生活的指导意义。笔者认为这两个研究思路对于深化马克思主义哲学的研究都是十分必要的，因为马克思哲学革命的实质就在于关注现实实践生活，致力于人的现实解放。

本文对于马克思《手稿》的解读，属于后一种思路。具体说是立足当代社会发展现实，通过对马克思《手稿》的解读，发掘出对今天的文化与社会发展具有启示意义的现代性文化精神。

众所周知，自20世纪下半叶以来，现代性问题逐渐为中外学界所关注。现代性问题在当代社会生活的凸显，无疑与现代化浪潮在全世界的普及与回应密切相关，因为现代性问题是由人类现代化（工业化）的社会变迁所派生出来的，现代性体现了人们对于现代化（工业化）实践的文化反省，它是任何一个国家和民族现代化发展进程中的必然伴生物。

现代化运动起源于西方，这正如利奥塔所指出的，"资本主义是现代性的名称之一。"① 西方的现代化历史实践表明，作为对现代化反思和批评的现代性，始终与其相伴随。而这一点也是我们讨论马克思现代性思想的历史根据。马克思虽没有提出现代性概念，但是基于对资本主义文明的历史反思，马克思具体历史地阐发了他的现代性思想。可以说，马克思的现代性思想是其唯物史观的重要组成部分。我们知道，马克思所生活的时代，正是西方现代化（工业化）发展的上升时期，相关的社会历史矛盾并没有充分展开，因而，人们对于现代性问题的关注并没有成为西方社会生活的主流话语。但马克思在其唯物史观的创立过程中，全面系统地解读了资本主义工业文明的本质，从而表达了其现代性思想。而这一点在《手稿》中得到了较为集中的体现，可以说在《手稿》中，马克思奠定了其现代性文化精神的基本视野。

总体来看，着眼于理性尺度和价值尺度的统一，这是马克思考察资本主义现代社会并表达其现代性思想的基本原则。《手稿》中马克思对现代性的考察，既立足于对人类价值理想的终极关切，又正视历史发展的现实过程，并特别强调现代化实践既是理性与价值冲突的不断生成过程，同时又是这种冲突的不断消解过程。在《手稿》中马克思开始把经济学、哲学和共产主义学说有机地结合起来，并集中地围绕"异化劳动""私有制""共产主义"等核心问题，较为系统地表达了自己的实践唯物主义世界观，从而在理性与价值的双重审视中达于对社会历史发展规律的合理

---

① 利奥塔：《后现代性与公正游戏——利奥塔访谈、书信录》，上海人民出版社1997年版，第147页。

把握。在马克思看来，理性尺度是指生产力的发展对人的发展的客观意义，价值尺度则是指从人的生存和发展的角度对历史事实和进程所做的人文评价。在《手稿》中马克思第一次把生产力与人的本质力量联系起来，认为生产力的发展就是人的本质力量的发展，也就是推动人类历史发展的社会主体力量的发展。因此就社会发展总的方向来看，理性与价值两种尺度必然是一致的，理性尺度本身就包含着人的价值尺度，而人的价值尺度又是理性尺度的内在根据。

这里我们集中从几个方面来阐发一下马克思《手稿》中所体现出的现代性文化精神。

一 出发点：人的二重性存在

为什么对于人的社会生活的考察要诉诸理性与价值的双重视角，在马克思看来，从根本上说这根源于人的二重性存在："人双重地存在着：主观上作为他自身而存在着，客观上又存在于自己生存的这些自然无机条件之中。"[①] 人类之所以能够从自然物中超越出来并不是因为人是上帝的选民，而是因为人是一种双重存在，即作为自在之物的自然存在和作为自由主体的超越性存在，因此人的存在遵循着两个不同的原则，即适应性原则和超越性原则。前者的目的在于保存和维持人的物理的或生物存在，故可称为自我保存的原则，后者的目的在于创造价值并完成人之为人的使命，故可称为自我实现原则。这两个不同的原则同时体现着人自身，我们透过世界才能认识到自己是有躯体、活生生的存在，没有肉躯的话，也不会有人的存在本身。人类自身受这个自在的限制，在其中活动，我们不仅经验到这种肉体之躯是自己的一部分，并且感到自我与此躯体是一而二、二而一的。

在《手稿》中，马克思围绕人的这种二重性存在境遇做了较为详尽的阐述。

首先，马克思强调，人一方面作为肉体的存在物，人是自然界的一部分，他必须与外部世界进行物质、能量和信息的交换以维持其生命。

[①] 《马克思恩格斯全集》第46卷（上），人民出版社1979年版，第491页。

在这个意义上,"人直接地就是自然存在物。"① 就纯粹生物学意义而言,人与其他生物物种并没有根本的区别,"作为自然存在物,而且是有生命的自然存在物,人一方面赋有自然力、生命力,是能动的自然存在物;这些力量是作为禀赋和能力、作为情欲在他身上存在;另一方面,作为自然的、有形体的、感性的、对象性的存在物,人和动植物一样,是受动的(Leidend)、受制约和受限制的存在物,也就是说,他的情欲的对象是作为不依赖于他的对象而在他之外存在着的。"(第120—121页)把人的感觉、情欲等视为人的本体论规定,承认人作为自然界的一个物种,必须与周围的自然界进行对象化的物质变换,这就意味着确立了人的自然属性的本体论根据。马克思认为,人的这种作为自然的前提性存在,对于人性的养成有着先在的、前提性意义,"这些对象是他的需要的对象,这是表现和证实他的本质力量所必须的、重要的对象……人只有凭借现实的、感性的对象才能表现自己的生命。"(第121页)人的这种自然属性,同其他动物一样,是共同具有的属性。

其次,马克思又指出,从另一方面来看,人又具有自己的内在尺度,即通过主体自我意识把自身从自在世界中提升出来,在此意义上,"人不仅仅是自然存在物,而且是属人的自然存在物,也就是说,是为自己本身而存在着的存在物,因而是类的存在物。他必须既在自己的存在中也在自己的知识中确证并表现自己是类的存在物。"(第122页)人的本质是社会关系的总和,正是在人与人之间的社会交往中,人才实现、确证着自己的本质。马克思进一步指出,人的这种类的生活即是"创造生命的生活",正是在这种创造过程中,人把自己从动物界中提升出来,"动物是和它的生命活动直接同一的。它没有自己和自己的生命活动之间的区别。它就是这种生命活动。人则把自己的生活活动本身变成自己的意志和意识的对象……有意识的生活活动直接把人跟动物的生命活动区别开来。"(第50页)因为动物只生产自己本身,而人则再生产整个自然界。"动物只是按照它所属的那个物种的尺度和需要来进行塑造,而人则懂得按照任何物种的尺度来进行生产,并且随时随地都能用内在固有的

---

① 马克思:《1844年经济学哲学手稿》,刘丕坤译,人民出版社1979年版,第120页。以下凡引此书,只在行文中标出页码。

尺度来衡量对象；所以，人也按照美的规律来塑造。"（第50—51页）这就是说，动物只能按照它所属的那个物种的尺度来创造东西，人可以根据任何物种的尺度来进行创造。人是有意识的，动物是本能的；人是全面的，动物是片面的；人是自由的，动物是被动的。人的这种生命活动集中表现为对于对象世界的改造，通过实际地创造对象世界，实现自己自由的、有意识的、合乎目的本质，并切实实现对于自己自然存在的超越。

马克思认为，人就是这种二重性结构的历史存在，人的这种二重性存在境遇，折射和体现着主体把握世界的两种不同方式——理性的方式和价值的方式。而只有着力于理性和价值的统一，才能构成人的完整本质。因此人的这种超越，是从存在物到存在的超越，是从实体上升为本体的超越。尽管人的超越性存在以及与此相适应的自我实现原则决定着人类存在的本体论意义，但是在这种超越过程中，人的自然存在的身份并不是纯粹消极被动的，它恰恰构成了人得以超越的物质前提和基础。无论是单纯的理性尺度还是单纯的价值尺度，都不能合理地把握人及其社会生活实践的全面本质。进一步，马克思在《手稿》中把这种理性与价值相统一的思想方法应用于对资本主义现代社会的剖析，并在超越的维度上，表达了自己的现代性立场。可以这样说，"马克思把理性与价值的背反与冲突看作破解资本主义现代性的基本方法，而对理性与价值关系的分析又可以转换为对于历史与道德关系的省察。"[①]

二 工业、异化劳动与人的本质

资本主义登上人类文明的历史舞台，是近代以来人类历史的重大事件。在一定意义上可以说，与资本主义时代相伴随的，是人类真正的工业化发展时代，因而也开启了人类真正世界历史。但是，马克思清醒地看到，资本主义从登上历史舞台的那一天起，就向人类呈现出了善恶并举的双重面孔，工业化、现代化和资本主义作为近代人类同一历史进程的不同层面的文化表征，必须通过仔细甄别，要从理性和价值的二重视

[①] 参见拙作《马克思的现代性视野及其当代启示》，《中国人民大学学报》2004年第5期。

角去把握之并做出客观评价。

马克思的这一观察视角，在《手稿》中主要是围绕"工业"和"异化劳动"两个方面展开的。

关于工业文明，马克思以理性的、历史的态度，对其给人类带来的历史进步做了明确的、肯定性评价。在马克思看来，工业是现代人类追求自由活动的一种最基本、最重要的实践活动，它在人的存在中起着不可替代的作用。马克思认为，人们所达到的生产力的总和决定着社会状况，因而必须把现代人类的历史同工业和交换的历史联系起来加以研究和探讨。"工业的历史和工业的已经产生的对象性的存在，是人的本质力量的打开了的书本，是感性地摆在我们面前的人的心理学。"（第80页）工业的本质就是人的本质或人的本质的表现，因为在工业的历史中，折射出了现代人的文明与进步。在《手稿》中，我们看到马克思总是站在人类整体文明进步与社会发展的高度，来理解作为生产力的技术在人的自由与解放中的巨大作用，总是从历史发展的过程与现实的密切关联中去认识工业文明的意义。"工业是自然界、因而也是自然科学跟人之间的现实的、历史的关系。因此，如果把工业看作人的本质力量的公开的展示，那么，自然界的属人的本质，或者人的自然的本质，也就可以理解了。"（第81页）在马克思的思想中，工业既不是一个单纯的技术范畴，也不是社会系统中的一个孤立要素，而是在历史的发展着的社会系统中的一个对人的自由与解放起核心作用的变量。工业是社会发展的基本动力，尤其是资本主义产生和发展的基本动力，同样也是人类社会生活的自由基础。"自然科学却通过工业日益在实践上进入人的生活，改造人的生活，并为人的解放做好准备。"（第81页）"在人类历史——人类社会的产生活动——中生成着的自然界是人的现实的自然界；因此，通过工业而生成——尽管以一种异化的形式——的那种自然界，才是真正的、人本学的自然界。"（第81页）工业所具有的巨大力量，并不是以单个机器所具有的能力表现出来，而是在机器的系统应用中、在规模性的生产活动中、在工厂制度中，其结果是机器对以工场手工业中的分工为基础的生产方式，以及对建立在这种分工基础上的劳动力的各种专业化发生否定的作用。工业是人类消除异化、彻底解放、走向自由王国的实践动力与关键。

但马克思在肯定工业对历史进步的巨大作用时也明确指出，资本主义时代对于工业的单纯"效用化"态度，容易割断工业实践与人的本质的内在关联性，导致"迄今人们从来没有联系着人的本质，而总是仅仅从面的有用性的角度来理解这部心理学。因为在异化的范围内活动着的人们，仅仅把人的普遍存在，把宗教或者诸如政治、艺术和文学等等这样一些抽象普遍形式的历史，看作人的本质力量的现实和人的类的活动。通常的、物质的工业是以感性的、外在的、有用的对象的形式，以异化的形式摆在我们面前的、人的对象化了的本质力量"。（第80—81页）由此，马克思就从对于工业的理性的、历史的分析，进入对资本主义私有制制度下所导致的异化劳动的价值分析。

"异化"（entfremdung）是德国古典哲学家黑格尔使用的一个具有辩证法思想的概念，它指的是这样一种现象：人们自己创造的某种东西，反过来控制了人自身。人们在社会生活中要经常与这种异化现象做斗争，以便能够成为自己创造出来的对象物的主人。马克思在《手稿》中使用这一概念，主要是为了说明在人类社会的一定发展阶段上，人的劳动创造物同人相对立而成为统治人的敌对力量，特别是着重说明资本主义社会里工人的劳动及其产品同工人的关系，进而揭示工人同资本家的关系。据考证马克思的《1844年经济学哲学手稿》《资本论》以及大量的《资本论》手稿，共出现"异化"概念约200次，主要用于说明"异化劳动"现象。"异化劳动"这一概念源于马克思对资产阶级政治经济学的批判，在马克思看来，由于私有制的存在，使工业文明并没有切实带来人的全面发展，"劳动"反而成了一种被扭曲了的、非人的劳动，劳动者创造了资本，但是反过来却要受到自己创造的东西——资本的控制。马克思在这里第一次用崭新的、唯物主义的内容充实和阐发了异化概念，从价值视角系统阐述了"异化劳动"范畴，并把它作为分析和批判资本主义社会、倡导追求人性自由的重要工具。

总体而言，马克思的异化劳动理论的核心是关于人的学说，确切地说是探索人的本质和人的解放的学说。在这里，马克思是集中从四个方面展开对异化劳动理论的理解的：

首先，劳动者同他的劳动产品相异化。劳动产品是劳动的结晶，是人的本质的对象化，劳动产品作为人的创造物本应属于劳动者。但在资本主义社会，"劳动所产生的对象，即劳动产品，作为异己的东西，作为不依赖于生产者的力量，是同劳动对立的。"（第44页）就是说，劳动者的劳动产品不仅与劳动者相脱离，而且变成与劳动者相对立的东西。"劳动者同自己的劳动产品的关系就像同一个异己的对象的关系一样。"（第45页）劳动者生产的财富越多，他的产品的力量和数量越多，意味着他将被资本家剥削得更多，而他则会越穷，不仅无力购买越来越丰富的产品，而且越受到他的创造物的统治。

其次，劳动者同他的生产活动本身相异化。马克思指出，劳动产品的异化根源于生产活动本身的异化。对于劳动者说来，劳动成为外在于主体的东西，是不属于他的本质的东西了。劳动本来是人的本质，是一种自由自觉的活动。人在劳动中肯定自己，自由地发挥自己的体力和智力，通过改造自然界承认自己存在的价值。然而资本主义社会的异化劳动却使劳动变成外在于人的东西。"劳动者在自己的劳动中并不肯定自己，而是否定自己，并不感到幸福，而是感到不幸；并不自由地发挥自己的肉体力量和精神力量，而是使自己的肉体受到损伤，精神遭到摧残。"（第47页）劳动不是自愿地，而是被迫地；不是人们发自内心的劳动需要的满足，而是成为满足劳动需要以外的其他需要的手段；劳动行为本身不再属于劳动者自己，而是属于他人。马克思认为，如果说产品的异化是物的异化，而劳动的异化则是人的自我异化。

再次，人与自己的类本质相异化。马克思认为，人是一种类存在物。劳动，即自由自觉的活动，是人的能动的类生活，也是人根本区别于动物的类本质。这种类本质通过对象化，即通过实践改造对象世界，改造无机自然界得到表现和确证。"人不仅像在意识中所发生的那样在精神上把自己划分为二，而且通过活动，在实际上把自己划分为二，并且在他所创造的世界中直观自身。"（第51页）但是"异化劳动从人那里剥夺了他的生产的对象，从而也剥夺了他的类的生活"。（第51页）人通过有意识的主动劳动体认自我的存在。但在资本主义社会，由于劳动产品的异化使人不能确证其类本质，劳动本身的异化则把人的自由自觉的活动变成仅仅维持肉体生存的手段，于是造成了人和自己的类本质相异化，人的类本质变成人的异己本质，人变成了丧失类本质的人。

最后，人与人相异化。马克思强调人与人相异化是人同自己的劳动产品、自己的生命活动、自己的类本质相异化的直接结果。因为人同自身的关系只有通过他同他人的关系,才能成为对象性的现实的关系。当人同自身相对立的时候,他也必然同他人相对立,因为"在异化劳动的条件下,每个人都按着他本身作为劳动者所处的那种地位和角度来观察别人"。(第52页)结果既是一个人同他人相异化,也是他们中的每个人都同人的本质相异化。在资本主义社会里,劳动产品、劳动本身之所以同劳动者相异化,归根到底是因为存在一个同劳动者相对立的强有力的占有者,即资本家。"劳动者通过异化的、外化的劳动,产生出一个跟劳动不相干的、置身于劳动之外的人同这个劳动的关系。劳动者同劳动的关系,生产出资本家……跟这同一劳动的关系。"(第54页)

由以上分析可以看出,马克思通过"工业"与"异化劳动"的理性与价值分析,考察了资本主义的现代性状况,认为大工业一方面极大地推进了人类的历史与文明,另一方面异化劳动也同时改变了人与劳动的本质关系,异化造成了人与创造物、人与他人、人与社会以及人与自我之间的反常状态,导致人在处理与自然和社会关系时出现困难,极大地阻碍了人们通过对象化活动实现本性全面发展的追求活动,与人性自由而自主的内在需求相互对立。正是由于存在着人的被束缚被压抑,存在着人的异化,由此便引申出关于人的解放的主题。由于人的异化主要是社会关系的不合理或异化带来的,因此,人的解放首先在于去改变不合理的现实社会关系,实现人的社会解放。而这一历史主题正是马克思憧憬共产主义社会理想的核心,也是其现代性思想中的华彩乐章。

三 新感性、共产主义与人的解放

毋庸讳言,马克思《手稿》中关于共产主义与人的解放理论,所使用的主要是一种价值批判方法,从中呈现出较为浓厚的理想主义色彩。但是这丝毫没有冲淡其精神价值内涵,因为马克思关于共产主义与人的解放理论的表达,是奠基于私有制与异化劳动的历史考察与分析之上的,可以说仍然体现了理性尺度与价值尺度相统一的原则。

在《手稿》中,马克思在比较人与动物时,发现了人与动物的唯一区别就是人的自由自觉的活动,认为自由自觉的活动是人的类的特性。

以此为依据，马克思立足于人的主体生命与价值视角，强调必须通过异化劳动的扬弃使人以一种全面的方式拥有自己的本质，进而构建以人的全面的生存感受为起点和以人的全面发展为终极目标的理想社会——共产主义。

生存感受是马克思主义有关人的全面发展思想的重要观念之一，在《手稿》中马克思特别注重"感觉"对人性生成的意义，认为"人只有凭借现实的、感性的对象才能表现自己的生命"。（第79页）"人不仅在思维中，而且以全部感觉在对象世界中肯定自己。"（第79页）这里所表述的"全部感觉"当然不仅是感官的感觉，还包括情感、愿望、意志等因素，更多的是人的感受。共产主义的目的之一，就是要塑造具有丰富的、全面而深刻感觉的人，"人的感觉、感觉的人类性——都只是由于相应的对象的存在，由于存在着人化了的自然界，才产生出来的。五官感觉的形成是以往全部世界史的产物。囿于粗陋的实际的需要的感觉只具有有限的意义。"（第79页）

因此这里所说的"感觉"，也显然已不仅是感官的直觉，而是一种具有"整体性"的文化与文明的"感受"，可以说是一种"新感性"。只有这种"具有丰富的、全面而深刻的感觉的人"，才算是全面发展的人。人的全面发展，必须紧扣"人的感受的丰富性"这一核心主题，"对象如何对他说来成为他的对象，这取决于对象的性质以及与其相适应的本质力量的性质；……对于不辨音律的耳朵说来，最美的音乐也毫无意义，音乐对他说来不是对象。"（第79页）这就是说，外界对象作为具有多重自然属性的系统，它虽然具备主体多种需要的潜在性，然而这些潜在属性对于主体发展的意义（价值）的实践程度如何，则取决于主体的自我完善水平，取决于社会实践的内容和实践的发展水平。

当然，新感性的确立首先取决于私有制及其异化的扬弃，"私有财产的废除，意味着一切属人的感觉和特性的彻底解放。"（第78页）在异化状态下，人不可能培育起健全的感觉。马克思充分意识到，功利主义的"粗陋的实际的需要"是人的全面发展的天敌，贩卖矿物的商人只看到矿物的商业价值，而看不到矿物的美和特性，他没有矿物学的感觉。人的感觉的丰富性被单一的拥有感所代替："私有财产使我们变得如此愚蠢而片面，以致任何一个对象，只有当我们拥有它时，……当我们消费它时，它才是我们的","因此,一切肉体的和精神的感觉为这一切感觉的单纯的异化即拥有感所代替。"(第77页)每个人都把自己的命运维系于物,物成为人顶礼膜拜的至高无上的"上帝",人成为物的奴隶。对物的占有常常是以牺牲丰富的感受性为代价的。

然而马克思指出,人不仅是一种最善于适应环境的生物,人还能按照自己的意志创造新的环境,即在改造"第一自然"的过程中创造"第二自然",创造人们所独具的文化和文明。"已经生成的社会,作为自己的恒定的现实,也创造着具有深刻的感受力的丰富的、全面的人。"(第80页)这种全面的人体现了人的真正本质,是人的各种潜能性的整合,也是"人以一种全面的方式,也就是说,作为一个完整的人,把自己的全面的本质据为己有"。(第77页)而要实现人性的真正复归和自由全面的发展,马克思认为只有当历史发展到共产主义社会时才能实现这一理想。

按照马克思在《手稿》中的观点,未来共产主义社会应该以现实的人为出发点,是"人向作为社会的人即合乎人的本性的人的自身的复归,这种复归是彻底的、自觉的、保存了以往发展的全部丰富成果的"。(第73页)是人道主义与自然主义的高度统一,也就是人与自然、人与人之间关系的高度和谐,"这种共产主义作为完成了的自然主义,等于人本主义,而作为完成了的人本主义,等于自然主义;它是人和自然界之间、人和人之间的矛盾的真正消解;是存在和本质、对象化和自我确证、自然和必然、人和人之间的矛盾的真正解决。"(第73页)由此看出,这种异化过程的积极扬弃,正是人类美好社会的到来,也是人的本质的最高实现。从而让每个人真正地实现本质力量的全面发展,每个人都能达到自由自觉的活动境界。没有合乎人的自然本性的社会环境,没有人的自由自觉的发展,就没有真正意义上的人的生活。完全意义上的人是社会的人,完全意义上的社会是人性的社会。只有那种最大限度地按照人的方式来满足人的自然需要的社会,才是合乎人的本性的共产主义社会。

马克思《手稿》中关于共产主义社会与人的解放的构想,概括起来主要有:

第一,通过人的社会实践,使自然界成为属人的、人化的自然。人不是孤立的存在物,人生活在自然之中,人的本质力量必须通过自然来体现,"只有在社会中,自然界才表现为他自己的属人的存在的基础。只有在社会中,人的自然的存在才成为人的属人的存在,而自然界对人说来才成为人。"(第 75 页)人改造自然的劳动活动同时就是对象化活动,人把自己的本质力量对象化,自然成了体现人的本质的对象,也可以说自然成了人的无机身体。这样,人与自然的关系成了人自身的一面镜子,它可以表明人的需要在何种程度上成为人的需要,人也在何种程度上对自己说来成为类的存在物。

第二,共产主义社会所谋求的是人与社会、人与类的统一。马克思认为,人是类的一员,生活在社会之中,人的活动也就应是社会的活动,体现人的类本质的活动,每个个体相互之间也应作为类的一员相交往,这才是真正的人的关系,因此"应当避免重新把'社会'作为抽象物同个人对立起来。个人是社会的存在物。因此,他的生活表现——即使它不直接采取集体的、同其他人共同完成的生活表现这种形式——是社会生活的表现和确证"。(第 76 页)马克思认为人与人之间的交往不应该通过物来实现,因为这个外在的物会转过来支配人、奴役人,这便是异化。马克思提倡的自由个性不受外在物强制,人作为社会人而存在,人的行动直接具有社会性,他们之间的相互交换也直接表现为人的关系。

第三,人们以一种全面的方式拥有自己的本质,从而实现与世界的和谐统一。这种统一表现在两个方面,对内表现为能力的发展,不仅理性能力、思维能力,而且包括整个身心的发展;对外则表现为人对世界的全面占有,特别是感性占有。这样,与世界接触过程中,个体的一切器官都能在与对象世界的关系中得到充分的发展。正如马克思所说,人"作为一个完整的人,把自己的全面的本质据为己有"。(第 76 页)这包括人同世界的任何一种属人的关系——视觉、听觉、嗅觉、味觉、触觉、思维、直观、感情、愿望、活动、爱等,也就是说,通过人并且为了人而对人的本质和人的生活、对对象化了的人和属于人的创造物进行感性地占有,不应当仅仅理解为对物的直接的、片面的享受,不应当仅仅被理解为享有、拥有。这样的人就不再是畸形的人,片面发展的人,而是全面的人、完整的人、整体的人、丰富的人,因而也就是自由的、获得解放的人。

第四，共产主义是自然主义与人本主义的真正统一。从人作为有意识的生命存在，从诞生的那一天开始，就在如何协调对象世界与自我关系的问题上不断反思与尝试，特别是在资本主义社会，资本对劳动的奴役更是把这些对立与抗争推向极致。马克思对异化劳动的揭示，正是用理想的"应有"来批判现实的"实有"，从中揭示出人类本质与现实之间的冲突。而共产主义的理想就是实现这些矛盾的真正解决，"这种共产主义，作为完成了的自然主义，等于人本主义，而作为完成了的人本主义，等于自然主义；它是人和自然界之间、人和人之间矛盾的真正解决，是存在和本质，对象化和自我确立，自由和必然，个体和类之间抗争的真正解决。"（第 73 页）随着这一历史实践进程的展开，那些困扰人类已久的现实与理想、事实与价值、个体与类、实有与应有之间的对立也将最终被扬弃。

总体来看，在马克思《手稿》中对其现代性思想的阐发，自觉地贯彻了其理性尺度与价值尺度相统一的原则，无论是对于异化劳动的分析，还是对于共产主义的社会理想的阐发，都很好地体现了这一点。马克思不仅对在资本主义异化状态下所表现出来的对于人的否定性质给予了尖锐的价值批判，而且马克思也看到"异化"作为"人类发展的本质"的产生的历史必然性。马克思从来没有不加分析地否定"异化"。马克思只是在人的"对象的丧失"、人"为对象所奴役"的前提下，来揭露、抨击"异化"的否定性质，但马克思也指出，在"实际创造一个对象世界""对对象的占有"的意义上，"异化"具有一定的历史合理性。

同样，马克思把对于共产主义的憧憬置于历史的现实发展基础之上，反对空想社会主义所追求的那种不切实际的社会发展目标，认为那不过是"粗陋的"即"还未完成的"共产主义。马克思认为空想社会主义的这种"对整个文化和文明的世界的抽象否定，向贫穷的、粗陋的和没有欲望的人——这种人不仅没有超越私有财产的水平，甚至从来没有达到私有财产的水平——的违反自然的单纯性的倒退"。（第71—72页）在马克思的历史观看来，作为理性与价值冲突的历史性解决的共产主义，是"保存了以往发展的全部财富的"，它"只有通过人类的全部活动、只有作为历史的结果才有可能"。马克思的结论是，这种共产主义作为"历史的全部运动",它是一种"现实的产生活动",是"经验的存在的诞生活动"。(第71—72页)也许从马克思的思想中,我们会得到一种解读当今社会发展与现代化问题的基本方法。

(原载《哲学研究》2003年第6期)

马克思"新世界观"的总体构思

——重读《关于费尔巴哈的提纲》

在马克思主义哲学发展史上，马克思的《关于费尔巴哈的提纲》（以下行文简称《提纲》）可称得上是其哲学思想的奠基性著作。正如恩格斯所评价的那样，《提纲》是"包含着新世界观的天才萌芽的第一个文件"。随着学界对马克思哲学思想研究的不断深化，《提纲》在马克思哲学中的重要历史地位也日益显现。《提纲》虽然只是1845年春天马克思写于比利时布鲁塞尔的一篇手稿，但是从马克思思想的形成与发展来看，《提纲》的写作与马克思相关哲学思想的形成深化有着内在的关联性。我们知道在1844年4月至8月马克思于巴黎写作了著名的《1844年经济学哲学手稿》，《手稿》在对黑格尔哲学思想进行总体清算与批判的同时，还尚未对费尔巴哈的思想进行专门研究分析，甚至一定程度上做了肯定的评价。但是在《提纲》中马克思转向了对费尔巴哈思想的全面清算与批判。正是基于对黑格尔和费尔巴哈思想清算与批判，马克思实现了思想的升华。之后在1845年秋天至1846年5月，马克思与恩格斯写出了著名的《德意志意识形态》，对《提纲》所蕴含的思想进行了全面的阐扬与丰富。因此可以说，《提纲》作为马克思"新世界观"的总体构思，对于马克思完备的唯物史观的形成起到了决定性意义。

马克思的《提纲》通篇共11条，总字数不到1500字。但是，这其中却贯穿着清晰的逻辑结构。总体来看，"实践观""人性观"和"哲学观"是马克思在《提纲》中所要表达的三个主要领域。而这三大中心主题又有着内在的逻辑关联：如果说对"人"的理解是哲学的出发点和归宿的话，那么"实践"则构成了人的社会生活的本质，只有基于人的客观的实践生活去理解和把握"人的本质"，才是"新唯物主义"哲学的基本方向。一定意义上，《提纲》的全部 11 条都是集中围绕这三个主题展开的。

一　"实践观"——新哲学逻辑基点的确立

众所周知，实践的观点是马克思主义哲学的首要的基本的观点，马克思主义哲学区别于此前一切哲学的根本之处，就在于其解决哲学基本问题的独特方式，即以实践为基础去解决思维和存在的关系问题。可以说，以"实践"为基础和出发点对哲学进行重新理解，这是马克思《提纲》写作的首要动机。我国著名学者朱光潜先生曾认为："《提纲》第一次提出"了"马克思主义的实践观点"①。

在《提纲》中，马克思对"实践"的强调可谓旗帜鲜明："社会生活在本质上是实践的。凡是把理论诱入神秘主义的神秘东西，都能在人的实践中以及对这种实践的理解中得到合理的解决。"② 马克思认为，要实现真正意义上的哲学革命，需要确立鲜明的"新唯物主义"立场，而实践观点的确立，正是实现哲学变革的关键。马克思为了厘清自己所创立的"新唯物主义"哲学与此前哲学的区别，在《提纲》的第一条就对"从前的一切唯物主义"和"唯心主义"的哲学特征做了深刻的剖析，并在剖析中凸显自己的哲学立场。因此可以说《提纲》的第一条具有"总论"的性质，是《提纲》的"纲"。马克思认为旧唯物主义和唯心主义都不了解人类实践活动及其意义，因而导致它们在对世界的理解和观察世界的视角等一系列问题上存在着重大缺陷。

首先，马克思批判了旧唯物主义（包括费尔巴哈的唯物主义）离开人、人的实践活动和主体方面去理解世界的做法。马克思指出在旧唯物主义那里，"对对象、现实、感性，只是从客体的或者直观的形式去理

---

① 朱光潜：《美学拾穗集》，百花出版社 1980 年版，第 62 页。
② 《马克思恩格斯文集》第 1 卷，人民出版社 2009 年版，第 505—506 页。（以下凡引此文献，只在行文中标注页码——引者。）

解，而不是把它们当作人的感性活动，当作实践去理解，不是从主体方面去理解。"（第503页）例如在费尔巴哈那里，他相信感性直观，认为"直观是生活的原则""直观提供本质、真理、现实"①。费尔巴哈把现实事物看作"感性事物"，指出："只有一个感性的实体，才是一个真正的，现实的实体"②"真理性，现实性，感性的意义是相同的"③。费尔巴哈甚至强调"新哲学是光明正大的感性哲学"④。相对而言人的"意识是一面镜子"⑤。对于费尔巴哈来说，对象性的唯一反思形式乃是直观，而直观的就是以当下的、直接的方式确认感性对象，就是把对象了解为直观现成的、被给定的。费尔巴哈有时也把实践理解为一种物质活动，不过他所说的这种物质活动并不是改造客观世界的社会实践，而是指人们日常生活的饮食起居及经商牟利等庸俗的活动，把实践看作犹太人的利己主义活动。但是，马克思强调世界不仅仅是"物质的"，更是"实践的""人的感性活动"的，马克思意识到费尔巴哈的"感性直观"虽然坚持了唯物主义的立场，但仅凭"感性直观"还不能确定感性的现实实在性，人类感性活动的结果，只能把它放与人的现实实践历史活动中才能得到正确的理解。马克思找到了"感性活动"这一实践立场，就完成了在哲学领域里面的思想的革命，实现了对德国古典哲学的终结，从而奠定了唯物史观的基础。

其次，马克思批判了唯心主义离开唯物主义立场，去抽象地弘扬人的能动性的哲学特征。马克思认为，如果说从前的一切唯物主义的主要缺点，就是把"事物，现实，感性"只是从客体的方面去理解，只是把它们当作僵死的对象来理解，这样就走向了机械唯物主义或者费尔巴哈的直观唯物主义；而唯心主义更强调主体的活动原则，比如康德的"先验自我"，费希特的"纯粹自我"，黑格尔的"绝对精神"等等，所以这些唯心主义哲学家们发展了"能动"的方面，但是他们的哲学，归根结

---

① ［德］费尔巴哈：《费尔巴哈哲学著作选集》，上卷，荣震华等译，生活·读书·新知三联书店1959年版，第111页。
② 同上书，第166页。
③ 同上。
④ 同上书，第169页。
⑤ 同上书，第264页。

底是抽象的精神的活动,"因为唯心主义当然是不知道现实的、感性的活动本身的。"(第503页)不知道这种"能动"实际上是人的"对象性的"(gegenständliche)实践活动。唯心主义只是看到了主体的能动性的作用,却并不懂得如何将人的这种能动性应用于现实生活实践中去,只会把主体能动性过分夸大成为绝对的精神实体,认为精神可以去创造世界,所以只是空谈,只是抽象地发展了能动性。

最后,在批判旧唯物主义和唯心主义实践观的基础上,马克思阐发了自己的实践观。在一定意义上我们可以说,《提纲》论述的中心议题是实践问题,其全部内容都是围绕对实践的关系和实践在社会生活中的作用展开的,实践范畴居于马克思主义哲学理论体系的核心位置,实践的观点亦是马克思主义哲学首要和基本的观点。马克思在《提纲》所阐发的实践思想我们可以具体把握为以下几个层次:

(1)实践是人类改造世界的现实的感性活动。马克思认为旧唯物主义的主要缺点就是,在他们的哲学理解中"对象""现实""感性"仅仅是一种"客体的或者直观的形式",它只是被动静观的、外在于人的、被给定的"客体",是一种同人的实践活动毫无关系的抽象规定。在这样的"客体"面前,人是不可能展开自己的"感性活动"和"实践"行为的。然而在马克思看来,唯有"人的感性活动"和现实的"实践"才敞开了通往"现实的人"的道路。在《德意志意识形态》中,马克思更是进一步强调"我们的出发点是从事实际活动的人"[①],只有从有生命的、现实的个人本身出发,才是实践哲学的真实出发点。

(2)实践是能动的革命批判的活动。马克思认为,实践是人有意识、有目的的活动,是人区别于动物的适应环境的本能活动的标志,但是旧唯物主义却没有看到这一点,而"唯心主义却把能动的方面发展了,但只是抽象地发展了。"(第503页)唯心主义对于人的主体活动原则的发展并不是客观的"对象性"的发展,仅仅是一种观念的抽象发展。所以,马克思指出"环境的改变和人的活动的一致,只能被看做是并合理地理解为变革的实践"。(第504页)这种"变革的实践"是一种积极主动的行为。人是一种能动性存在,人类实践的展开方式确证了人的主体能动

---

① 《马克思恩格斯文集》第1卷,人民出版社2009年版,第504页。

性，人们的实践活动是一个改造客观世界的过程，实践包含了人的目的性诉求，这也是人与动物相区别的重要标志。

（3）实践是检验真理的标准。从认识论角度来看，实践将人们的主观意识与客观事实联系起来，真理的本质就是主观认识符合客观实际，检验真理就是判断主观认识与客观实际是否相符合以及符合的程度。"人的思维是否具有客观的［gegenständliche］真理性，这不是一个理论的问题，而是一个实践的问题。"（第503—504页）实践是联结主观认识和实际认识的纽带，既有普遍性特点，又有直接现实性的特点，因而成为检验一切认识的真理性的唯一标准。通过实践，我们可以使认识得到不断地深化，进而可以重新审视真理，也可以把从实践中得来的认识加以整理后再返回到实践中去指导实践，形成"认识—实践—再认识—再实践"的循环过程。总之，人们只能通过实践的结果来判断认识是否具有客观真理性。

（4）实践是人类社会生活的基础。马克思特别强调："社会生活在本质上是实践的。"（第505页）这是马克思将唯物主义世界观用于观察人类社会历史所得出的重要结论。人是历史活动的主体，实践是社会生活的本质体现。人们的实践不是孤立的个人活动，而是结成一定的社会关系才能从事实践活动。马克思从实践出发考察人和社会，指出物质资料的生产是历史发展的根本原因，真正地揭示了社会生活的本质及其发展变化的规律。人类历史并不是神秘精神力量创造的，"凡是把理论诱入神秘主义的神秘东西，都能在人的实践中以及对这种实践的理解中得到合理的解决。"（第505—506页）人的实践构成了人类社会历史的活动，唯有正确认识人的实践活动，才能了解人类社会历史及其发展规律，促进人的自由全面发展。

二 "人性观"——对人的本质的基本理解

人是哲学的奥秘，人的问题永远是哲学的主题。这一点对于马克思主义哲学也同样如此。通观马克思哲学思想的生成脉络，可以说"人的问题"像一条红线贯穿始终。人的本质到底是什么？在中外哲学史上哲学家们居于不同的视角有着不尽相同的回答。在《提纲》中马克思通过对费尔巴哈的人性观检讨与批判，阐发了自己对人的本质的基本观点。

从人类思想史上，人的本质问题一直是思想家们争论不休的问题。一些唯心主义思想家赋予人的本质以种种宗教神秘的色彩。马克思首先肯定了费尔巴哈把宗教的本质归结于人的本质的论断。费尔巴哈从唯物主义的观点出发，认为人是自然的产物，不是上帝创造的，也不是某种精神的产物。他在《基督教的本质》中曾明确指出："宗教是人跟自己的分裂：他放一个上帝在自己的对面，当作与自己相对立的存在者。"因此是人创造了上帝，人的精神创造了神，宗教的本质是被异化了的人的本质，并且人们被自己创造的上帝所束缚、所主宰。但是马克思进一步指出，费尔巴哈仅仅立足于"市民社会"对人的本质做出揭示，因此他只能把握到人的"自然属性"这一规定性。尽管表面看来费尔巴哈所把握的人是最具体、最感性、最现实的，但在"人"的本质层面上来看，却只能说是"抽象的个人"。

马克思在《提纲》中对"抽象的个人"所做的批判，充分显示了马克思实践唯物主义的历史性的维度。从历史主义角度来看，"抽象的个人观"是伴随着近代资本主义的兴起而形成的，伴随生产力的发展，个人逐渐从氏族、部落等的圈子中解放出来，表现为独立，不再因血缘、地域、语言、习惯等的缘故而必须从属于某个整体，取而代之的是渐趋萌芽与发展的"市民社会"。马克思指出，费尔巴哈之所以得出了"抽象的个人"的结论，就是由于他立足并局限于市民社会条件下的人的存在方式。马克思在1843年秋所写的《论犹太人问题》中就揭示了市民社会条件下人的特点，"在市民社会中，人是尘世存在物。"[1] 在市民社会，人在"个体"和"类"两个方面都丧失了自我存在的真实性，因为个体和类由于分裂而变成了互为外在的对立关系。在个体一端，人沦为赤裸裸的肉体存在物；而在类的一端，人却沦为抽象普遍性的符号。因此，马克思认为费尔巴哈把人的本质归结为"类"，"理解为一种内在的、无声的、把许多个人纯粹自然地联系起来的普遍性。"（第505页）这个"抽象的个人"不属于任何社会，除了抽象的理智、意志、感情和肉体之外，什么也没有，不存在任何其他实在的关系。因为费尔巴哈离开人的实践，

---

[1] 《马克思恩格斯文集》第1卷，人民出版社2009年版，第31页。

离开在实践基础上产生的社会关系来考察人的宗教感情和人,他就无法看到人的宗教感情是社会的产物,人是属于一定社会关系的存在。

在对费尔巴哈"抽象的个人"进行彻底批判的基础上,马克思正面表达了自己对于人的本质的理解:"人的本质不是单个人所固有的抽象物,在其现实性上,它是一切社会关系的总和。"(第505页)这里的一切社会关系,泛指个人在表现和确证自己生命的过程中所结成的一切社会关系,包括家庭、地域、业缘、生产、阶级、民族、历史、道德、宗教等。马克思认为人的本质不是支配他自身的一种天然本性,而是他自身,是他在自己的对象性活动(即生命表现)中所创造和展现的人的特性,包括他的视觉、听觉、嗅觉、味觉、触觉、思维、直观、情感、愿望、活动、爱等。马克思的这一表述,第一次从人的社会属性上来理解人的本质,使之建立在唯物史观的基础之上,也标志着马克思同费尔巴哈的哲学关系发生了重大区别。马克思强调,不能把人归结为某种"普遍的本质"而把人抽象化,进而导致人的现实性和"个性"的丧失。而要基于人的现实生存境遇,特别是从人与人的社会存在关系视角去理解和规定人的本质。只有从具体的、历史的社会关系出发,立足于"有生命的个体的存在",使人特有的生存特性得到充分的显现,才能够准确把握人的本质。而人的物质生产实践是人区别于动物的最基本的社会生活方式,人的物质生产实践作为人的"本源性"的生存方式,即敞显了"人与自然"的最基本的关系,也是个体与他人"结缘"形成社会关系的纽带,构成了人进入和形成社会关系的根据。马克思特别指出,人与自然的关系只有通过人与人的社会生活中才能获得其现实性,"只有在社会中,自然界才是人自己的合乎人性的存在的基础,才是人的现实的生活要素。"[①]

从马克思关于人的本质的这一著名表述中,我们鲜明感受到了把握人的本质的"生成论"维度:"人的本质"是一个具体的历史的范畴。人区别于其他动物,其根本特质就在于他不是"现成"的存在着,而是一种具有"生成"本性的特殊存在者。马克思将费尔巴哈的"类"概念置换成了"社会关系"概念,指出人的本质是人在社会活动中形成和创造的,个体是在社会性的实践生活和社会交往中塑造了人本身,是自我生

[①]《马克思恩格斯文集》第1卷,人民出版社2009年版,第187页。

成的。如果说人的现实性就在于感性的生命活动，那么人的社会关系乃是生命活动的产物，所以说人的本质在其现实性就是一切社会关系的总和。随着社会生产力的发展，人们的各种社会关系也在不断变化发展。伴随着个人在既定物质生活条件下的自我超越、自我发展，人的本质也会相应地变化与发展。社会关系的差别，必然构成人的本质的差别，因而不同时代的人的本质具有不同的具体的历史特点。马克思用人们的社会关系来说明人的本质，已经包含了用社会存在来说明社会意识的思想。因而在《提纲》中马克思还说："社会生活在本质上是实践的。凡是把理论诱入神秘主义的神秘东西，都能在人的实践中以及对这种实践的理解中得到合理的解决。"（第505—506页）强调一切社会意识，包括神秘的宗教意识，都是可以从人的社会生活实践中找到根源，进而得到具体说明的。

此外，马克思从"社会关系的总和"来界定人的本质，意在凸显人的社会关系的历史性。相对于费尔巴哈，马克思更强调人及其具体实践活动的历史性生成。我们知道在《提纲》之前马克思所写作的《1844年经济学哲学手稿》中，通过对"异化劳动"的剖析揭示了人的非本质存在境遇："劳动对工人来说是外在的东西，也就是说，不属于他的本质。"[①] 所以只有在私有财产积极扬弃的前提下，人作为"社会的人"才得以顺利生成，个体才真正呈现为"社会存在物"，人的社会生活实践丰富了人的本质规定性，"五官感觉的形成是迄今为止全部世界历史的产物。"[②] 而在人类现代性发展时代，市场经济与工业文明又成了世界历史的推进器，"工业的历史和工业的已经生成的对象性的存在，是一本打开了的关于人的本质力量的书，是感性地摆在我们面前的人的心理学。"[③] 在1846年马克思与恩格斯共同完成的《德意志意识形态》中，进一步从历史性与现实性的双重视角对人的本质做了深刻解读。既然实践总是处于一定社会关系的人所进行的社会活动，那么这种实践永远不会停留在一个水平上，而是由低级到高级、由简单到复杂无止境的向前发展着。

[①] 《马克思恩格斯文集》第1卷，人民出版社2009年版，第159页。
[②] 同上书，第191页。
[③] 同上书，第192页。

"只有随着生产力的这种普遍发展，人们的普遍交往才能建立起来；普遍交往，一方面，可以产生一切民族中同时都存在着'没有财产的'群众这一现象（普遍竞争），使每一民族都依赖于其他民族的变革；最后，地域性的个人为世界历史性的、经验上普遍的个人所代替。"① 人是社会历史运动的主体，社会历史的进程及其方向是由社会历史运动主体的共同作用决定的，因此人类社会发展的自然历史过程，是存在并实现于历史主体的人的实践活动之中的。

马克思所开启的这种理解人的本质的历史性、现实性视角，揭示出了人们的交往关系的核心不过是人们从事物质生产实践所形成的生产交换关系，而人类社会的真正矛盾是由于生产资料与劳动者相分离所导致的阶级矛盾，要真正克服这一矛盾，只有诉诸革命的实践。这既暗含了马克思实践的观点，又预示了马克思即将进行的政治经济学批判。

三 "哲学观"——"新唯物主义"的世界观

马克思在《提纲》中将自己"哲学观"表述为"新唯物主义"，从而实现了划时代的哲学革命。"新唯物主义"到底"新"在何处？诚然，马克思的《提纲》作为"新世界观的天才萌芽"，尚未将马克思"新唯物主义"哲学完全展示开来，但是毫无疑问，《提纲》包含着马克思哲学许多有待展开的潜在生长点。这已经为马克思之后的思想著述所证明。

总体而言，马克思所创立的新唯物主义哲学，在理论层面鲜明地强调要"把感性理解为实践活动"，要从实践和实践主体出发来认识世界、把握世界，从而给我们提供了一种如何看待"人和世界"关系的全新方式，即回答了人和世界的关系是什么样的，实现了在唯物主义一般原则基础上的辩证法、自然观、历史观和对人的自我认识的有机统一；而在实践层面，马克思基于对当时资本主义社会矛盾的深刻解剖，提出重要的是要"改变世界"。为无产阶级及其解放服务、为人类的自由而全面发展服务，这是"新唯物主义"哲学实践的根本目的和价值旨归。我们因此可以说，马克思所创立的"新唯物主义"是一种全新的世界观。这里

---

① 《马克思恩格斯文集》第 1 卷，人民出版社 2009 年版，第 538 页。

我们分三个方面予以阐述：

（1）"新唯物主义"即实践唯物主义。

马克思最具特色的、最有价值的哲学思想即是实践唯物主义。马克思与其他唯物主义哲学家们的根本区别就在于观察世界的出发点不同，即马克思是从人、人的实践活动出发去解释世界，其哲学贯穿了彻底的实践精神。这一点在马克思《提纲》的第一条中表达得十分清楚："从前的一切唯物主义——包括费尔巴哈的唯物主义——的主要缺点是：对对象、现实、感性，只是从客体的或者直观的形式去理解，而不是把它们当作人的感性活动，当作实践去理解，不是从主体方面去理解。"（第503页）人与世界的最基本关系是实践关系，实践唯物主义即是强调建立在"实践"基础上的唯物主义。而"实践"所彰显的即是"人的感性活动"。

从马克思思想发展的视角来看，在《1844年经济学哲学手稿》中，马克思已开始形成实践的唯物主义思想萌芽，经过《神圣家族》和《关于费尔巴哈的提纲》，这个思想日渐成熟。在《德意志意识形态》中，马克思针对费尔巴哈的直观的唯物主义，明确提出了"实践的唯物主义"概念："对实践的唯物主义者即共产主义者来说，全部问题都在于使现存世界革命化，实际地反对和改变现存的事物。"① 现实的共产主义是对唯物主义进行改造和提升的实践过程，用实践作武器，实现人类的理想境界——共产主义。这个过程它既是唯物主义的实践过程，也是共产主义的现实的运动过程，实践的唯物主义即共产主义。共产主义者应该从人、主体性、人的实践活动出发解释现实世界，应该用革命的手段去改造世界。

在《提纲》中，马克思用"实践"概念取代了抽象的"物质"概念而作为"新唯物主义"哲学的逻辑前提。诚如法国思想家列斐伏尔所言："'物质'一词在提纲中没有出现；十分清楚，在马克思看来，'物质'是包含在实践的感性活动、生产活动之中的。"② 在这里，"物质"已经

---

① 《马克思恩格斯文集》第1卷，人民出版社2009年版，第527页。
② ［法］列斐伏尔：《马克思主义的当前问题》，李元明译，生活·读书·新知三联书店1966年版，第38页。

不是一种具有实体规定性的概念,而主要表征的是"人的感性活动"的物质性,即实践是一种主观见之于客观的物质活动。这样,马克思不仅指出了旧唯物主义的缺点,同时也正面印证了新唯物主义的内涵——"社会生活在本质上是实践的",历史就是人的生成史、实践史,要将实践的观点渗透于人类社会生活的各个领域,无论是自然、社会、历史、思维等都应该把它们视为人的感性活动的对象、过程和结果,即将实践的观点贯穿于哲学思考的始终。

在俟后的《德意志意识形态》中,马克思与恩格斯更是凸显了"生产实践"在实践唯物主义体系建构的核心作用:"人们为了能够'创造历史',必须能够生活。但是为了生活,首先就需要吃喝住穿以及其他一些东西。因此第一个历史活动就是生产满足这些需要的资料,即生产物质生活本身。而且,这是人们从几千年前直到今天单是为了维持生活就必须每日每时从事的历史活动,是一切历史的基本条件。"[①] 这种对于人的社会生产实践的凸显,使马克思的实践唯物主义获得了凝重的历史感,成为唯物史观的基石。

(2)"新唯物主义"给予"物质"概念以全新的解释。

马克思把自己的哲学称为"新唯物主义"或"实践的唯物主义"以区别于其他哲学,就在于马克思从根本上改造了旧唯物主义对"物质"的理解,赋予"物质"概念以全新的视野和角度。我们发现在《提纲》中,马克思很少谈及一般的唯物主义,很少从"解释世界"的角度去讨论"物质"问题。因为在马克思看来,关于世界的物质性问题,实际上在18世纪的法国唯物主义就已经基本解决了。

如前所论,以费尔巴哈为代表的旧唯物主义是一种以"抽象自然"为基础的物质本体论,这种本体论把独立于人之外的抽象自然界看作世界的本原,所关注和追求的仅仅是那个与人无关的、而且就人的活动而言先于人类历史或尚未置于人的实践范围中的自然界。把现实世界中复杂多样的事物一概还原为这种抽象的自然,进而又以这种无主体的抽象自然来解释丰富多彩的人的世界。马克思认为"新唯物主义"不能停留在费尔巴哈的水平上,而必须在思维与存在的统一性关系中,去把握理

[①] 《马克思恩格斯文集》第1卷,人民出版社2009年版,第531页。

解"物质"的内涵。从这一角度看,"新唯物主义"哲学所表达的"物质",是包含在人的实践的感性活动、生产活动之中的,对于"物质"的把握不能脱离人的实践活动。在《1844年经济学哲学手稿》中马克思就曾经明确指出:"被抽象地理解的、自为的、被确定为与人分开的自然界,对人来说也是无。"① 马克思视野中的"物"是人生活于其中的整个现存的"感性世界",它不能脱离人的生活实践而"自为"地存在。一句话,要把"对象""现实""感性"等这些标示客观物质的东西都"当作实践去理解"。

显然,实践唯物主义哲学的划时代意义,就在于将"实践"确立为新哲学的初始性的创生原则,无论是对于人的本质的理解,还是对于"物质"的理解,都应置于"实践"这一聚光灯下"敞显"其应有的意义。正是实践"使人成其为'人',使物成其为'物'"②。马克思的这种对"物质"的全新理解,意味着一种哲学新的思维方式的确立。的确,从时间在先性的角度说,没有人会否认"物质""自然"先于人而存在的客观性事实,但这是一种诉诸科学视角的"事实判断",说到底是一个科学问题。而"实践唯物主义"哲学所讨论的是在"思维与存在统一性"基础之上"物质"是如何呈现于人的感性世界的,这是一个价值判断。如果说人是哲学的奥秘,那么正是由于人的实践才使对象世界敞显出来、生动起来。人有人的世界,离开人的主体活动去讨论"物质",去言说"世界",只能陷入某种独断或虚妄。

(3)"新唯物主义"是一种"改变世界"的哲学。

马克思和恩格斯首先是革命家,他们毕生事业的宗旨是为共产主义而奋斗,实现人类解放。他们与空想社会主义者不同之处在于,他们认识到历史发展是有规律的,共产主义的实现既不能靠道德说教,也不能靠哲学批判,而只有诉诸革命的实践。

在《提纲》的第十一条即最后一条,马克思以结论性的语气表达了"新唯物主义"的价值立场:"哲学家们只是用不同的方式解释世界,而问题在于改变世界。"(第506页)我们通常讲马克思实现了哲学革命,

---

① 《马克思恩格斯文集》第1卷,人民出版社2009年版,第220页。
② 何中华:《实践唯物主义的奠基之作》,《东岳论丛》2006年第3期。

其根本点就在于实现了这种由"解释世界"向"改变世界"这一哲学主题的转换。马克思主义哲学的主题是实现无产阶级和人的解放,如果说传统哲学的主题是"外部世界的存在何以可能"的话,那么,"无产阶级的解放何以可能"便成为马克思哲学的主题。

"改变世界"是马克思哲学的出发点和归宿,只有从"改变世界"出发才能完成"解释世界"的任务。诚然,"解释世界"也是哲学实现其社会功能的主要形式,但哲学家们不应该仅仅满足于从理论上解释世界,而且应该自觉的以实践的方式去"改变世界"。直观的唯物主义不能把感性理解为实践活动,至多也只能做到对市民社会的"单个人的直观",因而要完成走向革命走向共产主义的历史使命是根本不可能的。马克思这里并没有把"改变世界"与"解释世界"对立起来。问题的关键在于,不仅要以彻底的唯物主义的方式理论地"解释世界",而且应当以彻底的唯物主义方式去实践地"改变世界"。马克思哲学是实践的哲学,是人的解放的世界观,"改变世界"才是自己哲学的最重要的品格与使命。

马克思学说之所以是批判的、革命的,这是通过扬弃旧哲学,高扬人"改变世界"的能动性本质实现的。马克思毕生都在探求无产阶级和人的解放的实现路径,即要让思想在实践上变为一种现实的实践力量。早在《〈黑格尔法哲学批判〉导言》中,马克思就明确指出:"批判的武器当然不能代替武器的批判,物质的力量只能用物质力量来摧毁。"[①] 这里马克思揭示了革命理论是不同于革命实践的,同样革命实践与革命理论也是不同的;理论不等于实践,实践也不等于理论,理论斗争只是观念的东西,再好的理论斗争也只能是暴露出存在的问题,如果不付诸行动也是无济于事。

马克思主义的价值诉求与无产阶级具有内在的统一性,它以革命的理论形式反映了工人阶级和广大人民群众的利益、愿望和要求。正因为如此,我们说马克思哲学是工人阶级的世界观,是工人阶级认识世界和改造世界的思想武器。"对宗教的批判最后归结为人是人的最高本质这样一个学说,从而也归结为这样的绝对命令:必须推翻那些使人成为被侮辱、被奴役、被遗弃和被蔑视的东西的一切关系。"[②] 马克思指出,为了

[①]《马克思恩格斯文集》第1卷,人民出版社2009年版,第11页。
[②] 同上。

"改变世界"这一总目标,就要彻底反思和批判作为人的存在的现实基础的资本主义生产方式,揭示资本主义生产方式的内在矛盾性,"旧唯物主义的立脚点是'市民'社会,新唯物主义的立脚点则是人类社会或社会化的人类。"(第506页)在马克思看来,资本主义生产方式作为人的存在的历史性前提是历史地形成的,当然也将历史地被超越。共产主义作为"人类社会或社会化的人类"的表现形式不同于以往之处,在于它要推翻一切旧的生产关系和交往关系的基础,通过对"资本逻辑"的解构与批判,通过改变既定的生产方式(即资本主义的生产方式),以期实现人的存在方式的整体性改变,实现人的真正解放,实现人的自由而全面的发展。

显然,马克思的"新唯物主义"通过对扬弃旧唯物主义和唯心主义对于"物质""实践"等范畴的片面性理解,在思维与存在相统一的前提下,创造性地诠释了新哲学的"物质观""实践观",并以此为基础去解决问题,从实践出发去解释和改变现实世界,从而开启了哲学观念的划时代变革。

总之,马克思通过《提纲》,确立了"新唯物主义"的基本立场。这个作为"天才世界观萌芽"的文献,表达了马克思所创立的唯物史观的一系列基本观点:如人的本质,人与环境的关系、宗教观、社会生活的本质等,从而为唯物史观和马克思主义哲学提供了生长点和立足点。从这个角度说来,《提纲》在马克思主义发展史上的伟大意义是不言自明的。首先,实践的观点是马克思主义首要的和基本的观点。马克思把实践观贯穿于认识论、物质观、历史观甚至思维观,赋予了马克思哲学以鲜明的实践特征。从实践出发去理解现实世界,以实践的勇气去变革现实世界,这是我们今天学习马克思《提纲》需要特别强调的。其次,马克思告诉我们,真正意义上的哲学革命,绝不仅仅是具体观点甚至体系的改变,而必须深入思维方式的层面,实现思维方式的范式转换。马克思的哲学革命,恰恰是在思维方式上实现了一场变革,即由"现成论"转向了"生成论"。正是在此意义上,我们把马克思看作古典哲学的终结者和现代哲学的奠基人。从"生成论"的视角,即从"感性的人的活动""实践"和"主体"去理解的自然,就不再是"感性对象",而变成"感性世界"了。这样的"感性世界"则是工业和社会状况的产物,是历史的产物，是世世代代活动的结果。最后，马克思在哲学史上真正实现了对人的本质的历史生成性理解。马克思指出，既然人的社会生活在本质上是实践的，那么也应该在实践的过程中去展开并实现人的本质。既然生产是生成的，社会关系是生成的，那么人的本质也是生成的，这就意味着人并没有一个现成的、固定不变的抽象本质，而只有现实的、具体的、历史的本质。

在当代，我们仍需要运用马克思主义去面对和解决各种现实问题。自觉凸显马克思主义"改变世界"的主题，在分析、回答改革开放以来各种重大问题中发展当代中国的马克思主义，体现马克思主义时代化、中国化特征。我国在改革开放与现代化建设过程中，遇到了诸多新情况、新问题，各种社会矛盾集结呈现，在此时代背景下，尤其需要我们以马克思"改变世界"的实践品格为引领，自觉坚持马克思的实践唯物主义精神，去化解各种社会矛盾与问题。在人的发展层面，要努力消除人对物的依赖性，将人从"抽象的普遍理性""物的普遍统治"和"资本的普遍统治"中解放出来，将当代市场经济生活中资本的独立性和个性转变为人的独立性和个性，切实实现人的全面发展；而在社会发展层面，要积极主动对世界现代化大潮做出历史回应与选择，要注重政治、经济与文化的协调发展，维护社会的公平与正义，扎实推进中国的现代化建设，实现社会的全面进步，真正实现中华民族伟大复兴。

（原载《中共中央党校学报》2017 年第 4 期）

马克思恩格斯世界历史
思想及其时代意义

众所周知，马克思恩格斯的世界历史思想作为其唯物史观的有机组成部分，在他们的思想体系中居于重要地位。马克思恩格斯的世界历史思想高度概括了人类由大工业和普遍交往所开创的、各个国家和民族走向"一体化"的历史时代，从而揭示了人类历史的整体性和有机性。今天人类全球化的发展图景日益清晰，全世界各个国家和民族的发展呈现出了"你中有我、我中有你"的矛盾统一格局。在此时代情势下，认真领会和解读马克思恩格斯的世界历史思想，对于我们分析人类社会发展历史、把握经济全球化发展的动向并有效破解全球化难题，无疑具有重要的启示意义。

马克思对于世界历史思想的首次完整表述，见于1846年其与恩格斯合作撰写的《德意志意识形态》中。在马克思看来，"世界历史"不是通常的、历史学意义上的世界史即整个人类历史，而是特指各民族和国家通过普遍交往而进入相互依存的状态，进而使世界整体化发展的历史。而这种"世界历史"的呈现是与近代以来资本主义登上人类历史舞台相关联的。马克思用"历史向世界历史的转变"[①] 这一命题表征了这一人类历史趋势。在之后的《共产党宣言》中，马克思恩格斯更进一步指出，世界历史并不是各个民族历史的简单相加，而是世界各个民族相互依赖、相互影响、相互作用所形成的历史整体。任何一个民族和地区的发展都是世界整体的有机组成部分，其发展不可避免地会受到世界历史的影响；

[①] 《马克思恩格斯文集》第1卷，人民出版社2009年版，第541页。

与之相对应，各个民族或国家的发展又深刻影响着世界历史的发展。

我们知道在马克思恩格斯之前，系统对"世界历史"观念进行阐发的是德国哲学家黑格尔。他在其《法哲学原理》和《历史哲学》中指出，历史并不是杂乱无章地偶然性堆积，历史在其演化中存在着内在的规律性，冲破狭窄的地域范围，由民族历史汇成世界历史就是其中的规律之一。黑格尔认为世界历史是"理性""精神"的展开和实现。理性统治了世界，世界历史的本原和基础是"客观精神"，"客观精神"是世界的主宰，世界历史则是这个绝对终极目的的实现和体现。由于这种体现，这一绝对终极目的就从内部世界不仅过渡到自然界现象，而且过渡到精神界现象，即过渡到世界历史的现象。马克思恩格斯认为黑格尔的世界历史理论是建立在唯心主义基础之上，是用虚构出来的"精神"来解释世界历史，当然不能正确解释世界历史。在克服和批判黑格尔唯心史观的同时，马克思恩格斯继承了黑格尔世界历史理论的合理内核，即历史发展的世界性和规律性思想，认为世界历史是人类历史发展的必然趋势，人类历史的发展具有不以人的意志为转移的客观规律，民族历史向世界历史的演变并不是绝对精神的运动，而是现实的社会生产力推动的结果。

马克思恩格斯的世界历史思想，突出表达了以下基本逻辑内涵：

第一，市场经济与工业文明是推动人类历史走向"世界历史"的助推器。

马克思认为，近代以来，随着技术的进步，生产力获得了普遍的发展。以哥伦布发现美洲大陆为标志，人类在全球范围内开始了真正意义上的人种大交换与物种大交换，人类活动超越民族和地域的局限和障碍，形成全球范围内各民族之间全面的互相往来和互相依赖的趋势和过程。从此彻底改变了世界的面貌。"过去那种地方的和民族的自给自足和闭关自守状态，被各民族的各方面的互相往来和各方面的互相依赖所代替了。"[①] 世界历史形成的前提要以生产力、分工和交往的发展为物质基础，代表先进生产力的现代工业的建立已成为一切文明民族的生死攸关的问题。"工业的历史和工业的已经产生的对象性的存在，是一本打开了的关

[①] 《马克思恩格斯文集》第2卷，人民出版社2009年版，第35页。

于人的本质力量的书,是感性地摆在我们面前的人的心理学。"① 马克思认为,前资本主义的历史都是狭隘地域性的民族历史,只有随着生产力、分工和交往的高度发展以及大工业的出现,人类活动才开始突破地域等的限制,世界历史才开始形成,这是一种客观历史规律和趋势:"历史向世界历史的转变,不是'自我意识'、世界精神或者某个形而上学幽灵的某种纯粹的抽象行动,而是完全物质的、可以通过经验证明的行动,每一个过着实际生活的、需要吃、喝、穿的个人都可以证明这种行动。"② 工业化大生产的一个重要表现,就是用机器的操作代替了人工劳动,也就是说,人类劳动的各种代替物日益增多,效力日益增大,工业化生产使人类社会实现了历史上的划时代飞跃:"自从蒸汽和新的工具机把旧的工场手工业变成大工业以后,在资产阶级领导下造成的生产力,就以前所未闻的速度和前所未闻的规模发展起来了。"③ 随着每一个国家和民族进入世界历史,每一个人也都改变了原先那种孤立隔绝的生存状态,而是进入发展的同步时空,和世界市场紧密地联系着。大工业和市场改变了每一个人的生活,也改变了每一个人,使大家趋向更多的共同性,这就使狭隘的地域性的个人为世界历史性的、真正普遍的个人所代替了。因此可以说,是资本主义大工业和世界市场首次开创了世界历史,开创了全球化发展的历史。

第二,资产阶级在人类走向"世界历史"的实践中扮演了双重角色。

马克思和恩格斯基于历史与价值的双重视角,对资产阶级在人类走向"世界历史"的实践中的作用做了精当分析。一方面,马克思恩格斯站在历史主义立场,充分肯定了资产阶级在推进"世界历史"形成的决定性作用。认为资产阶级在历史上曾经起到过非常革命的作用,尤其是在促进生产力发展、推进工业化大生产方面所起的作用:"资产阶级在它的不到一百年的阶级统治中所创造的生产力,比过去一切世代创造的全部生产力还要多,还要大。自然力的征服,机器的采用,化学在工业和农业中的应用,轮船的行驶,铁路的通行,电报的使用,整个大陆的开

---

① 《马克思恩格斯文集》第1卷,人民出版社2009年版,第192页。
② 同上书,第541页。
③ 《马克思恩格斯文集》第3卷,人民出版社2009年版,第548页。

垦，河川的通航，仿佛用法术从地下呼唤出来的大量人口——过去哪一个世纪料想到在社会劳动里蕴藏有这样的生产力呢？"① 作为新时代生产力的代表，资本主义挖掉了工业脚下的民族基础，民族性发展需纳入世界的一体化格局之中。尤其是世界市场的开辟，使一切国家的生产和消费都成为世界性的了。资产阶级通过发挥其革命作用，确立了新的生产关系，并依赖于科学技术的进步，用现代大工业替代工场手工业，甚至封建行会的经营方式，它使生产成本急剧下降，创造了颠覆世界的生产力。在某种意义上讲，资产阶级促进了技术进步，提高了社会生活水平，这是资产阶级最主要的历史作用。

但是另一方面，马克思恩格斯也从人文关怀的视角，对于资产阶级在开辟世界市场过程中的种种野蛮血腥行为进行了价值控诉。马克思恩格斯把19世纪德国浪漫主义对于资产阶级的美学批判转变为意识形态批判和政治经济学批判，认为贪婪是资本主义的本性，"资本来到世间，从头到脚，每个毛孔都滴着血和肮脏的东西。"②"资产阶级撕下了罩在家庭关系上的含情脉脉的面纱，把这种关系变成了纯粹的金钱关系。"③ 马克思看到了资本主义虽然在其殖民地摧毁了旧的社会结构，带来一定程度的现代化，但却也给殖民地人民带来沉重的灾难，世界上少数人的发展是以牺牲绝大多数人发展为代价的，因此资本主义的殖民统治是一种"海盗式的侵略"，其中充满着血腥与残酷。在《不列颠在印度统治的未来结果》一文中，马克思清醒地指出"在印度人自己还没有强大到能够完全摆脱英国的枷锁以前，印度人是不会收获到不列颠资产阶级在他们中间播下的新的社会因素所结的果实的。"④ 另外，马克思强调资本主义在全球一体化的推进过程中，客观上造成了世界呈现"中心—外围"结构体系，"它迫使一切民族——如果它们不想灭亡的话——采用资产阶级的生产方式。……一句话，它按照自己的面貌为自己创造出一个世界。……正像它使农村从属于城市一样，它使未开化和半开化的国家从

---

① 《马克思恩格斯文集》第2卷，人民出版社2009年版，第36页。
② 《马克思恩格斯文集》第5卷，人民出版社2009年版，第871页。
③ 《马克思恩格斯文集》第2卷，人民出版社2009年版，第34页。
④ 同上书，第690页。

属于文明国家,使农民的民族从属于资产阶级的民族,使东方从属于西方。"① 这个庞大的体系是以西方发达国家为中心,以东方和其他落后地区为边缘;以现代化城市为中心,以自然形成的城市和乡村为边缘;以大多数资本家为中心,以广大的工人和劳动人民为边缘的。结果是一方面是处于中心的社会和国家控制着世界市场,敛取绝大部分的产品附加值,掠夺巨大的财富;而另一方面,处于外围或更边缘的国家则深受中心国家的剥削和控制,不但分享不到世界一体化所带来的好处,反而日益贫困,导致其地位更加边缘化。

第三,人类"世界历史"实践所导致的精神成果,将是"世界的文学"的形成。

马克思恩格斯认为,与生产力的迅速发展相适应,在人们的社会文化生活领域,将促成世界性的文化交流与文明进步:"过去那种地方的和民族的自给自足和闭关自守状态,被各民族的各方面的互相往来和各方面的互相依赖所代替了。物质的生产是如此,精神的生产也是此。各民族的精神产品成了公共的财产。民族的片面性和局限性日益成为不可能,于是由许多种民族的和地方的文学形成了一种世界的文学。"② 马克思恩格斯这里所讲的"世界的文学"不是一个纯文学概念,而是一个包括文学、艺术、哲学、科学等在内的广义文化概念,它根植于工业生产和世界贸易等全球化物质基础上的现实和必然。它的现实意义在于剔除了民族间的隔阂,克服了本民族的局限性,达成互通互利,把各民族所创造的精神产品变成世界各民族都能共同欣赏的公共文化产品。"各个相互影响的活动范围在这个发展进程中越是扩大,各民族的原始封闭状态由于日益完善的生产方式、交往以及因交往而自然形成的不同民族之间的分工消灭得越是彻底,历史也就越是成为世界历史。"③ 市场经济与工业文明使现在的社会成为实质意义上的"人类"社会。在此之前,诸多孤立发展的人们并不具有现实"人类性",而"世界历史"的现实呈现则使每个人的行为都成为人类社会体系上的一个有机环节,使每个民族、国家

---

① 《马克思恩格斯文集》第2卷,人民出版社2009年版,第35—36页。
② 同上书,第35页。
③ 《马克思恩格斯文集》第1卷,人民出版社2009年版,第541页。

的发展都汇入了人类发展历史的洪流中来，彼此不可分割，于是每个民族甚至每个人的发展、发明都会迅速传遍全球，这就避免了隔绝状态下人们所走的历史弯路，加速了世界文明的发展。马克思恩格斯特别强调，置身于世界一体化的发展之外，处在封闭狭隘地域的人是不可能获得真正解放的，"每一个单个人的解放的程度是与历史完全转变为世界历史的程度一致的。"① "世界历史"所呈现的"现代性"实践，开启了人类的普遍性交往时代，相应带来了人们社会生活的巨大变革，并以其特定的方式打破了从前的一切秩序，每个人都在亲身经历并感受着与"世界历史"的直接联系。

第四，"世界历史"的未来图景是共产主义。

共产主义是马克思恩格斯毕生为之奋斗的理想。但在他们看来，共产主义作为一项"世界历史"性的伟大事业，需要在"世界历史"中完成，"无产阶级只有在世界历史意义上才能存在，就像共产主义——它的事业——只有作为'世界历史性的'的存在才有可能实现一样。"② 共产主义是世界历史性的事业，共产主义不能作为某种地域性的东西而存在，因此决不能把共产主义狭隘化、民族化，理解为孤立的地域性的存在。马克思恩格斯进一步指出，无产阶级是推进共产主义事业的主体，是在世界历史范围内普遍存在的阶级，无产阶级的世界性决定了它所肩负的共产主义事业的世界性，所以交往的任何扩大都会消灭地域性的共产主义而达成普遍的世界交往。对于未来人类社会的发展图景，马克思恩格斯曾经在《德意志意识形态》用"共同体"（Gemeinschaft）或"联合体"（Assoziation）等相关概念做了表达，意指一种扬弃了阶级对立了的共产主义社会理想。真正意义的世界历史乃是全人类获得彻底解放的历史。这就是说，人类在没有消灭私有制、消灭阶级、消灭劳动分工之前，是不可能形成真正意义的世界历史的。因此，世界历史的形成是与无产阶级的历史使命即实现共产主义紧紧联系在一起的。总之，无产阶级只有在世界历史意义上才能存在，与之相应，共产主义事业作为一种"世

---

① 《马克思恩格斯文集》第 1 卷，人民出版社 2009 年版，第 541 页。
② 同上书，第 539 页。

界历史性的共同活动"①，只有在"世界历史"未来图景的意义上才能真正凸显其深邃的历史内涵。

今天，经过一个半世纪的时间跨越，马克思恩格斯所阐发的世界历史图景更为真切地呈现于我们的社会生活，经济全球化贯穿于世界各个国家与民族的社会发展实践。尤其对于致力于改革开放走向世界的中国说来，领会马克思的世界历史思想更加意味深长：中国的改革开放需要在更广阔的世界时空中展开，因为一个民族不走向世界，融入世界历史，就难以摆脱封闭和僵化的格局，就不能借鉴世界发展的成果。中华民族只有积极主动地融入世界历史大潮，才有可能引领世界历史，进而实现民族伟大复兴的中国梦。

现如今，人类的文明进入了一个全球化程度不断加深和文明间交往日益紧密的新的发展阶段。2013年3月，中国国家主席习近平在莫斯科首次向世界传递了对人类文明未来走向的中国判断："这个世界，各国相互联系、相互依存的程度空前加深，人类生活在同一个地球村里，生活在历史和现实交汇的同一个时空里，越来越成为你中有我、我中有你的命运共同体。"2015年9月，在纪念中国人民抗日战争胜利暨世界反法西斯战争胜利70周年大会上，习近平更是明确向世界各国呼吁："为了和平，我们要牢固树立人类命运共同体意识。"据不完全统计，从党的十八大以来，习近平同志在各种场合对于"人类命运共同体"的强调达60余次，这一方面表现了当代中国领导人的世界情怀，另一方面也清晰地向世界传递了这样一个信息：人类文明是一个有机的整体，未来世界各国只有通过进一步推进不同文化形态间的交流互鉴，人类才可能有光明的未来。

显然，习近平同志对未来人类文明将走向"命运共同体"的判断，与马克思恩格斯的世界历史思想有着内在的逻辑关联性。众所周知，现时代发展的突出特点是世界多极化、经济全球化、文化多样化和社会信息化。特别是随着资本的全球扩张和科技的迅猛发展，出现了一系列全球性问题，如粮食安全、资源短缺、气候变化、网络攻击、人口爆炸、环境污染、疾病流行、跨国犯罪等，这些问题的出现及其所造成的影响

---

① 《马克思恩格斯文集》第1卷，人民出版社2009年版，第542页。

是全球性的，而这些问题的有效解决有赖于全世界各国的通力合作。面对这一时代情势，我们亟待呼唤和培育一种以应对人类共同挑战为目的的全球价值观，并逐步获得国际共识。习近平同志关于"人类命运共同体"的提出，体现出了对中国与世界互动发展特征的清晰认识和把握。和平与发展——这是中国自改革开放以来不变的价值诉求，尤其是党的十八大以来，习近平主席对人类命运共同体理念做出了多角度的不断阐释，从"你中有我、我中有你"的判断，到"人类只有一个地球"的感言；从"牢固树立命运共同体意识"的号召，到"让命运共同体意识在周边国家落地生根"的部署；从"共筑亚太梦想"的呼吁，到"迈向亚洲命运共同体"的方案的提出，我们从中可以深刻感觉到其中的核心价值诉求——坚持求同存异、和而不同，努力把握人类利益和价值的通约性，在国与国关系中寻找最大公约数。

理论是时代的心声。立足于现时代的问题与挑战，重温马克思恩格斯的世界历史思想，我们或许能够从中感悟出别样的时代意义。

第一，要树立极限意识，致力于人与自然的和谐关系的全球共建。20世纪70年代初，美国学者沃德和杜博斯主编的著作《只有一个地球》问世，书名如警世之钟，在旁征博引、丝丝入扣的论证中表达着强烈的忧患意识：生活在世界不同角落的不同人群，共同拥有唯一的地球，这就是我们通常所讲的"极限意识"。的确，不同的人群可以生活在不同的地区和国家，可以有贫富之别，可以占有不同份额的资源，今天的人类作为命运共同体，但有一点是平等的，即我们只有同一个地球。人类要生存，社会要发展，就必须拥有一个能与人类长期和谐共处的自然环境。告别盲目的发展状态，共同建立起一种"全球性的生态文明"，这是保证人类真正实现可持续发展的基础。因此，未来人类的实践行为必须自觉关注现代生态文明的重建，展示人类文明发展的真正意蕴。

第二，要注意守护文化的多样性，在文化的一元与多元之间找到平衡和张力。文化多样性问题是伴随着全球化与现代性的历史节奏凸显于我们时代生活的。本来文化多样性是世界的"原生态"，但是今天全球化却加剧了不同文化系统之间的紧张，使人类文化多样性面临严重威胁。现代性的一元逻辑日益成为改变人们日常生活的发展要素，高效率、标准化、整齐划一取代了文化的个性化追求，人类文化发展的多样性被消弭。文化发展的实际情形常常是处于强势文化一方对于弱势文化采取了"文化霸权"或"文化殖民",并将自己的文化价值观强加于对方。今天,人类作为命运共同体,必须倡导文化多样性,这种文化多样性既是对文化个性与特殊性的表达,也是人类共同文化品质的展示,正所谓"越是民族的,才越是世界的"。只有尊重文化多样性,尊重文化的独立性、异质性和完整性,我们才深切感受到世界文化的多姿多彩。

第三,要坚持合作共赢原则,合力构建人类命运共同体的新文明。不可否认在当今世界,仍然存在着不同的国家利益、不同的宗教信仰、不同的意识形态以及不同的社会制度的分歧和对立,冷战思维还时不时充斥于国际关系中。但是不管怎么样,我们是命运共同体,只有超越冷战思维、零和博弈和各种偏见的樊篱,超越种族、文化、国家与意识形态的界限,让共同利益压倒分歧对立,做出和平共处、有序竞争以及合作共赢的明智选择,世界才可能有光明的未来。从这一价值诉求来看,人类命运共同体理念的提出,不啻为推动世界和平发展给出了一个理智可行的行动方案。而人类命运共同体的建构过程,也是人类新文明和世界新秩序的生成过程。要实现这一历史使命,绝非一日之功,更难凭一国之力,需要各国持续不断的共同努力。正如习近平所强调的,不管今后国际风云如何变幻,我们都要始终如一地高举"人类命运共同体"这面旗帜,都要全力以赴地引导国际社会与我们相向而行,共同推动这个历史进程。

第四,要努力培育人类"世界历史"实践的中国经验。当代中国所坚持和奉行的和平发展道路,是一条促进不同文明开放包容、交流互鉴,推动各国相互尊重、合作共赢,推动世界共享和平、共同发展的道路。中国人民致力于实现中华民族伟大复兴的中国梦,追求的不仅是中国人民的福祉,也是各国人民共同的福祉,只要有利于增强这一福祉,不管什么样的文化要素,我们都可以吸收,都可以包容。置身于这样一个世界大变局的发展时代,从容步入世界舞台中心的中国,没有理由不向世界贡献出人类"世界历史"实践的中国经验。从这个角度看,"人类命运共同体理念"的提出,就集中体现了对当今复杂多变的国际局势及未来时代发展的中国判断,展现了应对当前挑战、加强全球治理、开创人类美好明天的中国智慧和中国方案。随着当代中国的和平崛起,中国在世界未来发展中将扮演越来越重要的角色。倡导包容性的多边主义外交理念，建构更加开放、公正和有效的世界秩序，这是我们所努力的方向和目标。由世界大国走向世界强国，不仅仅意味着政治、经济和军事实力的增长，还意味着责任的增强。需要我们为人类未来的世界历史发展实践提出更多的中国方案、贡献更多的中国智慧，为国际社会提供更多的公共产品。要更加积极有为地促进世界的和谐发展、共同发展与可持续发展。

（原载《高校马克思主义理论研究》2016年第3期）

马克思文化思想及其中国文化观

马克思文化思想是其唯物史观的重要组成部分。但是迄今为止，学界对于马克思文化思想的系统梳理仍然十分薄弱。众所周知，马克思主义唯物史观的理论框架主要是由生产力和生产关系、经济基础和上层建筑等相关理念构成，因而相对而言，马克思对于文化问题的确缺乏系统的理论论述。但马克思在其思想著述中曾多次谈到文化问题，其中不乏精彩的、富有启示意义的文化思想理念。这里分几个方面予以论述。

一 人的实践活动的整体性与文化的人化本质

一般而言，马克思主义文化思想的出发点和基础，就是马克思主义关于人的活动的统一理论。这正如美国文化学家罗伯特·达密柯（Robert D'Amico）在《马克思与文化哲学》一文中所指出的：对马克思来说，劳动与其说是一个经济学概念，不如说是一个哲学概念，即马克思把"劳动"主要地看作人的生命活动和主体的对象化，看作一种人类活动的基本理论或社会生活本体论的组成部分。[①] 也就是说，马克思关于人类活动的基本理论就是劳动实践本体论。关于这一点，集中体现于马克思的《1844年经济学哲学手稿》（以下简称《手稿》）中。

在《手稿》中，马克思以文化理念的历史性延续性为基础，用"人的本质力量对象化"理论较为确切地表达了其对文化的人化本质和整体性特征的理解。在马克思看来，人在本质上是作为类活动主体而存在的，

---

① 庄锡昌：《多维视野中的文化理论》，浙江人民出版社1987年版，第23页。

能动而现实的活动是人存在的基本形态。具有主体性和从事现实的活动是观察人的本质和存在形态的两个最重要的方面。人的主体性总是在相应的活动中存在和表现的。人正是通过各种具体的活动，能动地实现同其生存的环境（自然、人类社会、人类精神文化）的联系。

而人首先是类存在物，而作为类存在物，表征的恰恰是人的实践活动的整体性特征。马克思特别强调，"一个种的全部特性、种的类特性就在于生命活动的性质，而自由的有意识的活动恰恰就是人的类特性。"[1]因此"可以根据意识、宗教或随便别的什么来区别人和动物。一当人们开始生产自己的生活资料的时候，这一步是由他们的肉体组织所决定的，人本身就开始把自己和动物区别开来"[2]。在马克思的哲学视野里，种与种的区别在于各自"生命活动的性质"，一个种的生命活动性质体现着种的类特性，即种的类本质，人的生命活动的性质是劳动，劳动是人作为人存在的方式，这是人与动物之间最根本的区别，人与动物之间的其他区别都是由此而生。而体现人的类特性的劳动就其本然的维度看，具有自由的自觉的性质与特性。因此，从马克思"自由的有意识的活动恰恰就是人的类特性"的话语中，人们既可以将人的劳动、实践视作人的本质的解读，也可以将其视作人的实践活动的整体性的印证。在《手稿》中，马克思特别强调，每个个体首先"是社会存在物，因此，他的生命表现，即使不采取共同的、同他人一起完成的生命表现这种直接形式，也是社会生活的表现和确证"[3]。世界上的一切存在物中，唯有人是以实践、劳动的方式存在，也唯有人是一种自由的、类存在物。

我们知道《手稿》中，康德和黑格尔的文化理念构成了马克思文化观念的重要背景。康德和黑格尔关于人的主体性、主体和客体相互作用，特别是黑格尔的劳动思想，是马克思文化观念的直接来源。马克思肯定黑格尔"抓住了劳动的本质，把对象性的人、现实的因而是真正的人理解为他自己的劳动的结果"，"把劳动看作人的本质，看作人的自我确证

---

[1] 马克思：《1844年经济学哲学手稿》，人民出版社2000年版，第57页。
[2] 《马克思恩格斯选集》第1卷，人民出版社1995年版，第67页。
[3] 马克思：《1844年经济学哲学手稿》，人民出版社2000年版，第84页。

的本质"①。由此出发，马克思明确论证了"整个所谓世界历史不外是人通过人的劳动而诞生的过程"②。认为"有意识的生命活动把人同动物的生命活动直接区别开来"，劳动是"自由的活动"，是人"自己的本质"③。从马克思相关论述来看，他们首先还是一般地接受了当时"文化"概念的基本理解的，即认为文化是与自然相对立的人的创造性行为及其成果，文化高于自然。如马克思说过，"耕作如果自然地进行，……接踵而来的就是土地荒芜。"④ 这里的"耕作"一词亦可译为"文化"，所谓"自然地进行"是指将"耕作"（文化行为）退回为自然状态，因而导致荒芜。在《哥达纲领批判》中，马克思在批判不问前提地将劳动称为创造源泉的观点时说，"资产者有很充分的理由给劳动加上一种超自然的创造力，因为正是以劳动所受的自然制约性中才产生出如下的情况，一个除自己的劳动力以外没有任何财产的人，在任何社会的文化状态中，都不得不为占有劳动的物质条件的他人做奴隶。"⑤ 为什么在社会的"文化状态"中人会成为奴隶呢？这里的"文化"状态就是指人的社会性关系，而在自然状态中只有动物性的生存竞争关系，不会产生剥削压迫关系。在这样一个意义上，马克思等经典作家对文化功能也是持肯定态度的，如马克思在说到工人比农民先进时，就是从文化与自然之比较着眼的。他说，"如果说城市工人比农村工人发展，这只是由于他的劳动方式使他生活在社会之中，而土地耕种者的劳动方式则使他直接和自然打交道。"⑥ 同样，恩格斯在《反杜林论》中也提出了一个著名的论断："文化上的每一个进步，都是迈向自由的一步。"⑦ 伴随人类的实践在广度与深度上的拓展，人的文化世界也在发生着变化。

那么劳动实践在体现人的本质时，其成果与自然的存在状态相比较有什么不同呢？马克思认为，动物只生活在自己的尺度中——其"产品"

---

① 马克思：《1844年经济学哲学手稿》，人民出版社2000年版，第101页。
② 同上书，第92页。
③ 同上书，第57页。
④ 同上书，第53页。
⑤ 《马克思恩格斯全集》第19卷，人民出版社1963年版，第17页。
⑥ 《马克思恩格斯全集》第26卷第2册，人民出版社1973年版，第260页。
⑦ 《马克思恩格斯全集》第20卷，人民出版社1971年版，第126页。

直接同它的肉体相联系,而人则自由地对待自己的产品,人懂得按照任何一种尺度来进行生产,并且懂得怎样处处把内在的尺度运用到对象上去,因此,"人也按照美的规律来构造。……正是在改造对象世界中,人才真正地证明自己是类存在物。这种生产是人的能动的类生活。通过这种生产,自然界才表现为他的作品和他的现实。因此,劳动的对象是人的类生活对象化:人不仅像在意识中那样在精神上使自己二重化,而且能动地、现实地使自己二重化,从而在他所创造的世界中直观自身。"①

在对对象世界改造中,人实现了对象世界的人化,从而创造了人的文化世界。马克思还特别通过对"大工业"这种人类现代文化实践形式的分析考察来说明这一道理,请看马克思的论述:

> 工业的历史和工业的已经生成的对象性的存在,是一本打开了的关于人的本质力量的书,是感性地摆在我们面前的人的心理学。②
>
> 工业是自然界对人,因而也是自然科学对人的现实的历史关系。因此,如果把工业看成人的本质力量的公开的展示,那么自然界的人的本质,或者人的自然的本质,也就可以理解了;因此,自然科学将失去它的抽象物质的方向或者不如说是唯心主义的方向,并且将成为人的科学的基础……因此,通过工业——尽管以异化的形式——形成的自然界,是真正的、人本学的自然界。③

很明显,马克思这里对"自然界"的理解,不单纯从客体的或直观的方面出发,而是从实践—工业的角度出发,并肯定了通过工业所形成的自然界体现着人的本质力量,因而是属人的文化世界。在这种属人的文化世界中,真实地体现了人的意识的能动性和对象的客观性的统一。而人类以实践为中介所创造出的文化世界,也必然客观地表达着主体与客体的具体的历史的统一。在马克思看来,客观的物质世界通过人的"实践"中介的参与,已不再是陌生的、疏远的、与人无关的感性存在,

---

① 马克思:《1844年经济学哲学手稿》,人民出版社2000年版,第58页。
② 同上书,第88页。
③ 同上书,第89页。

它本身就是人类实践的历史成果,是"人化的自然";而主观的精神世界因此也不再是孤立的、抽象的、与现实文化无关的理性观念、生物本能或"此在"经验,它本身就是社会实践的文化成果,是"自然的人化"。更为重要的是,马克思向来不主张将哲学从具体的、历史的、活生生的文化现实中分离出去,去追求所谓"彼岸世界的真理"。与之相反,马克思认为在"真理的彼岸世界消逝以后,历史的任务就是确立此岸世界的真理"①。在《手稿》中,马克思就批判了那种排除人的物质生产实践的文化史观,他说,在异化的范围内,"人们仅仅把人的普遍存在,宗教或者具有普遍本质的历史,如政治、艺术和文学等等,理解为人的本质力量的现实性和人的类活动。"② 与之相反,马克思认为,工业(广义的)本身就是一本打开了的人的本质力量的书。因此,当人们把文化定义为人的创造性行为及其成果时,人的生产实践行为的人文价值才会在历史的视野中凸显出来。哲学作为包括文化在内的整个客观世界和人类主观生活的观念体系,我们不应该将其视为与人类无关的文化现象,反而应该将这些具体的文化现象作为自己的出发点和落脚点。于是,在马克思所开创的唯物史观的视野中,我们所看到的已经不再是康德那无法企及的"物自体",也不再是黑格尔那自存在、自发展、自否定、自回归的"绝对精神",而是"生产力""生产关系""经济基础""上层建筑""社会存在""社会意识"等一系列与人类文化息息相关的范畴体系。

马克思在揭示文化的本质时,对人的本质力量、文化的人化标准始终持有一种鲜明的价值立场,这就是以人的解放和人的发展为价值旨归,从人性的充分自由发展来确立文化的价值引导意义,防止文化的异化。如从这一价值旨归出发,马克思在《手稿》对资本主义私有制背景下人的异化现象进行了考察和批判。认为私有制使劳动者变得如此愚蠢而片面,人的一切肉体的和精神的感觉都被这一切感觉的单纯异化即拥有的感觉所代替了,结果是劳动者的"劳动作为一种于他相异的东西不依赖于而存在,并成为同他对立的独立力量;意味着他给予对象的生命是作

---

① 《马克思恩格斯选集》第 1 卷,人民出版社 1995 年版,第 2 页。
② 马克思:《1844 年经济学哲学手稿》,人民出版社 2000 年版,第 88 页。

为敌对的和相异的东西同他相对立"①。这种异化的状态不能达到人的一切感觉和特性的彻底解放，只有异化的彻底扬弃，人与动物才真正区别开来，人才能在所创造出来的产品中，真正实现人的本质力量的对象化，即真正的文化的创造。

二 普遍文化交往与世界文化的形成

马克思认为，随着近代以来人类政治经济生活的沟通与融合，将预示着人类文化整体发展时代的到来。在这种情况下，不同民族的文化发展与社会变迁，都将纳入世界文化发展的格局，必须自觉克服自身文化的落后性与惰性，去迎头赶上世界先进文化。这样，世界各个民族通过普遍性文化交往实践，融入世界文化，既是他们走向现代文明的现实文化课题，也是马克思文化理论思考的又一重要内容。

马克思认为，大工业生产、世界市场和世界各民族的交往看成世界历史和世界文学形成的前提条件。从这一论断出发，马克思首先分析了世界市场和世界交往的成因：在大工业生产的条件下，"不断扩大产品销路的需要，驱使资产阶级奔走于全球各地。它必须到处落户，到处开发，到处建立联系"；资产阶级"由于开拓了世界市场，使一切国家的生产和消费都成为世界性的了"②。其次，马克思认为大工业"把世界各国人民互相联系起来，把所有地方性的小市场联合成为一个世界市场，到处为文明和进步做好了准备，使各文明国家里发生的一切必然影响到其余各国"③。这就是说，世界性的生产和消费将各国的历史和文明也变成世界性的了，因此，普遍交往就成为每个民族必须面对的现实。

在《德意志意识形态》中，马克思和恩格斯对人类的交往从"被迫交往""自发交往"到"普遍交往"的历史过程做了透彻的分析。他们以历史唯物主义观点，指出"交往的形式"是与生产力发展到一定水平相适应的，"只有随着生产力的这种普遍发展，人们的普遍交往才能建立

---

① 马克思：《1844年经济学哲学手稿》，人民出版社2000年版，第52—53页。
② 《马克思恩格斯选集》第1卷，人民出版社1995年版，第267页。
③ 同上书，第234页。

起来。"由于普遍交往,"使每一民族都依赖于其他民族的变革;最后,地域性的个人为世界历史性的、经验上普遍的个人所代替"①,乃至作为各个单独个人也才能摆脱不同民族和地域的局限,同整个世界的生产(包括精神生产)发生实际联系。马克思和恩格斯强调,是"大工业生产"和"市场世界力量",使交往具有世界性质,从而为精神生产从传统向现代的根本转变开辟了途径;他们从未来可以达到的合理化状态的角度构想了不同民族、单独个人的精神生产,在世界多元文化对话(这种文化共融如马克思所说的"利用人们所创造的一切")中从事全面的生产,必须要以"普遍交往"的条件为前提。"普遍交往"可以理解为主体间的交往。"普遍交往"不是一个静止的状态,而是一个在历史进程中不断累积的过程。马克思指出旧的交往形式成为桎梏,就要以新的交往形式取代。就不同文化间的对话而言,它也不是一个静止的状态。在世界文化背景下,一种文化都是相对于另一种文化而存在,文化的冲突与共融,在很大程度上取决于在"交往"中主体间的互动作用。也只有通过不同文化的主体间的互动作用,它们的话语力量才能得以在不同层面上在交往形式的不断发展中,进行对话和沟通,从而形成文化的多元性与包容性。

人类普遍交往的现实结果就是"世界历史"(世界文学)的形成。

关于世界历史,马克思、恩格斯指出,是"大工业开创了世界历史",它使每个文明国家及每个人的需要的满足都依赖于整个世界;各民族的原始封闭状态由于日益完善的生产方式、交往以及因交往而自然形成的不同民族之间的分工消灭得越彻底,"历史也就越是成为世界历史。"②

我们知道,从资本主义在欧洲起源开始,人类历史实现了向真正的世界历史的转变。德国古典哲学家黑格尔最早提出了"世界历史"的思想。在黑格尔看来,历史不应是杂乱无章的,而是服从某种法则的有规则的演进。这种法则就是"绝对精神"。"绝对精神"具有世界历史性,这就决定了历史的世界性。黑格尔的历史观以世界各地区各民族的相互

---

① 《马克思恩格斯选集》第1卷,人民出版社1995年版,第86页。
② 同上书,第88页。

联系和作用为前提,把分散孤立的历史现象联结为一个从东方走向西方的世界性的历史行程。各民族不论状况如何,他们作为世界历史的一个环节,同样具有必然性和适应性。例如黑格尔曾仔细考察了法国大革命和世界历史的联系,研究了"这个革命怎样变成世界历史"[1]的,认为"这件大事依照它的内容是'世界历史'性的",因为"它的原则差不多灌输到了一切现代国家"[2]。

马克思在建构自己的唯物史观时,继承了黑格尔的"世界历史"思想。马克思认为,对"世界历史"的考察不应从抽象的概念出发,而应从现代社会生活的实际去洞视人类的这一发展现实。在他看来,随着生产的发展、交往的扩大和资本主义世界市场的形成,各民族和国家的封闭状况就结束了,他们都程度不同地卷入世界历史的洪流中来了。在《德意志意识形态》中,马克思第一次使用了"世界历史"的概念,他强调:"历史向世界历史的转变,不是'自我意识'、宇宙精神或者某个形而上学怪影的某种纯粹的抽象行为,而是完全物质的、可以通过经验证明的行动。"[3] 显然,马克思的这种理解与黑格尔是有着本质不同的。那么这个"经验证明的行动"是什么呢?

对此,马克思在《共产党宣言》中做了明确的表述:"资产阶级,由于开拓了世界市场,使一切国家的生产和消费都成为世界性的了。使反动派大为惋惜的是,资产阶级挖掉了工业脚下的民族基础……过去那种地方的和民族的自给自足和闭关自守状态,被各民族的各方面的互相往来和各方面的互相依赖所代替了,物质的生产是如此,精神的生产也是如此……它迫使一切民族——如果它们不想灭亡的话——采用资产阶级的生产方式"[4],"它使未开化和半开化的国家从属于文明的国家,使农民的民族从属于资产阶级的民族,使东方从属于西方。"[5] 马克思这里说得十分明确:真正的"世界历史"的形成是与资本主义所开辟的近代工业文明紧密关联的,而且这种世界历史的形成不仅仅是物质上的,它更有

---

[1] 黑格尔:《历史哲学》,生活·读书·新知三联书店1956年版,第494页。
[2] 同上书,第499页。
[3] 《马克思恩格斯选集》第1卷,人民出版社1995年版,第89页。
[4] 同上书,第276页。
[5] 同上书,第277页。

其深刻的精神文化内涵:"各民族的精神产品成了公共的财产。民族的片面性和局限性日益成为不可能,于是由许多种民族的和地方的文学形成了一种世界的文学。"[①] 而这种"世界的文学"毫无疑问是"世界文化"的一种指称。马克思的"世界文学"概念中"文学"一词既可以指文学也可以指文化。"世界文学"中"文学"这个词,按《马克思恩格斯选集》第1卷第276页上编译者的注:它泛指"科学、艺术、哲学、政治等方面的著作"。德文的"文学"(Literatur)同所有西文的"文学"一样,均来自拉丁文,狭义上系指文学;广义上系指学术文化。从书中"文学"一词的上下文看,它既指文学也指文化。

显然,马克思"世界历史"思想的核心问题是各民族怎样冲破狭隘的地域界限而由传统文明向现代文明转换。在马克思看来,历史发展的世界普遍性并不在于抽象概括的一般过程,而是指从各个不同的民族的历史出发,进而被"历史发展的一个新阶段",即"世界历史"统一起来的现实过程。世界历史的普遍性是以世界交往的普遍性为前提的,在此之前,社会发展"是以各个不同的地域、部落、民族和劳动部门等为出发点的,其中的每一个起初都与别的不发生联系而独立地发展"[②]。这种发展是缓慢的、各自不同的,因为它是自发地进行的、不服从自由联合起来的个人的共同计划。马克思并没有对所有这些民族的历史进行考察和概括,而只是着重对欧洲的历史进行了分析,因为开创"世界历史"的大工业社会形态正是从这个历史过程中产生的。因此,对资本主义大工业社会的考察,必然地包含着对它由此产生的先前的历史过程的考察,因为资本主义只是生产过程的一种历史形式,它是历史发展到一定阶段的产物。马克思认为透过对资本主义的考察就能看出过去已经覆灭的社会形式和生产关系。同样,无产阶级革命、资本主义的灭亡以及共产主义条件下的自由人联合体等,也是在这种考察中得出的关于"世界历史"发展趋势的必然结论,"无产阶级只有在世界历史意义上才能存在,就像共产主义——它的事业——只有作为'世界历史性的'存在才有可能实

[①] 《马克思恩格斯选集》第1卷,人民出版社1995年版,第88页。
[②] 同上书,第124页。

现一样。"① 这样，马克思就以对资本主义社会的分析为中心，揭示了历史上各种交往形式从狭隘的地域性到世界历史性的一条发展序列。在这个交往形式的序列中，既包括以往的各民族的历史，也包括了由大工业开创的世界历史。

总之，马克思、恩格斯将"世界市场""世界交往""世界历史"和"世界文学"或世界文化相提并论，看成一个相互联系的系统，并非偶然。因为在他们看来，这是一个不以人们的意志为转移的客观和统一的历史过程，它是资本主义的大工业生产的现代化进程的必然产物。"世界文化"并非人类发展各个时期都永远存在，它不是过去和现在各国文化精粹的汇集，也不是各民族各国文化的简单相加，而是大工业时代的产物。不言而喻，大工业时代里，各国文化之间由于互相往来和互相依赖的密切，使它们的某些民族性的东西可能在弱化，共同性和世界性的比重在增长，面临的共同挑战在增多；这种状况是过去任何一个时代都无法比拟的。

三 "在中国这块活化石上"
——马克思论中国文化

马克思在打开的世界历史进程中，把东西方的关系、东方历史文化架构到他对世界文学或世界文化的表述中，因而也阐发了他对于中国文化的理解。

我们知道马克思曾经以历史主义态度冷峻地批判过中国封建社会文化的封闭性。我们还记得马克思关于中国封建社会是"小心保存在密闭棺木里的木乃伊"这一著名比喻；马克思还严肃地指出封闭的东方社会结构因"亚细亚生产方式"形成了一种"不开化的人的利己性"。马克思对东方及中国文化的研究并不仅仅是对既往的追溯，他在对待东西方关系问题上，着眼点在于世界历史和世界文化是非常清楚的。马克思从哲学的高度并以空间性叙述形式，把中西方历史文化机体的异质性的互相碰撞和互相影响看作合乎"两极相逢"的辩证法则的事。"两极相逢"意

---

① 《马克思恩格斯选集》第 1 卷，人民出版社 1995 年版，第 87 页。

味着冲突也意味着对话，它本身就构成了历史向世界历史转变中的世界性的文化现象。

马克思对"亚细亚生产方式"以及东方社会停滞性的分析，中国毫无疑问也是在马克思的视野之内的。在马克思看来，农村公社的形式"过去在中国也是一种原始的形式"，而公社在一定程度上的解体并不意味着古老的中国摆脱了亚细亚的生产方式，由于族权的存在，家庭依然具有经济的职能，完全法权意义上的私有制在中国并没有真正形成，专制制度反因公社在一定程度上的解体而更加强化了。因此马克思指出，有史以来的中国社会的性质，与其勉强地区分为奴隶社会和封建社会，还不如一言以蔽之曰：亚细亚生产方式的社会。

当然，马克思也注意到了中国的农村公社在一定程度上的解体，同时也注意到来自社会下层的恢复亚细亚农村公社传统的努力，并以此来解释中国历史上的社会震荡与改朝换代。马克思以太平天国为例，揭示了"在中国这块活化石上所发生的革命酝酿"的本质。他认为，太平天国运动的发生虽然有鸦片战争所带来的种种新的社会矛盾的作用，但就太平天国来说，本质上仍然是中国社会旧制度的代表，"并不是什么特别的东西，因为在东方各国，我们已经常看到这种情形：社会基础不发生变动，同时将政治上层建筑夺到自己手里的人物和种族则不断更迭"，太平天国毫无例外的以"改朝换代"为目的，但这种改朝换代也有其内容，就是"要求完全消灭私有制"①，而其实现的途径就是用"奇形怪状的破坏，用全无建设工作萌芽的破坏来和保守派（即马克思所说的'清王朝旧有当权者'——引者）的腐化相对立。"② 针对太平天国的农业社会主义实践，马克思指出："中国的社会主义与欧洲的社会主义之相差，就像中国哲学与黑格尔的哲学之相差一样"③，太平天国"是停滞的社会生活的产物"④。

停滞的生产方式和停滞的社会生活，这正是中国社会屡屡改朝换代

---

① ［德］马克思、恩格斯：《马克思恩格斯论中国》，人民出版社1963年版，第213页。
② 同上书，第172页。
③ 同上书，第213页。
④ 同上书，第176页。

却始终原地踏步的最根本原因。马克思作为无产阶级的革命导师,他始终立足于"如何使中国的社会生活发生历史性进步"来考察中国文化。马克思指出,中国自然经济的封闭性和自足性严重地限制了贸易和交通的发展,从而也限制了生产力的发展。这种自给自足的自然经济,使农民完全可以不依靠市场、不依靠生产的变迁、不依靠外界的历史运动而生活;另外,马克思认为,中国这种自给自足的自然经济对大工业具有天然的排斥作用,"在中国和印度,生产方式的广大基础就是小农业和家庭手工业合为一体……在中国农业和手工工场业直接结合,这就大大节省钱财又节省时间,因此就给大工业产品以最顽强的抵抗,因为大工业产品的价格是包含着这些生产品在流通过程中处处所耗去的非生产的费用。"① 也正是由于这种原因,使"英国的商品经济对于东方生产方式……革命化的影响……(在印度)也只是很慢才得到成效,在中国所得到的成效就更少"②。从人的精神生活层面看,马克思认为闭关自守的村社导致了人在精神上的自我封闭。村社的封闭性使人的头脑思考只局限在很小的时空范围内,成为偏见和迷信的驯服工具,成为传统规则的忠实捍卫者,表现不出任何伟大和任何历史首创精神;使人把注意力集中在一块小得可怜的土地上,"只关心自己一身一家的私利,对任何外界的风景都无动于衷。"③ 这种封闭的自然经济生活节奏,犹如激不起一丝涟漪的一潭死水,自然也就不可能产生真正的精神文化进步。此外马克思还指出东方社会及中国的文化封闭政策根本不利于文化的交流和视野的开放,"与外洋完全隔绝,这曾是保存旧中国的首要条件。"④ "这个幅员广大的帝国,包含着有差不多三分之一的人类,它不管时事怎样变迁,还是处于停滞的状态,它受人藐视而被排斥于世界联系系统之外,因此它就自高自大以老大天朝至善至美的幻想自欺。"⑤ "当这种隔绝情形在英国强迫之下而归于消灭时,便必然要发生腐烂,正如小心保存在紧密封闭的棺材内的木乃伊一样,只要与外界的新鲜空气一接触,便一定要

---

① [德] 马克思、恩格斯:《马克思恩格斯论中国》,人民出版社 1963 年版,第 3—4 页。
② 同上书,第 4 页。
③ 同上书,第 11 页。
④ 同上书,第 43 页。
⑤ 同上书,第 95 页。

腐烂。"①

在谈到东方社会和中国未来发展的前途时，马克思认为必须打破旧有的封闭状态，实行全面的社会开放：这包括国家内部的开放和对外开放。就内部开放说来，应拆除区域间一切隔离文化的壁垒，促进商品经济的充分发展。如前所说，马克思阐明了东方社会是在保存了原始公有制的基础上建立国家、进入文明的，并没有经过"真正意义上的私有权"这个中间环节。而只有在古代村社习俗坍塌了的地方，"独立的发展才有了进步"，也才迈开了"经济生产道路上的第一步"②。因为真正意义上的"私有权"是伴随商品交换而发展起来的，村社的产品越是采取商品的形式，越是不为生产者自己的消费而生产，越是为出卖而生产，则这个村社内部那种原始的自然生产出来的分工便越是迅速的被交换所排挤，社会成员间的利益越不平衡，村社土地公有制便破坏得越彻底。马克思认为要真正做到这一点，只有借助于现代大工业，才能渐渐破坏那种自然发育起来的农村手工业，使传统的亚细亚生产方式日趋瓦解。而就外部开放说，马克思认为，西方商品经济入侵亚洲，瓦解着亚洲社会自然经济的基础，"在亚洲造成了一场最大的、老实说也是亚洲历来仅有的一次社会革命……英国不管是干出了多大的罪行，它在造成这个革命的时候毕竟是充当了历史的不自觉的工具。"③ 在19世纪后期的中国，尽管西方商品经济瓦解中国自然经济的成效甚小，但由于对外文化隔绝的壁垒已经拆除，马克思仍充满信心地认为："中国已处于社会革命的前夜"，"我们欧洲的反动派，在最近的将来势必向亚洲逃跑，一跑跑到中国的万里长城，跑到这个最保守的堡垒的门口，那时候，安知他们在那里不会碰到'中华共和国——自由、平等、博爱'这几个大字呢？"④

马克思的文化批判观点也正是百年中国文化在从传统向现代转变的现代性变革中所不断反省的。100多年过去了，中国社会终于开始了主动的对外开放，中国的文化正在向充分的现代化迈进，中国的经济正积极

---

① [德] 马克思、恩格斯：《马克思恩格斯论中国》，人民出版社1963年版，第43页。
② 同上书，第12页。
③ 《马克思恩格斯选集》第2卷，人民出版社1972年版，第68页。
④ [德] 马克思、恩格斯：《马克思恩格斯论中国》，人民出版社1963年版，第213—214页。

稳健地参与国际大循环，中国的政治改革也以前所未有的姿态向前发展……而这一切，印证了马克思当年所做的论断是无比正确的，马克思的东方文化观作为其唯物史观的重要组成部分将载入人类文明发展的史册。

（原载《河北学刊》2006年第4期）

论文化自觉与人的全面发展

随着文化问题讨论的深入，人们越来越感到，文化的进步在其核心价值取向上必然是人的自我实现即人的全面发展。因此，现时代人类对文化的反思，除了对文化的社会整体性价值（如民族传统的现代转换问题、中国社会的现代化问题等）进行分析考察之外，更应对文化发展的个体性价值予以特别的关注。这诚如马克思和恩格斯所指出的："每个人的自由发展是一切人的自由发展的条件。"[①] 所以，研究探讨个体的文化发展与价值实现问题，对于我们面对时代精神实现文化的真正自觉，无疑具有一种前提性的意义。

一 个体的现代文化生成

文化，说到底是在满足人类需要的生存实践中形成的，作为人类生存实践的产物，文化必然从属于人的生存需要以及满足这种需要的实践。个体作为社会的细胞，是人类的基本存在形式，个体以其需要为动力，在现实生存实践中逐渐展示自身的主体性与社会性品格。人与人之间的社会关系的产生和发展，可以说无不与个体的生存、欲望和追求相联系。从文化生成的意义上讲，正是人创造了人的需要及其发展。"人类的正常生存，在他们刚刚从狭义的动物中分化出来的时候，还是完全没有的；人类的正常生存只是经过以后的历史的发展创造出来的。"[②] 人的需要的

[①] 《马克思恩格斯选集》第1卷，人民出版社1995年版，第294页。
[②] ［德］恩格斯：《自然辩证法》，人民出版社1984年版，第26页。

内容和方式在不同的历史阶段上具有不同的表现形式，因为"我们的需要和享受是由社会产生的，因此，我们对于需要和享受是以社会的尺度……去衡量的"①。需要的内容和满足方式是受人类社会的发展水平制约的。

现时代的个体文化生成同样也是与其生存需要密切相关的。在现时代的文化发展中，个体发挥其创造能力的需要，则集中表现为追求具有自主性的、独立性的、富有创造性的活动。人的生存需要为现代文化的发展提供了内在的驱动力，同时又是现代文化发展的目标所在。与过去相比，现时代人的生存需要集中表现为以占有文化为手段的自我发展与自我完善。时代越进步，个体的文化规定性也就越丰富。现代人是一种文化的存在，对现代文化的接受、体认和创造构成了现代人格的基本生活态度和实践方式。具体来说，主体的现代文化生成是通过如下一些基本环节实现的：

1. 主体自我意识的确证。一般来说，人的主体性地位是在与客体的对象性关系中确立的。这种对象性关系从总体说是一种实践关系，通过人的实践活动，人将存在物变为对象，而同时又将自身变为存在的主体，这是构成人的主体性的基础。在马克思看来，人的自我意识就是人对自身的反思与确证，通过这种反思达到对自己区别于他物的性质、地位、作用以及由此形成的与他物关系的意识。进一步看，主体自我意识的确立的意义不仅仅是认识论的，更重要的是价值论的。因为人的文化实践、人的价值创造等活动，都要以主体自我意识为前提和根据。所以马克思又强调，"有意识的生命活动把人同动物的生命活动直接区别开来。"② 以人的自我意识为前提，人才开始了真正的社会文化生活。

主体的自我意识是随着人类实践的展开而逐步深化的。时代的发展与变迁，文化的进步，总要体现到人的自我意识中来。举例来说，20世纪人类的自我意识水平与19世纪以前是不可同日而语的。19世纪以前，人的主体自我意识的鲜明标志，就是努力通过科学理性精神来确证自己对自然的主人地位；20世纪人类则通过自我反省，意识到协调人与对象

---

① 《马克思恩格斯全集》第6卷，人民出版社1961年，第492页。
② 《马克思恩格斯全集》第42卷，人民出版社1979年版，第96页。

的关系、致力于人与自然的共同优化才是最高目的。这种价值观念的转变体现了人的主体自我意识的深化。就个体来说，现时代人以现实文化实践为参照，在对主体自我意识的确证中特别凸显了个人生活的意义内涵，强调个体对现实化的积极介入与参与，从中获得自己对人生的最真切的理解。个人的生命价值、个人的自我价值、自我的社会角色、个人的情感价值等，这些问题日益成为哲学和文化研究的热点。现时代的文化发展一方面加剧了个体间的矛盾冲突，另一方面透过这种冲突使我们感到了个体价值的被强调和重视。随着个体的主体自我意识的自觉，人们会在更高的文化层次上达成社会的协调，并促成有个性的文化发展。如果说人类个体的早期智力发展和身心水平一开始就受制于自己活动的话，那么越往后，主体能力的发展则越依赖各种文化实践活动的扩大、丰富和深化。实践是自我意识发展的动力，指向于客观世界的实践活动不仅使对象世界发生属人的转变，成为主体化的世界，同时亦使人自身发生着改变，从而造成新的力量、新的观念、新的交往方式和新的需要。在实践中人的自我意识达到了拓展和深化，而发展深化了的自我意识又将主导着主体进行新的自我提升、自我超越。

2. 个性自由的价值追求。个性化是当代文化发展的特征和趋势之一。真正有个性的文化是由有个性的人创造的。个性表征着一个人区别于他人的整体面貌及个人在社会关系中的主体性状，其中包括个体的心理面貌、精神面貌、行为模式等。马克思在揭示人的个性内涵时，特别强调个性发展的历史性，他认为："人的依赖关系（起初完全是自然发生的），是最初的社会形态，在这种形态下，人的生产能力只是在狭窄的范围内和孤立的地点上发展着。以物的依赖性为基础的人的独立性，是第二大形态，在这种形态下，才形成普遍的社会物质变换，全面的关系，多方面的需求以及全面的能力的体系。建立在个人全面发展和他们共同的社会生产能力成为他们的社会财富这一基础上的自由个性，是第三个阶段。"[①] 显然，个性的真正形成是在扬弃"人身依附关系"和"物的依赖关系"之后，通过社会文化和生产力的高度发展来实现的。

当代中国的改革开放，以及社会主义市场经济体制的实施，客观上

[①] 《马克思恩格斯全集》第46卷（上），人民出版社1979年版，第104页。

为人的个性发展创造了条件。首先,改革开放使民族文化的发展拥有了世界文化背景的参照。在文化的普遍性交往中,人的个性意识逐步觉醒,个人开始发现自身的价值而能动地发展自己,人与人之间的血缘、地域和等级界限被打破,个体开始摆脱对群体的依赖性而呈现鲜明的个性特征。其次,社会主义市场经济体制的推进,为个性发展创造了越来越多的机会。不同的个人在不同的社会文化层面中发展着不同的能力,文化的多向度拓展从不同层面开拓着个体的认识视野,使人的精神潜能得以最大限度地开掘,进而丰富和发展自己的个性。

3. 时代文化精神的体认。20世纪以来,人类文化的发展在其精神实质上展示了与以往时代的不同特征。这突出表现在三个方面:其一,从主体占有文化转向文化包容主体。在从前,少数精英文化人是知识的拥有者,由他们来"传道、授业、解惑",而多数人则处于文化接受者的地位。然而在当代,文化信息无处不在,无时不在,乃至文化成了人的生存方式,每个人都处于现实各种文化的包围之中,文化主宰了我们生活的一切,人们不能拒绝文化,否则只能为时代所抛弃。其二,从区域文化转向全球文化。信息一体化的直接结果是"地球文化村落"的形成,世界成为一个密集的信息整体,文化封闭在现实上已不可能,每个民族的文化发展都必须以世界文化背景为参照。就个体而言,只要自觉地介入现代文化氛围,他就可以与整个世界同在,进而形成全新的世界文化视野。其三,从自信文化走向反省文化。传统文化是一种以人的利益为至上准则的文化,这种文化加剧了人与自然的对立,在这种价值取向下,人的实践能力越强,对自然的破坏性也就越大。20世纪人类开始了自觉的文化反省,这种反省一方面是重新检讨人的实践意识,重新界定当代人类的价值取向,另一方面是以接受和培养的态度达成与自然的和谐。

生活在20世纪的每个人面对文化的这种变革,必须以开放的积极的心态对时代文化精神有一种自觉体认,并努力参与现实的文化实践,在时代文化的氛围中不断地矫正自己、更新自己、完善自己。只有这样,才能真正拥有现代文化意识,并成为一个现代人。

二 日常生活价值的凸显

日常生活是个体基本的存在世界，在人的文化生成与发展完善过程中，日常生活占有十分重要的地位。按照阿格妮丝·赫勒的理解，日常生活是指"那些同时使社会再生产成为可能的个体再生产要素的集合"①。也就是说，日常生活作为个体再生产领域是社会再生产的前提和基础，任何时代的社会生活和文化发展都不能脱离日常生活这一根基。

一般说来，日常生活总是在个人的直接环境中发生的，每个人从出生直接面对并感受到的就是他的日常生活世界。因而对于个体的生成而言，日常生活世界具有原初性和自然而然性。随着个体的文化生成，日常生活逐渐被视为社会生活的背景，其价值和意义也往往被人们忽略和淡化。由于文化的进步和个性的觉醒，对人的日常生活的价值探寻开始引起人们的注意，人们感到，正是人的日常生活代表了人类最具体、最真实的生命活动，日常生活作为人类的家园和诞生地，滋生着每个人未来文化成长的各种潜能，陶冶着人的情操。

日常生活在其表现方式上一般是通过"闲暇时间"的行为来体现的。闲暇时间是真正属于个人的时间，马克思曾对此进行过仔细的研究，认为闲暇时间是满足绝对需求所需要的劳动时间留下的从事其他活动的剩余时间，是劳动者用于消费品和用于从事自由活动的时间，是为全体社会成员的本身发展所需要的时间。在我国，随着改革开放和社会主义现代化建设的发展，人的文化素质和个性人格逐渐得到重视和强调。可以预测，随着生产力水平的发展和必要劳动时间的缩短，人们的闲暇时间将逐步增加，相应地，人的日常生活层面也将逐步扩大。这标志着对日常生活问题的研究将具有重要的现实文化意义。

然而，冷静地反观现实却不容我们乐观，在人们的现实日常生活层面，尚有诸多内容是与现代文明发展相脱节的。首先，从日常生活主体的文化心理结构层面看，传统和习俗还在发挥着重要的作用。中国正处于农业文明向现代工业文明的社会转型期，人们日常交往中的从众心理、

---

① ［匈］阿格妮丝·赫勒：《日常生活》，衣俊卿译，重庆出版社1990年版，第3页。

等级观念、因循守旧、家族意识等还具有很大的市场。这些现象表明，传统的思维方式和活动方式还具有很大的惰性和顽固性，而这种惰性和顽固性，对人们现代意识的萌生是具有很大阻碍作用的。其次，从日常生活主体的消费层面看，在一些人的消费行为中，金钱和闲暇时间往往被原始的感官欲望所支配。如大吃大喝、聚众赌博、封建迷信、无度挥霍等各种畸型消费已成为十分严重的社会问题。物质生活的改善并没有相应导致主体文化素质的提高。从文化消费层面看，与原始的感官满足相对应，很多人满足于庸俗肤浅的感性文化消费之中，所接受的文化消费品多以感官刺激为目的。如武打凶杀、诲淫诲盗、宫廷秘闻、匪警传奇等内容充斥于大众传播领域。事实表明，追求低级的物质满足与沉溺于低级的精神享受是相对应的，物质上沉湎于食与性的感官需要层次，精神上也必然沉湎于肤浅的感性刺激层面上。最后，从日常生活主体的交往层面看，也表现出一系列与现代生活相背离的东西。一方面，传统的生活方式制约着人们的交往范围，人们在交往过程中，由于家庭、生活习惯、传统及个人经历等种种原因，产生了羞怯、嫉妒、猜疑、自卑、攀比等心理障碍，从而妨碍人的现代生活交往向更广阔的层次发展。另一方面，在人们的交往行为中，各种陈旧习俗和封建意识常常渗透于其中，导致一系列不正常交往现象的发生。如请客送礼、行贿受贿、人情投资、讨好领导、阿谀奉承等。这些现象正严重地败坏着我们的社会风气，污染着正常的社会交往环境。

凡此种种表明，当代中国人的日常生活要想真正步入健康、文明、向上的现代生活，尚需人们进行深刻的日常生活观念变革。通过这种变革，从根本上消除传统习俗中陈旧落后的日常生活观念，使每个人真正告别传统日常生活的视界，通过主体自由自觉的、富有创造性的生活实践，去重新建构与时代精神相协调的日常生活，从而凸显个体日常生活的现代价值。着眼于此，笔者认为应该从如下几个方面进行努力：

第一，注重对日常生活的价值检讨。无论是全社会还是每个个人，面对时代应该改变以往那种对人的日常生活予以忽视的做法，而把人的日常生活视为培养健全人性的学校，视为使人更好地参与社会生活的寓所。要看到，个体的日常生活是一个自由空间很大的领域，每个人可以凭自己的兴趣去从事能够反映自我主体性价值和自我个性的有意义的活动。因此，日常生活对于整个社会经济文化的发展，对于劳动者个人生活具有多方面的价值：（1）有利于劳动力的补偿。人们在社会工作中付出了体力和精力，通过日常闲暇生活可以得到恢复，使身心得到调节，以充沛的精力投入社会生活的实践与创造之中。（2）有利于人才的成长。在日常生活中，人们通过学习补充新知识，尤其是面对现代文化生活的要求，进行知识与观念的更新，从而永葆思维的活力，使自己的才能得到充分发展。（3）有利于个体间的社会交往，促进人与人之间的友谊、理解与互助。通过交往，每个人可以充分展示他的个性，并通过对他人的了解来不断地矫正自我，正确地评价自己和他人，使自己始终拥有开放的文化心态。（4）有利于劳动者增进身心健康。在日常生活中，每个人通过对现时代物质和精神文化成果的积极享受，来自觉提高自己的认知能力、道德判断水平和审美鉴赏能力，从而加深对生活的体验，更加珍惜和热爱生活。总之，对日常生活的合理安排，有利于提高人的素质，并全面发展自己的才能和个性，以适应现代生活。

第二，努力促成人的日常生活的多样化。人的日常生活是一个自由的空间，每个人不必像在社会生活中那样，时刻标示甚至强化自己的角色意识。对于日常生活，人们可以凭自己的兴趣加以选择，由此可导致人的日常生活的多样化和个性化。从人的发展角度说，人的日常生活表现为以下几种基本形式：（1）开发式。即在日常生活中通过学习和研究，开发自己的潜能，实现自我的价值。每个人既可以结合自己的职业设计安排自己的知识结构，又可以在职业之外另辟天地，重新塑造自己的形象和生活。（2）结合式。日常生活中每个人学习与研究的问题，往往与工作中的课题相互反馈、相互影响，这种客观上的结合，能够开拓人的视野，增强对工作的责任感和兴趣。（3）陶冶式。在闲暇时间参加一些有益于身心健康的文化娱乐活动，既可以得到休息，又可以增长知识，还能够增加生活情趣，铸造高尚人格。（4）调剂式。即在日常生活中针对社会工作和劳动的体能消耗，进行适当休息与放松，使身心得到合理调节，做到劳逸结合，一张一弛。总而言之，面对当代人类文化实践的多元化发展，人们的日常生活也必然呈现出多样化态势。多样化的日常生活体验是保持人的个性、保持社会文化创造活力的重要途径。

第三，重视家庭的精神文化建设。家庭是人的日常生活的最基本的场所。在当代，随着物质生活水平的提高，人们的家庭物质条件也不断得到改善。然而，物质生活水平的提高并不意味着精神文化水平的相应提高。在现实家庭生活中，常常有这样的情况：一方面享受着越来越富裕的物质生活，另一方面则头脑越来越空虚，生活失去意义，家庭成员间心理距离拉大，代沟加深，孤独抑郁感不断产生，等等。这种现实从一个侧面说明，家庭文化建设对人的日常生活质量的提高具有突出的作用。如果只注重物质条件的改善，而忽视精神文化的建设，那么家庭生活就是不健全的、乏味的，甚至是畸形的。

家庭文化建设包括许多内容，如家庭生活方式、家庭人际关系、家政、家教、家风等。家庭文化建设主要应该通过以下活动去进行：（1）旨在提高家庭成员科学文化素质的活动。这其中包括购置图书杂志、业余进修、辅导子女、讨论社会热门话题等，这样可以使家庭洋溢一种文化气氛。（2）旨在陶冶情操的文化娱乐活动。健康有益的文化娱乐对增添家庭情趣和增进家庭成员的身心健康是大有益处的，尤其是家庭应注意吸收现代文化信息，增强现代文化意识，从而自觉地用现代意识去反省、摒弃陈旧的家庭观念，促使家庭生活的现代化。（3）旨在丰富文化知识的兴趣活动。每个家庭成员不可能是一种爱好和同一种兴趣，每个成员可根据自己的兴趣独立进行一些活动，如集邮、书法、绘画、摄影、写作等。现代社会由于生产效率的不断提高，人们的闲暇时间将越来越多，健康有益的兴趣活动是闲暇生活最重要的内容。

总之，日常生活对于个体的成长来说，是一种无形的持久的力量，努力达成一种健康向上的现代日常生活，这既为个体的现代文化意识的实现创造了条件，又为真正实现人的全面发展奠定了深厚的基础。

三 关于人的全面发展

文化的进步与自觉在其最终价值指向上，必然是人的全面发展，因而人的全面发展是一个与文化历史进步息息相关的过程。马克思曾深刻指出："作为过去取得的一切自由的基础的是有限的生产力"，要实现全社会每个人的自由发展，就只有消灭私有制、阶级和旧的社会分工，建设与之相适应的社会经济结构和文化条件。① 而这一切都以生产力的高度发展和文化的自觉为前提。面对当代人类文化的现代化转折，研究人的全面发展问题的价值和意义凸现出来，这需要我们既要对之有理论上的自觉，又要付诸一种创造性实践。

人的全面发展，依据其指向对象的丰富多样性，在内涵上具有多重性，它是关涉人的全部文化构成的问题。从文化哲学的层面来说，人的全面发展是指每个个体充分自由的发展，最丰富多彩的发展。即如马克思所说："每个人的全面而自由的发展"②，是人"从全部才能的自由发展中产生的创造性的生活表现"③，使人的主体性得到充分发挥，个人发展与人类社会的发展达到协调一致，每个人通过主体自我意识而普遍地、现实地认识到自我的价值，并在实践中充分展开自己的各种潜能。具体来说：

首先，人的全面发展意味着每个人应该通过现实生活的文化实践，去认同和拥有表征文化整体的类特性，以使自我同社会文化生活达成一种全面的联系。众所周知，构成人之为人的类特性即是人作为社会生物的共同本质，即自由自觉的创造性活动。诚然，在人的社会属性中，也蕴含着个体对自身自然形态的要求及获得自然欲望满足的冲动，但是唯有健全的社会生活才使个体展示并发挥出自己的本质力量。因为一方面，个体借助于现实的社会实践，可以依照人的主体目的要求实现由对象世界向属人世界的转化，并在这种转化中使主体的潜力得到确认，使主体的活动内容日趋丰富；另一方面，个体借助于能动实践而不断超越旧式分工，使主体的自由从潜能变为现实。通过人的创造性实践，个体能力得到一种社会认可，从而可以在更广泛的实践活动中更自觉地激发文化创造力量，并丰富人的类特性。

其次，人的全面发展在个体的类实践的基础上，进一步要求个体去合理建构自身所拥有的一切社会关系和文化视野，并从中系统协调地发展自我的全部特性。建立丰富全面的社会关系和确立广阔的文化发展视

---

① 参见《马克思恩格斯全集》第3卷，人民出版社156年版，第507、516页。
② 《马克思恩格斯全集》第23卷，人民出版社1972年版，第649页。
③ 《马克思恩格斯全集》第3卷，人民出版社1956年版，第248页。

野，这是人的自我完善的一种必然要求。在现实展开上，我们可以将其具体把握为个体内在的多方面的关系和外在的多方面关系。内在关系如感知与理性、心理和意识、情感与想象、情绪与意志、目的与理想等；外在关系如个人与社会、个人与群体、个人与他人等。在这些关系中，一方面，个体借助于实践活动与他人交往，将自身内在的多层面关系作为反思的对象，通过反思达到身心平衡，并形成健全的文化心理结构，实现自我超越和对人类文化成果的认同；另一方面，个体通过社会间的普遍联系，相互把对方作为自身发展所要求的对象，彼此交流知识经验，从而使原属个人的文化认知方式成为社会成员共同享有的对象。马克思认为："个人的全面性不是想象的或设想的全面性，而是他的现实关系和观念关系的全面性。"[①] 现实文化成果作为主体能力的表征，通过不同实践主体的创造性实践，将会在社会文化生活中呈现出多样丰富的全面形态。

再次，人的全面发展在更高的意义上，表征着个体作为有个性的个人与他人区别开来，自由地按照自己的目的和愿望去充分表现自身个性的魅力和丰富性。这是个人向完善人性的发展，是消除行为的盲目性而达到主体的自由自觉。这一点可由质与量两个方面来测度。从量上说，强调的是个体发展的全面性。它在横向上涵指人的需要、情感和能力的普遍性。人的这种普遍性作为在普遍交往中凝练的人类文化财富，标志着人类内在本质力量的新的呈现和个体存在的新的充实。它在纵向上涵指人的主体力量、文化品格和道德风貌的充分性。个人通过文化积淀和历史承传而积聚的特殊的主体潜力，只有在发展中才不致萎缩和消亡，个人也只有在身心健全的情况下，才能保证主体各种能力的训练。进一步看，人的全面发展还需有明确的社会尺度、道德标准乃至审美尺度，即将其同高尚的道德情操和审美情趣结合起来，使其成为个体必须具备的价值理想。从质上说，个体的全面发展强调的是人的发展的自由性。一方面，它表明个体作为自由自觉的主体，每个人都具有自主和自为的特性，每个人的活动真正成为表现其个性的自由活动。另一方面，则表明个体有别于他人而在发展中呈现内在的特殊性，每个人的行为具有高

---

① 《马克思恩格斯全集》第46卷（下），人民出版社1980年版，第36页。

度的自主性和自决能力，从而在实践过程和结果中呈现其鲜明的个性特征。个性自由既是人类文化创造的结果，又是新的人生追求的动力。

通过上面的分析表明，人的全面发展是一个综合性概念，是作为人的基本价值追求的类特性、社会文化特性和个性在个体身上的具体统一和历史发展。这种统一标示着人的自然体能、智力、道德情感和审美感觉等诸方面发展的全面性与个体自由发展的内在有机联系，因而它也是对实践主体特性的全面性肯定。

对于人的全面发展的全面性把握和合理性实践，还有赖于我们对下面三点达成共识：

第一，人的全面发展作为主体自由的表征。在其现实实践过程中，重心在于个体的自我追求和自我实现。"人不是由于有逃避某种事物的消极力量，而是由于有表现本身的真正个性的积极力量才得到自由。"① 每个人应该把全面发展的目的指向自身的不懈追求和创造中，即努力从人类文化成就中吸收营养，发展自己的一切天性和潜能，进而在现实生活中去创造一种真正满足自己生命本质需要的生活，并充分展示人生的意义。

第二，人的全面发展是一个历史文化的生成过程。在不同的文化发展阶段上，人的全面发展有着不同的内容和要求，因此，我们不能脱离人的文化历史实践来抽象地谈论人的全面发展。从这一角度看，在当代中国，探讨人的全面发展问题有着更为特殊的历史境遇与现实意义。当代中国的改革与现代化实践，面对着中国传统文化、西方近代理性文化和20世纪人类现代文化这三重文化背景，就需要我们对这些历时性文化做一种共时性的价值甄别与选择，也需要我们立足时代精神扬弃传统，更新自身的文化心理结构，从而树立起健康向上的现代文化意识。全社会也应该树立健全的文化开放机制，为个体的现代文化生成创造条件。

第三，人的全面发展是真、善、美统一的哲学理想的现实表达。人对理想的追求，本质上就是对真、善、美的追求，即追求和创造体现着真、善、美统一理想的现实生活世界。这一目标要求人们在改造现实中更要超越现实，追求和创造更加完善美好的对象。这正如马克思所揭示

---

① 《马克思恩格斯全集》第2卷，人民出版社1957年版，第167页。

的：作为全面的人"懂得按照任何一个种的尺度来进行生产，并且懂得怎样处处都把内在的尺度运用到对象上去；因此，人也按照美的规律来建造"①。在人的对象化的成果中体现着人的需要和利益，表征着人追求美的价值的意向和愿望，凝聚着人的想象力和创造力，一句话，体现着人的全面的本质力量。正因为人的全面发展与真、善、美统一的哲学追求有着内在的一致性，所以我们便合乎逻辑的在文化哲学的高度上把人的全面发展问题作为目的性的价值追求。

据此我们有理由深信，面对未来，随着人类文化实践的深化，人的全面发展问题将被赋予全新的理解。这种理解一方面使人的文化创造拥有更自觉的导向，另一方面也将使文化哲学的当代思考更富有生机和活力。

（原载《哲学研究》1995年第1期）

---

① 《马克思恩格斯全集》第42卷，人民出版社1979年版，第97页。

马克思的现代性视野及其当代启示

中国自20世纪90年代以来,现代性问题逐渐为学界所关注。而对现代性问题的关注是与中国现代化实践进程的加快、与思想文化界对当代中国文化转型的关注密切联系在一起的。可以说,现代性作为一种总体言说语境,许多社会文化问题都和现代性问题纠缠在一起。如关于五四新文化运动的论争、人文精神的讨论、文化本土化的论争等更广泛的问题也逐渐纳入了现代性的视野,从中国特色的社会主义到市场经济和市民社会,从大众文化新潮到如何看待传统文化,都以某种方式与现代性这个绕不过去的问题纠缠在一起。我们只要浏览一下国内此间的社会理论、政治理论、文化哲学与经济理论的前沿文献,便不难发现"现代性"作为引发20世纪末叶以来中国学术界争论的轴心意义。

一 "现代性"释义

现代性是一个歧义丛生的概念。但是就一般而言,现代性问题与现代化(工业化)的社会变迁是密切相关的。现代性问题作为一个现代化的社会运动之结构性的问题反思,乃是现代化社会运动的一种思想检讨结果。诚如吉登斯所言:"在其最简单的形式中,现代性是现代社会或工业文明的缩略语。"① 换句话说,现代性体现了人们对于现代化(工业化)实践的文化反省,它是任何一个国家和民族现代化发展进程中的必然伴生物。特别是在全球化时代,人类的现代化实践无论从深度还是广

---

① [英]安东尼·吉登斯:《现代性——吉登斯访谈录》,新华出版社2001年版,第69页。

度说来都是空前的，由此充分展示了现代化发展的内涵，使人们得以对其进行更为清晰的认识和考察，并使现代性问题越来越凸显于当代学术视野。

如果说人类的现代化是一种现实实践推进的话，那么对现代性的思考就体现了人们的一种文化觉醒。一般说来，现代性概念产生于欧洲，它首先是指一种时间观念，一种直线向前、不可重复的历史时间意识。现代观念起源于基督教的末世教义世界观，因为这种世界观所隐含的时间意识具有不可重复的特点。在文艺复兴时期，现代概念经常与古代概念匹配使用。在18世纪，这个概念经常指建筑、服饰和语言的时尚，基本上是一个贬义词。直到19世纪，这一概念的意义才开始发生实质性的变化。作为一个时间概念的现代性开始与一个迄今为止仍然流行不止的词联系在一起，那就是"时代"或"新时代"的概念。"现代性"的出现，无疑受到资本主义兴起和人类进入新纪元的鼓舞。据此，现代性的时代意义便可囊括西方文明自16世纪以来发生的所有伟大历史事件，如宗教改革、发现新大陆、文艺复兴，再加上启蒙运动、工业文明、法国大革命等。正是在此语境下，德国思想家黑格尔对于现代性概念做了完整的表达。在黑格尔看来，现代性首先是一个决心与传统断裂的概念，它告别中世纪愚昧，面向理性之光；现代性又是一个充满运动变化的概念，它串联起一组新话语，如革命、解放、进步与发展。黑格尔认为，"现代"就是"新时代"。现代性谋求与过去的决裂，并将这种决裂作为自己的起点。毋庸置疑，现代性造就的是一种注重现在的精神气质。黑格尔在其《精神现象学》序言中曾经充满激情地宣布："我们这个时代是一个新时期的降生和过渡的时代。人的精神已经跟他旧日的生活与观念世界决裂，正使旧日的一切葬入于过去而着手进行他的自我改造……成长着的精神也是慢慢静悄悄的向着它新的形态发展，一块一块地拆除了它旧有的世界结构。只有通过个别的征象才预示着旧世界行将倒塌。现存世界里充满了的那种粗率和无聊，以及对某种未知的东西的那种模模糊糊若有所感，都在预示着有什么别的东西正在到来。可是这种逐渐的、并未改变整个面貌的颓毁败坏，突然为日出所中断，升起的太阳就如闪电般一下子建立起了新世界的形相。"①

在这个意义上,"现代"的概念是在与中世纪、古代的区分中呈现出自己的意义的,它体现了未来已经开始的信念。这是一个为未来而生存的时代,一个向未来的"新"敞开的时代。这种进化的、进步的、不可逆转的时间观不仅为我们提供了一种看待历史与现实的方式,而且也把我们自己的生存与奋斗的意义统统纳入这个时间的轨道、时代的位置和未来的目标之中。

众所周知,以理性精神为底色的西方现代化(工业化)进程,一方面极大地促进了科学和科学技术的发展,使自然界发生了日新月异的变化;另一方面也使西方的社会结构和阶级关系发生了重大变化,使时代发生了历史性转折和相应的精神文化转换。尤其是人类历史进入20世纪以来,现代化的全球性拓展特别是一系列全球性问题的出现,使现代性的文化意义突破了西方文化的语境。从呼唤现代化到反思现代性,致力于社会文化的健康发展,便成为世界各国共同关注的主题。

解读现代性我们会发现,现代性概念因其所包含的内在矛盾与张力,而呈现出诸多我们需要认真面对的特点与问题。

首先,现代性带来了人的主体性困惑。主体性是现代性的核心,它是理性得以产生、壮大并且战无不胜的源泉。那时,"我思故我在"作为笛卡尔哲学的"第一原理",可以说是一个思维和主体得以确立其合法性的普遍性命题。笛卡尔以鲜明的人的主体性代替经院哲学的神学性,以清新明晰的思维取代盲目沉醉的信仰,以人取代上帝,无疑成为近代理性文化精神的划时代开端。黑格尔进一步将主体性演绎成为主宰一切的绝对精神。然而现代性的骚动本质却给黑格尔出了一道难题,这就是"启蒙辩证法"。主体以理性的名义鼓吹解放与批判,然而它却不能像宗教那样提供足够的文化凝聚力。启蒙在现实的推进反而加剧了文化的分裂,解放反而导致纷争。关于现代性,韦伯也曾试图从社会学意义上将其描述成一个理性苏醒并逐步给世界祛魅的过程,即理性引导社会脱离传统束缚,转而依赖它的合理与理智去认识并征服世界,然而这一历史过程却大大伸张了工具理性。仅靠主体和理性,西方人能否走出这种文

---

① 黑格尔:《精神现象学》(上卷),商务印书馆1979年版,第6—7页。

明危机？在 20 世纪，主体性的弘扬一方面极大地促进了经济与技术的进步，另一方面经济与技术所造成的一系列负面效应更让人们不得不认真检讨和反思主体性和理性，因而也埋下了后人拆解现代性的理由。人们要追问的是：主体性作为一面飘扬的旗帜，它能否真正担负起拯救人类未来的责任？

其次，随着现代化在全球范围的普及，人们越来越感到，现代化所带给人们的并不完全是福祉。人们需要进一步追问：现代化的理由和根据何在？笔者认为，反思现代性问题，其根本价值指向就是现代人的安身立命问题。在技术理性的导引之下，现代人的物质扩张达到了空前的程度，但人们还是越来越深切地感到无家可归。这诚如法国思想家弗朗索瓦·利奥塔所言："无论在何处，如果没有信仰的破碎，如果没有发现现实中现实的缺失——这种发现和另一种现实的介入密切相关——现代性就不可能出现。"[①] 也许正因为如此，丹尼尔·贝尔也认为现代资本主义社会中的政治、经济制度与其文化制度存在着剧烈的冲突，他称为"资本主义的文化矛盾"。这种矛盾实际上造成了审美主义与理性主义两种现代性的冲突，尽管二者都服从于现代性这同一主题，但是在价值偏好与意识形态方面，二者却传达着截然不同的价值理想。

再次，对于西方现代性理念之普世性的质疑。对于现代性的反思和批评是从现代性自身中孕育出来的，从西方的现代化逻辑来看，现代性就是理性，是时代精神的体现，它表达着人类历史上空前伟大的变革逻辑。现代性把西方文明置于超验的、毋庸置疑的位置，认为这种现代文明对其他文明的同化和侵蚀方式是合理的、必然的，现代化就是西方化。而这种文化"西方主义"的价值取向，客观上必然导致对既有民族文化的否定，并造成现代性与民族性的冲突。尤其是 20 世纪中叶以来，发展中国家在追赶现代化过程中所产生的一系列社会问题，促使人们去检讨西方现代化发展模式的参照限度及其现代性理念的普世性问题，以期在此基础上求得现代性之真正的民族动力。

最后，现代性作为一种现代化的意识形态，由于在当代的全球化背

[①] Jean-Frrancois Lyotard. The Postmodern Explained [M]. Minneapolis: Minnesota University Press, 1993. 9.

景下展开，更呈现出了空前的复杂性。这在一定程度上也是现代性问题引起人们关注的主要原因所在。如何找到一条解决现代性问题的有效途径，以缓解当代人类所面临的困境与危机，这便成为一个不可回避的历史课题。

二 马克思的现代性思想表述

西方的现代化历史实践表明，作为对现代化反思和批评的现代性，始终与其相伴随。而这一点也是我们讨论马克思现代性思想的历史根据。利奥塔曾经指出，"资本主义是现代性的名称之一"[①]。马克思虽没有提出"现代性"概念，但是基于对资本主义文明的历史反思，马克思具体地历史地阐发了他的现代性思想。可以说，马克思的现代性思想是其唯物史观的重要组成部分。我们知道，马克思所生活的时代，正是西方现代化（工业化）发展的上升时期，相关的社会历史矛盾并没有充分展开，因而人们对于现代性问题的关注并没有成为西方社会生活的主流话语。但马克思在其唯物史观的创立过程中，全面系统地解读了资本主义工业文明的本质，从而表达了其现代性思想的基本视野。

马克思的现代性思想，集中体现在他对"世界历史"的论述和对资本主义文明的历史分析两方面。而这两方面都与西方近代现代化（工业化）的发展历史息息相关，因为"工业的历史和工业的已经产生的对象性的存在，是一本打开了的关于人的本质力量的书，是感性地摆在我们面前的人的心理学"[②]。总体来看，马克思对现代性的考察既坚持对人类价值理想的终极关切，又正视历史发展的现实过程，并特别强调现代化实践既是理性与价值冲突的不断生成过程，同时又是这种冲突的不断消解过程，从而在理性与价值的双重审视中达到对社会历史发展规律的把握。

我们先来看马克思的"世界历史"观。马克思第一次表述自己的科

---

① 利奥塔：《后现代性与公正游戏——利奥塔访谈、书信录》，上海人民出版社1997年版，第147页。

② 《马克思恩格斯全集》第42卷，人民出版社1979年版，第127页。

学的"世界历史"概念,是在1845—1846年与恩格斯合著的《德意志意识形态》一书中。一般说来,马克思是在两种意义上使用"世界历史"范畴的:其一,在历史学的意义上用来指人类历史的整体发展过程,认为"整个所谓世界历史不外是人通过人的劳动而诞生的过程"①。但马克思一般很少在这一意义上使用,而是代之以"历史""一切历史""整个历史过程"等。其二,"世界历史"还有更重要的一种含义,即特指各民族、国家进入全面相互影响、相互渗透、相互制约,使整个世界"一体化"的历史。在《德意志意识形态》中,马克思多处使用了"全面的依存关系""世界历史性的""世界历史意义上的""世界历史性的存在""世界历史性的共同活动""世界市场"等概念,以与"氏族的""民族的""地域性的""地域性意义""地域局限性"等概念相对应。在马克思看来,随着单个人的活动扩展为"世界历史性"的活动,人们将日益克服狭隘的"地域性"眼光,将自己的意识提升到"世界历史"的水平。共产主义的实现有赖于全世界的无产阶级和劳动者在"世界历史性"实践的基础上认识到自己所担负的"世界历史性"使命,确立起自觉的阶级使命意识,从而在世界范围内凝聚成一种阶级的力量。在马克思看来,世界历史首先是一个历史的范畴。"世界史不是过去一直存在的;作为世界史的历史是结果。"② 在这里,马克思提出了"历史向世界历史的转变"③的著名命题,认为"各民族的原始封闭状态由于日益完善的生产方式、交往以及因交往而自然形成的不同民族之间的分工消灭得越是彻底,历史也就越是成为世界历史"④。

综观马克思的世界历史理论,有两层相互关联的内涵:首先,世界历史是生产力发展和各民族交往普遍化的产物。一方面,随着生产力的发展,资产阶级开拓了世界市场,使一切国家的生产和消费都具有世界性。另一方面,生产力的发展,尤其是工业化生产消灭了以往自然形成的各个国家的孤立状态,使每个文明国家以及这些国家中每一个人的满

---

① 《马克思恩格斯全集》第42卷,人民出版社1979年版,第131页。
② 《马克思恩格斯全集》第46卷(上),人民出版社1974年版,第48页。
③ 《马克思恩格斯选集》第1卷,人民出版社1995年版,第89页。
④ 同上书,第88页。

足都依赖于整个世界，从而使人类交往普遍化，人类由此进入一个各个民族、国家相互影响、相互渗透、相互依赖和相互制约的全球一体化的发展时代。其次，从唯物史观的视角看，马克思认为世界历史与人的解放密切相关。马克思赋予了世界历史以人的发展的内涵，并把它的完成与共产主义的实现联系起来。马克思认为，人的全面而自由的发展首先是从个人的解放开始的，而每一个单独个人的解放程度是与历史完全转变为世界历史的程度一致的。"无产阶级只有在世界历史意义上才能存在，就像共产主义——它的事业——只有作为'世界历史性的'存在才有可能实现一样。而各个人的世界历史性的存在，也就是与世界历史直接相联系的各个人的存在。"[①] 共产主义是马克思为自己和实践的唯物主义者设定的价值理想，同时它又是那种消除现存状况的现实运动，世界历史为它的实现提供了现实的前提。这样，世界历史的完成也就是个人解放的实现和共产主义的诞生。在这个意义上，世界历史成为马克思历史观的一个重要组成部分。

很明显，马克思这里运用"世界历史"的理论范式，很好地诠释了自己的现代性立场。他以理性的历史主义态度，对现代化（工业化）所开启的"世界历史"新时代给予了明确的肯定，认为它体现了一个面向未来的"新"敞开的时代的到来，这是一个为未来而生存的时代，因此体现了不同于以往历史的现代性取向。"世界历史"所呈现的现代性开启了人类的普遍性交往时代，带来了人们社会生活的巨大变革，并以其特定的方式打破了从前的一切秩序，每个人都在亲身经历并感受着与世界历史的直接联系。

我们再来看马克思对资本主义文明的历史分析。19世纪中期，当资本主义生产方式掀起经济全球化的第一次浪潮时，马克思就站在历史发展的高度，从哲学本体论上批判性地反思和审察了资本主义文明在物质实践、人的本质和社会存在等方面所引发的历史性变革及其发展趋势。在马克思看来，资本主义文明开启了现代文明的新纪元，资本主义文明也集中体现了现代性的复杂特点——善恶并举的二重本质，而对这种复杂特点的准确把握，必须诉诸理性尺度与价值尺度相统一的历史分析。

---

① 《马克思恩格斯选集》第1卷，人民出版社1995年版，第87页。

我们可以这样说，马克思把理性与价值的背反与冲突看作破解资本主义现代性的基本方法，而对理性与价值关系的分析又可以转换为对于历史与道德关系的省察。

首先，马克思从理性主义视野肯定了资本主义现代性对于社会历史的巨大推动作用。这在《共产党宣言》中有过精辟的阐述。马克思指出，资本主义在全球化的历史进程中起着推动的作用，具有非常革命的性质。"资产阶级在它的不到一百年的阶级统治中所创造的生产力，比过去一切世代创造的全部生产力还要多、还要大。"[①] 资产阶级"创造了完全不同于埃及金字塔、罗马水道和哥特式教堂的奇迹；它完成了完全不同于民族大迁徙和十字军征讨的远征"[②]。生产力是决定性的因素，全球化的社会属性最终还是取决于生产力发展。"资产阶级，由于一切生产工具的迅速改进，由于交通的极其便利，把一切民族甚至最野蛮的民族都卷到文明中来了。……它迫使一切民族——如果它们不想灭亡的话——采用资产阶级的生产方式；它迫使它们在自己那里推行所谓的文明，即变成资产者。一句话，它按照自己的面貌为自己创造出一个世界。"[③] 透过这些话我们看到，马克思对资本主义在全球化过程中所起的积极作用做了十分客观而又中肯的评价。他认为，资本主义使现在的社会成为实质意义上的"人类"社会。在此之前，许多孤立发展的人们并不具有现实"人类"性，世界一体化则使每个人的行为都成为人类社会体系上的一环，使每个民族、国家的发展都汇入了人类发展的历史洪流中来，彼此不可分割，于是每个民族甚至每个人的发展、发明都会迅速传遍全球，避免了封闭状态下人们所走的历史弯路，加速了世界文明的发展。

其次，马克思在肯定资本主义历史作用的同时，更多的则是从价值视野对资本主义现代性进行了批判。特别是马克思把19世纪德国浪漫主义的那种美学批判转变为意识形态批判和政治经济学批判，这集中体现在马克思对资本主义和殖民主义在全球化过程中不断扩展的论述上。马克思认为贪婪是资本主义的本性，"资本来到世间，从头到脚，每个毛孔

---

① 《马克思恩格斯选集》第1卷，人民出版社1995年版，第277页。
② 同上书，第275页。
③ 同上书，第255页。

都滴着血和肮脏的东西。"① 马克思看到了资本主义虽然在其殖民地摧毁了旧的社会结构，带来了一定程度的现代化，但也给殖民地人民带来深重的灾难，世界上少数人的发展是以牺牲绝大多数人的发展为代价的，因此资本主义的殖民统治是一种"海盗式的侵略"，其中充满了血腥与残酷。在《不列颠在印度统治的未来结果》一文中，马克思清醒地指出："在印度人自己还没有强大到能够完全摆脱英国的枷锁以前，印度人是不会收获到不列颠资产阶级在他们中间播下的新的社会因素所结的果实的。"② 被压迫民族的人民要享受到现代化的果实，必须摆脱殖民主义枷锁，实现民族独立。另外，马克思强调资本主义在全球一体化的推进过程中，客观上造成了世界呈现出"中心—外围"的结构体系。"它迫使一切民族都在唯恐灭亡的忧惧之下采用资产阶级的生产方式……简短些说，它按照自己的形象，为自己创造出一个世界……正像它使乡村依赖于城市一样，它使野蛮的和半开化的国家依赖于文明的国家，使农民的民族依赖于资产阶级的民族，使东方依赖于西方。"③ 这个庞大的体系以西方发达国家为中心，以东方和其他落后地区为边缘；以现代化城市为中心，以自然形成的城市和乡村为边缘；以大多数资本家为中心，以广大的工人和劳动人民为边缘。结果是一方面是处于中心的社会和国家控制着世界市场，敛取绝大部分的产品附加值，掠夺巨大的财富；而另一方面，处于外围或更边缘的国家则深受中心国家的剥削和控制，不但分享不到世界一体化所带来的好处，反而日益贫困，导致其地位更加边缘化。

通过以上论述我们看到，马克思的现代性视野体现了理性与价值的辩证统一。马克思作为资本主义的最为激烈、最为深刻的批判者，也同样是现代性观念的最为科学的阐释者。作为一个彻底的辩证论者，马克思在历史地肯定了现代性为世界历史的展开、为人的本质的自由而全面的发展创造了条件的同时，也指出了它所造成的罪恶的殖民统治以及人的本质力量的异化。历史的发展往往就是这样，"自我异化的扬弃同自我

---

① 《马克思恩格斯全集》第 23 卷，人民出版社 1974 年版，第 829 页。
② 《马克思恩格斯选集》第 1 卷，人民出版社 1995 年版，第 771—772 页。
③ 《马克思恩格斯全集》第 4 卷，人民出版社 1974 年版，第 470 页。

异化走的是一条道路。"① 只有在理性与价值之间保持必要的张力才能达成对现代性的合理理解。如何缓解现代性所造成的矛盾、对立与冲突？马克思提出了共产主义的理想目标。在马克思看来，随着现代性的深入发展，就像资本主义击败封建主义一样，一种更新的、更高级的社会形态同样要战胜资本主义，并最终将其埋没，从而由一种自发的奴役人类自身的全球一体化转变为人类自觉控制的为全人类服务的全球化，完成这个伟大转变的条件就是共产主义最终在全球范围内取得胜利。马克思深刻地指出："共产主义和所有过去的运动不同的地方在于：它推翻一切旧的生产关系和交往关系的基础，并且第一次自觉地把一切形成的前提看作前人的创造，消除这些前提的自发性，使它们受联合起来的个人的支配。"② 由狭隘"地域性的个人"向"世界历史性的"个人转化，建立"自由联合起来的个人"的共产主义社会，这将是人类的一次重大的历史性飞跃。马克思预言共产主义社会将是人类社会发展的最终归宿，这是不可逆转的历史规律。马克思的现代性视野对于研究当代全球一体化的发展现实来说，仍然具有十分重要的价值。它深刻地论述了全球一体化形成的客观过程，并且揭示了其中的矛盾性，为我们正确认识当今世界一体化趋势、切实解决中国现代化进程中所面临的矛盾与问题，提供了重要的方法论启示。

三 现代性与当代中国

对于中国人来讲，现代性问题是一个迟到的问题。该问题是进入20世纪90年代以后才在中国学术界明确提出来，在此之前，尽管中国已有百余年的现代化历程，在不同的历史时期人们形成了种种不同的现代性构想，但对于现代化的价值目标即现代性问题本身及其演变，尚缺乏理论的自觉。由于现代性问题隐藏在现代化问题的背后，使中国人对于现代化的社会运动的关注热情，远远超过了对于现代化社会运动加以反思的现代性问题的关注程度。进入21世纪的中国，随着现代化实践的逐渐

---

① 《马克思恩格斯全集》第42卷，人民出版社1979年版，第117页。
② 《马克思恩格斯选集》第1卷，人民出版社1995年版，第122页。

展开，现代化所引发的一系列社会文化问题也日益凸显，中国社会正面临着一个全方位的历史文化转型过程。在此背景下，对中国现代性问题的反思与清理便成为我们绕不开的话题。然而，当我们进入对于中国现代性问题的思考语境时，会鲜明地感到问题远比我们的预想复杂得多。

众所周知，中国的现代化变迁是在现代性已经完全显示出自己的普世化特征之后才开始的，因此从文化哲学的视角说来，我们必然要经历一个历时性文化的共时性承受的发展阶段，民族传统文化、西方古典理性文化、西方现代文化、当代新文化实践等，几乎都需要我们同时去面对。另外在当代，经济全球化与马克思的时代相比已经进入一个新的阶段，在新技术革命的推动下，人类历史由传统的机器工业社会开始过渡到信息社会、知识经济社会，我们正在经历着新旧文明形态的更替。这种多元文化的相互激荡，给中国的现代性问题带来了异常复杂的情势。这也许是为什么现代性问题在中国引起广泛回应的原因之所在。马克思对现代性问题的思考视野，为我们分析中国的现代性问题提供了科学的方法论参照。换而言之，在理性与价值之间保持张力，坚持理性与价值相统一的二重视野，是我们今天反省中国现代性问题应采取的基本心态与立场。对于当代中国现代化进程中各种矛盾冲突的有效解决，都应该坚持理性与价值相统一的方法论原则。沿着马克思的启示，笔者认为反思当代中国的现代性实践，应注意解决好以下问题：

首先，应注意把握现代性问题的普遍性与特殊性。从理性的视角看，我们必须坚信中国现代化实践的历史必然性，中国改革开放的历史实践已经证明，走市场经济与现代化之路是一种必然的选择。现代工业文明作为现代化的历史内容，是人类社会发展不可逾越的阶段，是人类的一种普遍的历史发展趋势。而现代性作为现代化的主导理念，它必然要在我们的社会生活中呈现。因此，我们在现代化实践中，必须认真分析借鉴已经步入现代化国家的现代性历史经验，总结提炼人类现代性实践的一般规律，为我们的现代化建设服务。同时，我们更应注意在借鉴中反省西方的现代性问题，在反省中探索中国的现代性发展之路。现代化实践的历史表明，主导和规范西方现代工业文明历史阶段的现代性理念，在现实推进中产生了诸多的矛盾与问题，这使西方思想家们也要不断地根据现代化的现实实践对现代性进行批判性的检视。所以我们说，当代中国的现代性实践，应该有多样化、个性化的选择，我们要密切关注中国现代性实践的特殊历史语境，把中国现代化进程中出现的新的、超越传统的现代性视野的东西吸纳进来，不断地丰富现代性的内涵，以实现现代性与现代化之间的动态协调，并在实践中逐渐建构出基于中华传统并适应时代发展潮流的现代性理念。

其次，要注意解决中国现代性历史展开过程中所产生的一系列矛盾和价值冲突。当代中国的改革开放与现代化实践已经走过了四分之一个世纪，在取得辉煌成就的同时，也产生了一系列的矛盾和价值冲突。在文化价值层面，市场经济实践带来了文化的多元化发展，传统的经典性的价值观念受到空前的挑战甚至消解，统一的规范被多元的价值取向所取代。由此引发的文化价值冲突主要表现为：传统与现代的价值冲突，经济与道德的价值冲突，公平与效率的价值冲突，个体与整体的价值冲突等。在文化现实实践方面，则表现为社会文化阶层的分化态势日渐明显，具有独到文化价值追求的不同文化群体正逐渐形成。文化实践正趋于多层次化，而主流文化、精英文化和大众文化则是这种分化过程中表现出的三种基本形态。这三种文化形态既有矛盾冲突，又有融合借鉴，必将使当代中国的文化景观更加趋于复杂。可以预测，在不同文化群体间的矛盾冲突中，文化亦将在新的价值层面开始新的整合，这也将是今后中国社会转型时期社会文化发展的主导趋势。对于社会文化变迁所引发的这些矛盾与价值冲突，我们同样应该基于理性与价值相统一的立场进行反省和解决，以确保中国文化实现创造性的现代转换。

最后，注重中国未来现代性实践的人文关怀。人文关怀是现代性实践的价值旨归，中国实现现代化的最终目标是政治、经济和文化的全面现代化，是人与自然协调的可持续发展的现代化。关于这一点，随着中国改革开放和现代化实践的逐渐深化，已成为人们的共识。越来越多的人开始认识到：现代性作为社会发展的整体性理念，其所指称的应该是人、自然及社会的全面进步，现代化需要自觉的文化精神支撑。我们应该通过自觉的人文关怀来有效消解现实文化焦虑与紧张，建构现代性的精神动力机制，营造健康现代的生活格局。

第一，我们要努力弘扬和培育现代化文化的人文价值取向，以达成经济发展与文化进步的协调统一。应该认识到，现代化的最终目的是实现社会的全面进步和人的全面发展，这就要求生产经营活动在追求利润最大化的同时，也要兼顾社会利益和人的发展。文化的发展对于市场经济的意义不仅在于为市场经济提供一种合理的价值观念，而且在于为市场经济的运行提供规范和秩序，以保证市场经济主体按照等价交换和公平竞争原则进行活动。我们必须以社会的整体发展和人的全面发展的要求来规范经济活动，培养经济行为中高尚的人格动机，塑造文明的现代人。

第二，面向世界，树立一种开放的文化视野，增强社会进步的整体开放意识。真正的社会发展应该是社会的全面进步。在当代，每个民族的发展客观上都处于世界文化的总体格局之中，这需要不同文化形态间的相互融合与认同，树立协调发展意识。同时，每个民族在与世界的对话中，必须树立开放的心态，迎接八面来风，优化自身的文化机体，重铸民族的现代文化。在全球一体化的背景下，现代民族文化的发展必须是开放的，它要求每个国家和民族的文化发展都立足时代，自觉以人类先进文明为参照，通过视野的开放来汲取新知识和现代文化意识，以更新自我，完善自我。

第三，努力推进现实中国社会生活的人文教化，自觉的将提高人的现代文化素质作为社会发展的核心指标，全面增强人的现代素质。人文教化的目标是使社会的每个人成为整体素质全面发展的现代文明人，要具有鲜明的个性意识，要有开拓进取的人生态度。每个人只有充分体现出主体意识和自由个性，他的创造潜力才能充分地发挥出来，并体现在各种现实的文化活动之中，达到人们文化生活和文化形态的多姿多彩。人们只有不断地超越自我，开拓进取，才能适应不断变化的新形势，创造出有活力的自我形象，创造出有效益的工作方式。作为一个现代文明人，还要具有庄严的道德感、使命感和社会责任感，真正做到不媚俗、不随波逐流、不为物欲所累，体现人在社会生活中的尊严和人的生活质量。尤其在目前现代性的历史背景下，通过这种努力来优化社会人文环境，使全社会步入一个道德、情感和智慧融合一致的生活世界。

总之，现代性问题作为当代人类社会生活的突出主题，其中蕴含着丰富的现代人文内容和现代思想资源。中国的改革开放为传统社会的现代转换注入了活力，努力在理性与价值之间保持张力，自觉地关注当代中国现代性的健康发展,从而为当代和未来中国的发展提供坚实的思想文化基础,这也许是每个学人关注中国现代性问题的初衷。

(原载《中国人民大学学报》2004年第5期)

哲学理解略论

§1. 哲学作为人类自我意识水平的理论表达，其精神内涵不外两个方面：其一为思想成果，其二为思维方式。而思维方式的变革往往是某一时代哲学革命的直接动因。

当我们纵观哲学发展的历史时就会发现，每一种思维方式的实质是一种理解和说明世界的原则。不同哲学家哲学理解的系统表达，在其现实性上便构成哲学基本问题在该时代的合理逻辑展示。

通过理解，人类才能逐步洞悉自身及对象世界的价值与意义，哲学的进步才有可能。那么，哲学的这种理解功能是以何种方式实现的呢？

§2. "思维与存在的关系"这一哲学基本问题，包容了哲学理解的全部出发点。

在哲学基本问题所蕴含的两个方面中，其第一个方面，即有关不同形态的世界观问题，无疑是十分重要的，因为哲学最后总要归宿于某种形态的世界观。但是世界观问题却与哲学基本问题的第二方面、即思维与存在的同一性紧密相关——它的问题最后必然归结为第二方面，因为世界观既然是"观"，必然通过"观念"或概念的形式来体现。进一步说，这种"观念"或"概念"既然是思维在其对感官经验的关系中所产生的认识规定，则这便是一个人的思维以其对感官经验为中介而对存在的关系。任何从世界观出发的哲学体系，必然要自觉不自觉地表现着对这个问题的解决方式，质言之，世界观问题的解决必然以思维和存在的统一为前提。

人不能脱离意识而有思维的对象，任何凡属为人所称道或解释的事物，都是首先为人的意识所显现而且本身也是意识事实。客观实在绝不是与主体无关的东西，人在思考一个对象时，实质上就是在对自己的一个意识事实进行反思，是在反思自己，人唯有以"反思自己"作为中介，人才能进而反思他物，达到对事物本体的实在性把握。在这个意义上，我们认为哲学的全部问题都可以集中表述为人类意识的主客统一性问题。没有这种统一性，我们对外在世界的把握是不可能的。这诚如施密特所言："在马克思看来，'世界'不是形而上学地把握了宇宙，而在本质上是'人的世界'。"① 也正是基于这种统一性，恩格斯在对思维与存在的表述中，反复地使用了诸如"我们周围世界""现实世界""关于现实世界的表象和概念""现实"等概念，意在说明人的思维在与存在的统一关系中，所反映的只能是与人的主体相关并为人的意识所理解的外在世界。

§3. 需说明的是，从辩证唯物主义的立场出发，我们丝毫不怀疑物质的客观实在性。然而问题在于，这种"客观实在"恰恰是通过人的意识的理解所做出的，是主体反思的结果，我们如果连这一基本事实也不顾，一味以"客观实在"来确信自己坚持了马克思主义，这实际上正是18世纪机械唯物主义的思维特征。而这种特征却是马克思所明确批评的："对对象、现实、感性……不是把它们当作人的感性活动，当作实践去理解，不是从主体方面去理解。"② 因为那种"抽象的、孤立的、与人分离的自然界，对人说来也是无"③。

从思维与存在的同一性出发，我们便找到了哲学理解之所以合理的客观根据。

§4. 在时间的维度上，我们至今无法断定人类文化是从哪一天诞生的，但是唯物史观可以启示我们做这样一种假定：文化创造的第一步必然是出于生存的需要而对自然的主动干预——这是人类走出自然的关键环节。这种文化创造标志着人类开始以一个"文化人"身份去面对世界并从此与"自然人"身份告别，人类开始拥有某种"文化方式"或"文化规范"。这就是说，人在创造了文化的同时，人也创造了自己。

文化方式一旦产生，便具有两种功能：一种是保护人类的功能，它

---

① 施密特：《马克思的自然概念》，吴仲昉译，商务印书馆1988年版，第102页。
② 《马克思恩格斯选集》第1卷，人民出版社1995年版，第54页。
③ 马克思：《1844年经济学哲学手稿》，人民出版社1979年版，第181页。

是人类进一步与自然抗争并从而实现人的进化与发展的有力手段,它保护着在某种既定的现实中遭到阻抑的人类新的灵性、新的感觉的出现;另一种则是对人类的制约功能——某种文化的进一步发展只能在这种既定的文化方式上进步。于是我们看到,理解就在这里产生了:它植根于赋予规则以权威的生活方式之中,标志着人的世界的确立。规则(或方式)也是一种解释,它是人对自然的一种符合自己生存需要的规定,是一种与自然取得协调的行为模式的结果。

这种结果也许是人类无法预料的;当人们试图去理解对象世界时,首先发现所理解的却是规则本身;人们任何有关自然的知识都受到了某种理解规则(理论框架)的支持。对应于外在自然这一无限的发展秩序,人类关于它的知识也许是微不足道的,然而,人的历史与文化却因为一代又一代人的理解而发展起来。人类的理解作用于人类的存在,人类的自我理解变成了调整人类自我构成的理想或对象——每一种一经产生的文化方式或规则,都将代表着一种历史合理性而左右着文化的下一步发展。而文化的进步便意味着人们因对文化的不同理解而调整既已存在的行为方式以适应新的环境。

由"干预自然"到"干预规则",这正是人作为主体的自由自觉意识的体现。从人类存在的共时性看,人是唯一能够完整地认识自己的处境并将这种认识付诸行动的动物,人类的文化背景正是通过自身的能动意识积极创造的。人的理解与创造并非是可有可无的奢侈,而是人类生存的必然需要。我们的哲学思考不能无视人这种作为动物的主体存在的前提意义,人的存在和其他存在物的不同之处就在于,人的特殊存在方式(规则、理解等)不仅使人自身而且使存在总体(人的世界)发生了空前深刻的变化,人的存在构成了对存在总体的参与。唯因人的积极参与,外在世界才获得了其原本没有的人类学意义;人类对外在世界这种能动的、创造性的参与和介入结束了外在世界的自在状态,使其开始了一种动态的向"人的世界"的生成过程。从文化的意义审视,人与人的世界无时无刻不处在对立统一的过程之中,这个过程在主体方面表现为无止境的创造,在客体方面则表现为无止境的生成。存在本体正是在同时把握和渗透主客体的运动中呈现的。

对象世界的主体化是人的文化创造不断谋求的最高目标,但是这实质上仍然是人的一种主观规定,是主体的一种理解,是对象世界在主体的作用下价值形态趋向于主体需要的转变。这亦如马克思所指出的:"人终于成为自己的社会结合的主人,从而也就成为自然界的主人,成为自己本身的主人——自由的人。"① 人是结合自然与历史的存在者,在通向规律性与目的性统一的历史长河中,人不可能满足于不变的、封闭的存在状态,总要积极地去参加变革现实的实践,并着眼于主体的价值实现去思考一切、评价一切和选择一切,以使人的世界越来越充满意义。

§5. 显然,"人的态度"是我们正确从事哲学理解的前提条件。人的生命不是"白板",它包含着其固有的方向性即人性,主体的内在精神要求着属于其自身的存在形式,各种文化现象无疑是这种存在形式的表现形态。马克思曾认为"自由自觉的活动恰恰就是人的类的特性"②。这启示人们,哲学如果不在价值层面上表现人的这种自由自觉精神,哲学的功能也就不会实现,哲学的存在也就失去了任何意义。

而人的自由精神不是某种要人接受或拒绝的礼物,它根源于人的未完成性。人是这个世界上唯一没有实现自己目的性的存在(恩格斯语),因而总要在既已完成的现实文化层面上寻求新的超越。我们可以说,主体的自由超越意识是人对世界进行理解的根本动因。

人之所以从芸芸众生的自然存在中超越出来并非因为人是上帝的选民,而是因为人是一种双重存在,即作为自在之物的自然存在和作为自由主体的超越性存在。因此人的存在遵循两个不同的原则,即适应性原则和超越性原则,前者的目的在于保持或维持人的物理或生物存在,故可称为自我保存原则;后者的目的在于创造价值完成人之为人的使命,故可称为自我实现原则。人的超越性存在以及与之相应的自我实现原则决定着人类存在的本体论意义。

§6. 超越意识就是生命意识,对生命的热爱与渴求汇成了一种强大的创造力量,激励人去突破外界的阻力和束缚,超越现实自我而追求更高的人生境界,生命的意义就表现在这种追求、满足、再追求、再满足的动态过程之中。马克思在考察人类的这种文化进步时认为,在人类的

---

① 《马克思恩格斯全集》第 19 卷,人民出版社 1963 年版,第 247 页。
② 马克思:《1844 年经济学哲学手稿》,人民出版社 1979 年版,第 50 页。

史前阶段，人类对自然是一种"纯粹动物式的意识"，当人类进入文明期从而有了社会人的感觉，人类"只是由于属人的本质的客观地展开的丰富性，主体的属人的感性的丰富性，才或者发展起来……总之，人的感觉、感觉的人类性——都只是由于相应的对象的存在，由于存在着人化了的自然界，才产生出来的"①。

已经达到的目的构成了人创造新生活的动力，人类为了超越自己，他必须去设定新的目标，哲学作为人类智慧的结晶，正是在这种新设定的高度上重新审视自己和审视世界的。哲学无须解释已知的或已经发生的存在现象，因为哲学的王国不是现象世界，哲学的功能在于预示或揭示可能存在的事物对人的意义，它是开启一种崭新世界的动力因。唯独哲学思考的本性是指向作为历史活动中的人的，是指向人的超越意识的，所以我们将很难给哲学找到一个亘古不变的客观尺度，人的认识与理解深化了，则对象世界为人所拥有的价值也就更多。如果说哲学具有一种永恒价值的话，则这种永恒就在于哲学解释这一事实，在于哲学永远关注人这一事实。向未来开放是哲学的本性，哲学的生命就在于人对自己的周围世界的不断发现和不断理解，就在于自觉地用已有的哲学模式去反省和调整人们对世界的理解和要求，并进一步通过对现实的理论升华而扬弃已有的理解模式和重构新的理解模式。

人类世界，人的历史，经过艰难的摸索与抗争，在一片纯自然中脱颖而出，使新的世界在自己手中诞生，面对着这种对象化了的人的世界，人类感觉到了自身的伟大。但同时也使人感到，每一种文化、每一种事物都在自己的发展进程中变换着新的形式，主体对存在的不断解释、认知和改造，构成了人类文明的基本步阶，成为文明长河中活的机体。在这个意义上，历史上的每一种哲学形式都从一个侧面规定了人类的存在意义，因之它是不能被简单否定的，它将作为人类进步的环节被肯定下来，"每一个哲学系统即是一个范畴，但它并不因此就与别的范畴相互排斥，这些范畴有不可逃脱的命运，这就是它们必然要被结合在一起，并被降为一个整体中的诸环节。"② 从古至今，很多哲学命题如"认识你自

---

① 马克思：《1844年经济学哲学手稿》，人民出版社1979年版，第79页。
② 黑格尔：《哲学史讲演录》第1卷，贺麟、王太庆译，商务印书馆1959年版，第38页。

己"(苏格拉底)、"万物皆备于我"(孟子)、"知识就是力量"(培根)等之所以具有不容忽视的现实意义,原因就在于此。特定时代的哲学意义既是该时代认识水平的体现,又是通向新时代哲学意识的现实环节,因此它是不能被替代的,哲学的个性就是由此形成的。

§7. 哲学理解的历史变迁表明:我们除了注意理解标准本身的意义外,更应该注意理解标准的变迁所暗含的意义——不同理解标准间的相互替代与平衡这一事实,构成了哲学发展的关键性环节和核心内容,这实质上是一个解释标准的评价问题。不同文化形态之间的协调往往是很脆弱的,只要当中的某一部分受到偶然的改变,就必然要求形成新的平衡与协调。今天也许是文化机体中的这一部分起着关键性作用,可是到了明天由于某种原因另一部分的作用却明显地加强了,由此可以导致一种文化形式产生质的变化。这看起来有些不可思议,然而却是事实,"如果偶然性不起任何作用的话,那么世界历史就会带有非常神秘的性质。"[1]同样,哲学与文化的理解也绝非只具有客观的意义,我们看到在这种描述和理解中,必然要表现出哲学家主体的特殊规范与尺度,理解的差异性也将由此凸现出来。但是,这并不妨碍我们可以在人的自由超越意识这一根本价值导向下来给哲学理解做出一种综合评价标准,这种标准内涵可以概括为:这种哲学理解较之以往的理解方式更能表达人之存在的理想性;它能够提出一系列比其他哲学观更有意义的哲学问题;它能够解释原有文化方式没有解释的文化现象;它应该具有比其他哲学观更大的理性自由和思想活力。

更为重要的,由人类自我意识所拥有的这种理解和超越功能,在其现实形态上将最后超越自身——不只是要解释世界,而且要改造世界。因为人的"(全部)社会生活在本质上是实践的"[2],人的理解、人的哲学思考是人实践地改造世界的物质活动的有机组成部分,主体的一切"主观"因素,诸如理想、信仰、个性、情感、想象、创造力等,都将客观地起着现实的作用,并有选择地把特定的潜在性转化为现实性。在这个意义上,人类改造世界的实践活动应被把握成为人的哲学理解的自然

---

[1] 《马克思恩格斯选集》第4卷,人民出版社1972年版,第393页。
[2] 《马克思恩格斯选集》第1卷,人民出版社1995年版,第56页。

延伸。

§8. 我们强调哲学必须摆脱终极规范的诱惑，而使理论和体系保持开放，这有两方面含义：一是向未来开放，此点已如前述。二是向过去开放，即应以时代精神去重新发现、重新审视人类既有的文化成果。由此引发的一个重要理论问题则是：理解与文化传统究竟是一种什么关系？

对待传统，可以有两种不同的文化态度。一种是将传统视为人的传统，视为人的生命的表现和生命的存在形式，这是一种"人的态度"（human attitude）；另一种态度是将传统看作人的传统，在此，传统成为外在于人的规范，成为异在于人的生命之外的东西，这则是一种"物化态度"（reifiedattitude）。"人的态度"成为主体与传统的纽带，使传统成为主体的确证对象。"物化态度"则导致人与传统的疏远，传统则成了外在于人的简单物。显然，哲学对传统的解释只能立足于"人的态度"之上。

传统对于人之所以重要，这是因为每一代人的文化创造活动不可能从空白处起步，人类所从事的每一种文化活动，所得出的任何有关对象的新知识都将受到既已存在的某种文化方式和理论框架的支持。甚至可以说，人类的整个文化积累都构成了人类新感知的广阔背景，人的某种现实需求往往唤醒了文化传统的某个部分和某个侧面，这使传统的价值在当下的意识视野中凸现出来，进而成了参与现实文化生成的有机部分。过去的一切都可能构成传统，每一代人所受的教育，无非是在学习一种规范，当我们面对对象世界时，便不自觉地使用了这种规范来予以新的理解。没有这种传统规范，人类的一切文化行为都将是不可思议的。

人的理解释放了传统的潜在能量，从而使过去的传统与今天的现实血肉相连，不是传统需要我们来延续，而是我们需要传统来维护自己。每一代人对过去传统的回眸在某种意义上都蕴含着一种对当今现实的渴望，都同时又是一种对新传统的开辟。无论我们怎样从多种角度描述和理解传统，我们的出发点都既不是昨天也不是明天，而是活生生的今天。就哲学说来，每一位哲学史家尽管声称他要客观地描述哲学发展的历史，然而事实上他也同其他思想家哲学家一样，一直是在过去的传统规范中来解读哲学史，并在这种解读中表达了他那个时代的哲学。对此我们没有必要予以指责，因为传统恰恰是因人的理解而延续，每个人如果放弃了立足他的时代去理解传统的权力，那么他就实际放弃了文化创造的责任。

理解文化传统需要主体的自觉意识和批判意识，这诚如马克思所强调的，辩证思维在其"合理形式"上，就是"在对现存事物的肯定理解中同时包含对现存事物的否定的理解"①。哲学的理解，其作为人的自我意识的表现形式固然是一种类的活动，但其实现却依赖于个体的人的自我发现，所以不但不同时代、不同社会、不同民族乃至不同阶级都有其不同的哲学，而且不同的个人也可能有自己独到的哲学信念。唯因如此，我们透过哲学史，才发现了不同哲学家的哲学个性。然而哲学家的自我批判又构成了理解检讨哲学传统的前提，唯有哲学家站在时代的高度，超脱狭隘世俗功利的束缚，保持追求真理的勇气，他才可能从富有魅力的现实事物中看到应该否定的东西，从可能是毫无生气的传统中发现不朽的东西。

§9. 人的能动理解是哲学的生长之点。当我们不仅仅从认识论，而且从本体论的意义上来审视人的理解活动时，我们必然会做出上述结论。哲学的永恒性（它永远关注"人是什么"？）并没有消解人们的探索，我们看到，在哲学这种动态的历史演进中，人的理解与人的对象世界是相互拥有、相互塑造的——把精神转变为成果，把描述转变成过程本身，人类对世界的理解程度印证着自身的自由程度，也印证着对象世界的完善程度。

正如同人不能一下子占有绝对真理一样，每个人的理解也都是不完备的，而正是这种解释的不完备性激励着哲学的发展。人是一种历史的存在，每个人不可能在根本意义上超越他的时代而对世界做出理解；每个人乃至每一代人不可能理解一切文化现象，不可能洞悉对象世界的一切，他们只能理解他们所能够理解和应该理解的东西。相对于人类自身及对象世界的深度和广度，人的理解永远是不完备的。与之相应，哲学也不可能在某一种具体的形式中穷尽真理，任何一种具体的哲学理论不

---

① 《马克思恩格斯全集》第 23 卷，人民出版社 1972 年版，第 24 页。

可能解决全部的哲学问题，否则哲学的生命也就停止了。我们从理论结构来看，每一种哲学理论总是一种规定和界说，"一切规定都是否定"，因而某种具体的理论总有它可说的和不可说的，它不可能覆盖哲学的全部意义空间。因此，每一种哲学所拥有的"局限"往往成了新哲学理论得以萌生的直接诱因，德国古典哲学对经验论唯理论片面性的扬弃，马克思主义哲学对德国古典哲学的扬弃都说明了这一点。

不同主体具有不同的思维结构（这种差异在不同文化圈中尤为明显），而不同思维结构又必然在人们对世界的理解中呈现出不同的图景，使人及世界的主动性在多向度空间得到展示。人类文明越发展，这一特色将体现得越鲜明。另外，从人类社会生活的表层来看，理性的自觉促成了人的感性自觉，"太阳每天都是新的"，在时代精神的导引之下，人类必然以其特有的认知方式和感受能力，去洞视社会生活的最大历史纵深，从多角度体验和感受全面的人生。这种思想和社会生活的跃动，必然为哲学的繁荣创造良好的条件，它要求哲学家们要突破狭隘的"认识"维度而把目光投向包括科学、宗教、伦理、语言和艺术等在内的全部文化现象，并在这种宽阔的背景中表现人类生活的理想。因为一种哲学理论既是对现时代精神追求的合理表达，又同时必然体现出历史的超越意识，这种超越意识又将规范着人的社会生活更加走向自觉。

（原载《求是学刊》1993 年第 3 期）

试论主体的能动性与超越性

关于哲学的主体性问题，应该说不是个新问题了，无论是古希腊哲学还是中国的先秦哲学，都曾自觉不自觉地注意到这个问题。苏格拉底劝谕人们"认识你自己"，孟子言称"万物皆备于我"，这可以说主体开始觉醒的时期。近代认识论哲学的勃兴把人的主体地位突出了，哲学找到了自己的归宿。然而，深入到哲学的核心问题，并不等于解决了它。在某种意义上，由洛克肇端、并经康德系统阐发的主体能动性问题，同样是当代哲学的重要议题。当代西方的科学哲学也好，人文哲学也好，都旨在以不同方式反省着人的主体性问题，近年来我国兴起的几次哲学大讨论，核心点仍可说是哲学主体性的阐发。本文不想沿着传统哲学的思路去老调重弹，而是试图转换思考角度来看一下现存的哲学疑难，也许这种说法是对的：在哲学殿堂里，一切问题都是旧的。这绝非危言耸听，尽管当今的自然科学发展日新月异，人类已经进入计算机时代，然而在哲学领域，苏格拉底、柏拉图仍然困惑着人们，在中国人心里，孔子、老子、庄子的形象仍像幽灵一样左右着人们的思考范围。

问题是旧的，但方法是新的。一切哲学问题都起因于人与自然这一最基本的关系。在人与自然这一具体的时空维度里，人类在做着同一个梦，人们不可能提出一种超时空的理论模式，即使提出也不能得到同类的认同，这也许是哲学之所以"陈旧"的原因了。哲学的永恒性本质启示人们：在对人与自然这一最基本关系的基本内涵的解释，我们比古人优越不了多少，因为人类面对的是同一个自然。但是，审视角度和方法的改变却可能使今人对"人与自然"这一古老关系做出与自己时代精神层次相协调的新的阐发，也许这种阐发理论同样将做为被后人可能扬弃的环节，但正因为这样，我们才有了哲学与哲学史。

我们先来看关于主体的能动性问题。主体能动性本质就在于怎样合理阐释人类主体的认识结构。众所周知，旧唯物主义的机械反映论是早已为马克思所批判的，因为在这种理论下，人等同于物。马克思进而提醒人们注意的则是人的全部精神潜能中的根本的心理机制，即人类思维的主观能动因素。这一点在今天大概没有多少人会怀疑的，但问题在于，人类思维的这种先在能动机制如何得到合理的说明。

康德曾沿着唯理论的传统以先验论的形式对此问题进行过解答。他认为人的一切观念都是一个意识的确定性，思维的对象首先必须是意识的对象，在其直接性上必须是一个意识事实，因此他强调必须以思维为前提，反身内求，去思考人心的"规律—意识"的逻辑先天规定。而意识的这种规定由"思维"和"感性"两大因素组成，感性本身就是思维的环节，因此要从思维对感性的关系中演绎出把握对象的逻辑规定。这样我们看到，康德把人与自然的关系抽象为"理性"（即康德的"知性"）与感性的关系，由时空感性直观和纯粹知性概念（范畴）的认识形式来对应于他对主体心理机能先天性的阐发。应该说康德的理论是富有建设意义的，然而主体的能动性问题在他的哲学中是作为不证自明的公理而应用的，尽管他围绕"先天综合命题如何成为可能"这一命题作了详细的论证。康德哲学同时也启示了后人，对主体性问题的揭示须依赖于心理学的根据，我们看到在康德《纯粹理性批判》的"主观演绎"里，心理学色彩十分浓厚，也许正因为如此，当代的西方哲学更感兴趣的是"作为心理学家的康德"，如完形心理学（Gesatlt）的建立就是受了康德的启发的。康德曾认为，当我们知觉物体（对象）时，我们遇到的仿佛是由一些零碎材料（在经验主义和联想主义那里称之为感觉元素）组成的心理状态，可是，这些材料是以先验图型（Schema）有意地组织起来的，在知觉过程中，形成心理或者创造完整的经验。所以，在康德那里，知觉就不是一种被动的印象或感觉元素的结合，而是表现为通过先验图型的环节产生的创造想象力的综合活动。与康德的这种观点相吻合，格式塔心理学反对将知觉意识作元素式的分析，强调每一种机能不是有机体的某一部分或某一元素的机能，每一项经验和每一次行动都反映着整个不可分割的整体。他们把冯特（W. Wandt）的心理学研究讥笑为"砖泥心理学",即是用联想过程的灰泥把心理元素黏合在一起,"完形"(Gestalt)之立意就在于强调知觉活动的完整性。他们信守诗人歌德这样一句格言:"世界既不是核,也不是壳,她同时就是一切"。

更富有建设意义的是,完形学派从主客体两方面对其理论做了对应阐发,这就是著名的"同型论"原理,即认为"经验到的空间秩序在结构上总是和作为基础的大脑过程分布的机能秩序同一"①。我们所见或所听的样式与其相对应的脑过程之间,存在一种同型。比如我们听见一种声音越来越弱直至消失时,脑皮质过程无疑是有强度渐降的式样,就主体的心理完形说,它类似于物理"场"。个人的心理活动是在一种"心理场"或"生活空间"中发生的,这种心理场是一个整体,同行为或对象是一个整体具有同一意义。物理学家告诉我们,任何一个已知的"场"所包含的力的分布,最终总要导致一种最规则最对称和最简化的结构。假如人的大脑皮层区域就是这样一个力"场"的话,那么,在这个区域中,那种向简化的分布发展的趋势就应该是十分积极的。完形心理学代表人物苛勒就认为:"我们的见解是这样的:有机体不是以局部的、相互独立的事件反应局部的刺激,而是对它所面临的刺激式样做出反应,并且这种回答是一种统一的过程,是一种机能的整体,给予经验以一种感觉的景色,而非一种局部感觉的镶嵌细工。"②

这样我们看到,"同型论"的提出表明格式塔心理学在说明对象统一完形的同时,强调了主体心理机能的统一性与能动性问题。这一理论在当代西方心理学界曾引起巨大反响,它尤其促使人进一步思考的问题在于:为什么我们的感觉和思维能够本能地通过对事物的感知而进一步把握事物的本质和规律?从美学的角度看,这个问题就是:为什么我们"精神的"耳朵或者精神的眼睛能够不自觉的和直观的从审美对象的某种形式中得到满足?这是否意味着我们的精神、我们的"内在"世界,同客观外在世界之间有一种比历史更原始的同构对应关系?是否意味着主体与客体、"内在"世界与"外在"世界是同一事物(宇宙本体)的不

---

① 杜·舒尔茨:《现代心理学史》,人民教育出版社2005年版,第308页。
② 伍德渥斯(Woobworth):《西方现代化心理学派别》,人民教育出版社1962年版,第116页。

同表现？

回答应该是肯定的。因为人是自然的产物，从一方面看，既然自然选择了人，同理自然也必然赋予人以人性；另一方面我们说，人也同样选择了自然。科学告诉我们，时空是四维的，万物之间有引力，但是为什么如此，科学至今没有能解决。在这一点上，"人择原理"的提出不无启发性，因为没有足够的吸引力形成凝聚，就不可能出现作为生命基础的足够复杂的物质结构；同时，如果时空不足四维，则有机结构就不足以发展出生命和人类，而时空超过四维就意味着整个现存宇宙体系的瓦解。因此，尽管在银河系所组成的各类不同的宇宙中，存在着不同的物理参数和初始条件，但人类只能存在于这些物理参数初始条件取特定值的宇宙中，并与之相适应，在进化和历史中获得了复杂的情感和高级的智慧，人们进而把这些与他们的存在相统一的特定值，一方面把握为外在于人类自身的普遍规律，另一方面则反思为人类生命存在的原始目的性。人类美的花朵的绽开则就在于这种规律性与人的潜在目的性相暗合。这样，"人择原理"便证明了在客观规律为什么是这样而不是那样时，何以我们的认知标准、价值标准乃至审美标准是这样而不是那样。如果把此原理加以引申，我们可以说人类的感觉能力不仅具有历史的和社会的根源，同样也是人类这种原始生命力的升华。这样来解释人类心理原型的先天性，是有一定说服力的。因为人的存在，包括他的生命、他的身体结构和神经结构系统，都无一不是外在于他的，并且是靠偶然机遇形成的诸条件的产物，因此他的存在必然包含这些条件，他的"内在"世界必然与外在世界相对应，也正是这种对应，可以说明为什么客观对象的形成结构，恰恰和客观对象的程序结构相一致。

我们强调"内在"世界与"外在"世界是同一事物的不同表现，这与人类文化的源头是相一致的。古代东方思想就强调"道一以贯之""抱一为天下式"，古希腊哲人则把人比喻为一个"小宇宙"，近现代西方科学家们在自己的科学研究中无意中触到这古老的源头，则惊叹不已，如玻尔曾把中国道家的"太极图"作为自己徽章的印记，所以他们并不强行划分什么"主体客观"，而是力图把二者归本为一。

现代科学特别是心理学和生理学的许多成果同样证明了康德从哲学理论的反思与完形心理学从假设角度阐发的主体能动理论。苏联高级神经生理学家阿诺兴所提出的机能系统理论，现在已越来越被苏联的哲学界和心理学界所注重。该理论所要解决的核心问题就是动物或人的完整形式的主动的目的性活动的生理机制问题，它克服了条件反射理论在理解动物或人的目的性行为方面的局限性，从而认为"个别的反射机能规律，也和作为单独的神经元活动基础的规律一样，都不能解释完整性的行为形式……只有个别的神经元或反射动作在保证完成行为动作的整个机能系统中，才产生构成心理活动生理基础的神经过程的特殊形式"[①]。阿诺兴重视心理对外界反应和对行为调节的中介机能，强调外界环境不能直接地决定行为，它只有通过心理过程才能决定行为。心理赋予行为以总的方向性和动力性，动机总是指向满足需要的有益结果。无论动物或人对外界的反映都不是消极被动的，而是以其优势动机为定向而对外界对象的积极主动的、有选择地吸收。这样，"机体的每一次反映都是当时结构和过程的系统联合"，因之支配整体反映的传出兴奋也是综合的。这种综合使机体的一切与完成该决策有关的成分动力联合起来，从而去完成完整形式的行为活动。总之，机能系统的内部操作结构实际上是：机体为获取某种有益结果而由其内部机制逐渐展开所构成的动态结构。从单细胞生物到人为止起作用的机能系统的内部操作结构是同型的，机能系统在进化的每一阶段都被新的内容所丰富，但同时又保持着自己的基本结构。这样，阿诺兴的机能系统理论就从系统观点出发为理解动物或人的复杂的主动目的行为活动形式提供了新的科学依据。

马克思主义哲学强调世界的物质统一性，而人的主体能动性从根本上说，亦是这一统一性本体的自我反思和观照。黑格尔哲学的合理意义，就在于他以唯心主义的方式阐发了这一难题，在他看来，自我作为普遍的精神活动性，是对人显现着的天地万物乃至人伦世界的本原，以"自我"作为这种本原的潜在性说，它是一个以自我作为主体的规律体系，即中国古代哲学所称为"理"或"道"的东西；但"自我"的现实性只能表现为"我思"的活动性，"我思"就是"自我"的现实性，天地万物和社会人伦生活则是"我思"直观自己外化的结果。毫无疑问，马克思主义哲学是在批判黑格尔的唯心主义前提下，充分地肯定了黑格尔自

[①] 参见苏联《心理学问题》杂志 1974 年第 6 期。

我意识理论的合理成果的,从而为我们的分析研究提供了科学的理论性指导。恩格斯曾指出:"我们并不否认,动物是有从事有计划的经过思考的行动的能力的。相反地,凡是有原生质和有蛋白质存在和引起反应,即完成某种即使是由外面的一定刺激所引起的极简单的运动的地方,这种有计划的行为,就以萌芽的形式存在着,这种反应甚至在还没有细胞(更不用说什么神经细胞)的地方,就已经存在着。"[1] 恩格斯这里意在强调,和旧唯物主义用机械运动解释一切不同,辩证唯物主义则强调:对应物质的不同运动形式,必然有精神的不同表现层次,因为后者是物质的属性而不是物质运动的结果。也许正因为如此,列宁才意味深长地说:"假定一切物质都具有在本质上跟感觉相近的特性、反映的特性,这是合乎逻辑的。"[2] 物质即使是在无机物这种存在形式中,必然具有它以后发展到具有反应特性的内在根据。

总之,能动性是哲学主体概念的基本内涵。只因为主体的这种能动性本质,才有人类文明的发展史。然而我们不应忘记,如前所述,主体的这种能动性是人在与自然的关系中建立起来的,它不是产生于一种纯粹的理性玄思。没有一个被主体所经验的外在世界,也不会有经验的主体存在。在这个意义上我们说,人的精神是人类机体的生活意志和外在世界之间的一种中介活动,是人类机体与他的生命活动的环境之间不断变换或"生活"的关系。也正是在这个意义上我们说,没有人类"主体"就没有"客体"存在,因为"客体"只是为了"主体"才成为"客体"。那么我们必须要进一步探求:在人与自然,或是主体对客体之间,主体的能动作用是如何展示自己的合理性本质的呢?

首先我们把主客体的关系结构展开如下:

主体(人)↔工具↔客体(自然)

通过工具的中介我们与自然的沟通得以可能,并且在这种联系之中人与自然获得了一种双向效应关系。这就是说,主体的本质属性怎样,取决于主体自身对自然的态度,客体(自然)的属性有赖于主体的态度来得以印证和确立,而且主体的态度一旦体现在客体之上,客体本身由

---

[1] 恩格斯:《自然辩证法》人民出版社1971年版,第27页。
[2] 《列宁全集》第14卷,人民出版社1988年版,第86页。

于这种关系而对主体也具有一种能动的意义去确立和印证主体。可见，主体的能动作用对自然来说具有双重效应：肯定的效应与否定的效应。人类从大自然之中分化出来，人便本能地感受到自己在自然面前的权威，一种主动与自然发生关系的权威。生产力的进步使人的这种权威越来越明显，人类因之往往缺乏一种"反求诸己"的品格。客观真理总是被把握成某种现成的东西，它可以靠思考者的独立努力而被把握、并且能轻易地传达给其他人。智者派所言"人是万物的尺度"，可以作为这种主体态度的形象概括，西方近代的理性精神在培根"知识就是力量"的口号下发扬了这种态度，资本主义的发展要求给这种理性精神涂上了鲜明的功利色彩。在这种口号下，人与自然的和谐关系（即东方哲学的"天人合一"）态度被破坏了，理性天经地义地成了自然的解剖刀，哲学必须支配自然以满足人的功利性动机。主体的这种态度的确大大地推动了资本主义生产力，然而，资本主义文明的这种进步却是以剥夺自然的主体性和诗意为代价的。在功利主义原则下，作为工具的科学技术变成了人纯粹获取欲望满足的手段，自然变成了被动的客体，而不再是人的家园和生命的源泉；更为直接的后果就是，人与自然关系的疏远，使现实生活中人与人之间的关系也被曲解为一种功利原则支配下的互为手段关系，人与人变得陌生了，人类陷入新的困境。

这种冷酷的现实是自然对人的回报：人对自然的"纯工具"的物化态度导致了物化的人。在这种困惑中人必然去寻求一种超越自身的方式，从而完成人类向自然的回归，即向自己的目的性过渡。而这种主体态度只能实现于人与自然的追求的主体人来说，它既是"手段"也是"目的"，二者处于"对话"之中：自然对于有目的性、"它"也是"我"，它们不仅仅是工具，也是主体的一部分，我们在承认工具的可利用性即手段性的同时，也应该尊重工具的主体地位。工具的主要作用是扩充人的身体，完善人性，通过它使人类获得一种对自身的超越。质言之，主体对工具必须采取一种肯定、接受和培养的态度。

主体对工具的态度间接决定了对自然的态度。由于主体的目的性本质，作为主体的人，首先本身就是一个自然，人的主体性不仅仅是一种精神性的主观，身体也是他的本质。人与自然的关系本来就是通过"身体"这个"自然"建立起来的，通过工具的中介作用，人扩充自然作为自己的身体，即使自己扩充到自然，自然也使自己进入了人。诚然，对自然的"功利性"关系是人生存在和发展的不可缺少的环节之一，人类的许多成就都必须通过对世界持一种"我—它"态度才能取得，可是这种态度却不能构成主体的终极价值取向。因为在"我—它"的态度中，"我"的兴趣只在于从"它"（自然）那里获取什么东西，这势必危及主体的目的性追求，使主体付出了自己的本性。在这种态度下，自然并没有成为我之生命的一部分，而是纯粹疏远于人的物了。

可见，人对自然必须采取一种认同与回归的指向。因为对于人说来，大自然不如说就是我们的母体存在，从自然这种生命本体出发，人类才显示出自身的力量，才呈现出自身的主体特征。在这种态度的观照下，我们说正是自然宇宙本体赋予了主体以生命行为，自然作为一个有机生命体，必具有某种智慧，我们可以将其称为"自然智慧"。人作为自然的一部分，其主体智慧是自然母体智慧的部分显现，在这个意义上人与自然是同构的，后者成了人类存在的生命之源。也许在这个意义上，人乃是宇宙中最不幸的存在，他总是冥冥以求感悟自我在宇宙中的地位和自我存在的意义，他不仅在哲学的沉思中去寻找，同时也更广泛地到艺术中到自然中去寻找。"我们是什么？我们从哪里来？我们要到何处去？"这一永恒的难题困惑着古人和今人、灵与肉、理性与情感、理想与现实……人类在这种艰难的"二律背反"中进行着选择，以求对自身的超越。

诗人歌德曾借浮士德之口感叹：

在我的心中啊，盘踞着两种精神，
这一个想和那一个离分！
一个沉溺在强烈的爱欲当中，
以固执的官能紧贴凡尘。
一个则强要脱离尘世，
飞向崇高的先人的灵魂。[①]

[①] 歌德：《浮士德》，郭沫若译，人民文学出版社1959年版，第57—58页。

在尼采的世界里，阿波罗和狄奥尼索斯代表着两个迥然不同的世界：一方面，阿波罗代表个别化原理的超越天才，只有透过它，我们才可以在幻想中获得解脱；在另一方面，狄奥尼索斯的神秘欢呼则穿破了个别化的魔力而开辟一条返归于存在母体的途径。马克思也同样认为，人类的"'精神'从一开始就很倒霉，注定要受到物质的'纠缠'"[1]。但是马克思认为，要使这一难题得以解决，只有一个途径："我在我的产品中物化了我的个性和我的个性的特点，因此我既在活动时享受了个人的生命表现，又在对产品的直观中认识到我的个性是物质，可以直观地感知的因而是毫无疑问的权力而感到个人的乐趣。"[2]

浮士德精神也好，酒神与日神精神也好，这里都核心地体验了同一的东西，这就是人类渴求认知和实现自身乃至超越自身的目的。马克思的伟大之处，正在于在洞悉这一实质的基础上，把人自身的困惑还原为改造社会的伟大实践，让人们在生活的常青之树上体验人生的意义，实现对生活的超越。这也许就是在新的层次上实现中国古代哲学"天人合一"的理想。

总之，主体能动性的合理内涵只能是在坚持人与自然统一的前提下实现主体自身的超越，在"自然的人化"过程中达到"人的自然化"。当代德国著名哲学家西美尔曾从生命哲学的角度考察了西方社会文明危机的本质，他认为在西方，文化的成就越来越成为一个自律的领域，这就是说，"事物越来越完善，越有智性，在某种程度上也越为外部的、客观的与工具性有关的逻辑所控制，但是，最重要的文化——主体文化却没有相应地增进。"一句话"客体文化突飞猛进，主体文化却不能增进"[3]。这样，人的主体和人类前景之间的关系，乃是当代社会发展过程中越发突出的核心问题，对主体的深刻反省旨在探求"文明危机"的出路。西方人深感现代人与其说是苦于缺少知识和科学真理，未能洞察客观世界的奥秘，不如说是苦于不善于用科学技术造福于人类，不了解人的本性，

---

[1] 《马克思恩格斯全集》第3卷，人民出版社1956年版，第34页。
[2] 《马克思恩格斯全集》第42卷，人民出版社1979年版，第37页。
[3] 西美尔：《论文化的本质》，转引自《德国哲学》第二辑，北京大学出版社1986年版，第198页。

未能洞察人的内心生活的奥秘,"外界事物正变得越来越有文化,而人却越来越没有能力从客体的完善那里获得主体生命的完善。"① 科学与文化的这种尖锐的对立与冲突,甚至开始危及人类的生存:生态平衡的被破坏、星球战争、原子恐怖,使人们对自己的能力产生怀疑,恒常的信念开始动摇,人逐渐丧失了他的真本存在。

好在人类是具有自我意识的存在,既然人类凭借这种意识在自然中站立出来,那么人类也同样有信心去重新实现与自然的统一,实现主体的超越性本性。这也许是为什么在当代西方人们越来越感到康德"德性就是力量"这句名言的分量。这也从现实角度提醒人们,主体的能动性问题绝非仅仅一个认识论问题,它更是一个广义的文化人类学问题。人类如何正确地对待自身,正确地对待自然,是一个与人类主体命运和前途相关联的恒常主题,对此,不同国家和不同民族,都必须在各自的历史发展进程中去亲自做出回答。

(原载《青海社会科学》1989 年第 6 期)

---

① 西美尔:《论文化的本质》,转引自《德国哲学》第二辑,北京大学出版社 1986 年版,第 198 页。

人在场的本体论与马克思哲学基本视阈

哲学的本质是人学，这可以说是近30年来中国哲学基础理论研究所取得的最基本的共识。以"以人为本"为标志，中国社会生活的历史进步也客观上巩固了这一哲学成果。诚如我国著名哲学家高清海先生所言："哲学的奥秘在于人"，离开了对人的关注，我们很难想象哲学的话语如何展开。现在的问题是，我们在哲学相关重大问题的进一步理解中，如何自觉地把这一哲学价值诉求贯彻始终，从而建构出与当代中国社会进步相适应的哲学话语体系来。

毫无疑问，这一问题的解决任重而道远。反观现实，30年的中国社会发展凸显了经济发展的主题。而在经济主题压倒一切的潮流下，人的发展主题常常被边缘化。确切地说，我们的发展往往失去了人的目标。这客观上要求我们在哲学的反思与建构中，必须自觉坚守并强化"哲学是人学"的信念，捍卫马克思哲学的这一本真精神。基于这一视角，本文拟从对哲学本体论的合理理解入手，结合对马克思相关哲学文本的解读，阐发蕴含在人学本体论语境下的马克思哲学基本视阈，进而为现实人的超验性价值维度的确立提供理论支持。

一　本体论解读的人文视角

哲学不能回避本体论问题，本体论是哲学的灵魂。哲学研究只有上升到本体论的层面，才能真正摆脱具体经验的局限，体现哲学理解的全局性、整体性。对于本体论问题的自觉也折射了哲学的成长历程，这一点我们从哲学的创生就可以得到说明，例如在古希腊哲学那里，一开始哲学家们就致力于探索组成万有的最基本元素——本原或基质问题,各派哲学都力图把世界的存在归结为某种物质的、精神的实体或某个抽象原则。寻找变动不居现象背后的不变的根据,就构成了哲学本体论产生的最初根由。

在一般哲学的语境中,本体论是关于事物"是其所是"即阐释事物存在根据的学问,其所探究的是世界所存一切的最后根据。也就是说,本体论并不是力图说明某一事物的存在理由,也不是对生活经验零打碎敲的片段把握,而是关涉对一切事物的本质与根据的探寻,它要为全部人类文化奠定基础。然而,这种关乎存在全局性、整体性的哲学诉求不可能在经验层面完成,经验总是有限的,要实现对有限的超越,必须要诉诸人的思维与精神。人是会思考的动物,用苏格拉底的话说"思考是上帝赋予人的禀赋",人正是在思考中才展开了对有限经验的超越历程。于是,通过考察哲学的历史我们发现,对于本体论的合理理解不能离开对人的问题的解答,也就是说,只有有效回答"人是什么",我们才有可能进一步揭示本体论之谜。

我们知道,在宇宙的芸芸众生中,人是一种独特的存在,是具有理性和自我意识的存在,因此人能够凭借自身的活动而超越其他存在物的自身规定性,反思并理解自我及其存在,并赋予各种存在以命名与指称,进而赋予存在以意义。从这个意义说,人是文化的存在,人的文化创造使人与自然区别开来。正因为人的文化存在的维度,存在之世界才开始从自在走向自为,才开始"澄明"起来,因此我们可以说,认识人的存在是认识其他存在的前提。如果说哲学是人学,那么对于本体论问题解读的合理展开只能是关于人之本体论,因为哲学就其本性而言,只能围绕着人性的圆周而展开(卡西尔语)。哲学所要求解的人性之谜,并不是关乎人的肉体经验存在,而是人的精神超验本质。因此,本体论问题是关乎人生存理由的终极性问题,它不能仅凭人的局部经验而得到充分的说明。唯因如此,从本体论凸显于哲学视阈那天起,就存在着各种不同的理解与争论。这一争论在近现代哲学的发展中变得日趋激烈。康德批判哲学的建构,胡塞尔回归"生活世界"的呼唤,海德格尔对"存在"丰富性的追寻,都无不洋溢着对人的存在整体性的关切。

的确,讨论本体论问题不能无视人的存在,而人作为一种特殊的存在，游走于经验与超验之间。在经验与超验的张力中，人呈现着无限的文化创造潜力。海德格尔在《存在与时间》一书中，把对"存在的意义"（die Sinn von Sein）的追问理解为哲学，尤其是本体论的根本任务。在他的哲学建构中，捍卫"存在"的丰富性、完整性是其自觉的努力方向。我们知道按照西方哲学的"知识论"传统，人类的文明必须建立在对存在本身的概念的把握之上，只有在概念的思维中，我们才有关于存在的真理。海德格尔不满足于传统哲学对存在的这种知识论理解向度，认为"存在本身"被换成"存在者"，这是西方几千年哲学传统的一个基本错误。在海德格尔看来，既然人是形而上学的动物，所以人一定会继续形而上学的思考，但这种新的思考却必须以对"存在"和"存在者"之间的差异作为起点。事实上，海德格尔所倡导的"基础存在论"也正是沿着这个方向进行思考的。他认为理性只是人把握世界（存在）的一种方式，它不能僭越成为人把握世界（存在）的唯一方式。海德格尔的问题是：为什么人类对自身生存之根的探求，最终会落实到作为概念思维的理性上面？海德格尔甚至认为用理性去把握存在，其实正是遗忘了存在，而存在的被遗忘，同时即是人的生存的无根性。而无根的生存，即是人的"异化"（entfremdung）。因为与理性比起来，自然、大地乃至语言中的本真经验更能呈现存在的真实，更为原始和根本。传统的本体论把真理归于理性，但真理是"显现"，所以海德格尔强调人的历史性的"此在"向"存在"的回归。尤其是要从人的生存态度、从人对自然态度的关联中去阐释本体论的真谛。

应该说，海德格尔为哲学本体论的理解开拓了一个新的维度，这就是人学本体论的维度。无视人的存在的、甚至是见物不见人的诸种哲学思考，终将被人的社会生活所拒斥。从这个视角来看，后现代哲学对形而上学的拒斥，的确给当代哲学提出了反思和重建人学本体论的严峻课题。拒斥形而上学不是目的，其深层动因恰恰是源于对当下人的生存境遇的忧虑，源于对人的生存的丰富性和完整性的深层呼唤。上帝死了，但是人还要面对并奔向未来，因此必须要重建人在场的本体论大厦，要探索和光大传统的形而上学中所包孕的合理哲学因素，拓展新的哲学发展契机。

在人的当代生活世界，无论在物质层面还是精神层面都呈现出了前所未有的发展变化，尤其是随着知识经济时代的到来以及经济全球化的拓展，技术对社会生活的支配影响作用日益明显，人类的生存空间越来越被"物"的世界所填充，物的扩展似乎成为人们追逐的唯一目的，这导致当今世界普遍的人类生存困境与精神危机，人类的生存环境也呈现出日益恶化的趋势。而这些问题日益蔓延的结果，则使人类无从感受其目的性存在的价值与意义，面对现实的变动不居，人们不堪忍受生活的过眼云烟，更不堪忍受无根的生活，总要试图为生存找到理由，特别是谋求作为哲学的基础和核心部分的本体论重建，以实现真正的安身立命。超越性是人之为人的根本属性，而哲学作为人学，确立人的超越性维度就成为哲学自身得以确立其合法性的必然环节，当然，这一价值诉求也是哲学本体论的应然视阈。总之，关注于人之生存的本体论向度，就是在必然和应然的张力之间展开"所是"与"所应是"的统一性、整体性，它是人之为人的超越本性的理论表达。它通过"人在世界中"的地位的领悟，去展示人对自我生命存在的憧憬，去追寻人的创造力和文化的创造力。

二　人在场的实践本体论

同所有哲学一样，马克思哲学也要面对本体论问题。诚如卢卡奇所言，马克思虽然没有写过专门的本体论著作，但马克思哲学"在最终的意义上都是关于存在的论述，即都是纯粹的本体论"[1]。马克思哲学在哲学史上所实现的革命性变革，首先就是在本体论层面上得以确立的，具体而言，马克思所建构的是一种人在场的本体论。从这种价值诉求出发，马克思使哲学的主题由"解释世界"转向"改变世界"，即求解"人类解放何以可能"这一根本问题。就文本依据而言，马克思在写作《1844年经济学哲学手稿》的"货币"章节中曾明确提出了关于人的存在的本体论思想。[2] 在这里，马克思的文本表述是"真正本体论""人的激情的本体论本质"，其思考都是围绕着人的主体展开的。

---

[1] 卢卡奇：《历史和阶级意识》，张西平译，重庆出版社1989年版，第559页。
[2] 参见马克思《1844年经济学哲学手稿》，人民出版社2000年版，第140页。

人的问题是马克思哲学的出发点和归宿，当然也是马克思本体论思想的轴心。马克思一生所致力的就是人的解放、人的自由而全面的发展，在马克思思想中，彰显着世界性的视野和人类整体的人文关怀，我们对马克思本体论思想的理解和把握，必须注意到这一点。笔者认为，马克思的本体论思想的展开逻辑，可以具体体现为三个方面：

第一，马克思将本体论问题与人相关联，所展示的是以人的实践为基本动力的人的历史存在过程。

在马克思看来，哲学所言说的世界就是现实的人的现实世界，即人们的实际生活过程，所以马克思反对任何从外在的、超人的实体的角度去理解人的世界的一切。因此马克思特别强调不能离开人来谈自然、世界和存在，那种"被抽象地理解的，自为的，被确定为与人分隔开来的自然界，对人说来也是无"[①]。显然，马克思绝不是在无中介的纯粹客观的意义上来理解这种人之外的实在。世界就是人的世界，因为人生活在这个世界上，人与这个世界发生着各种各样的关联，人能感触它、体验它、改造它，并与之共处。只要有人存在着实践着，自然史和人类史就会彼此相互制约，"因为对于社会主义的人来说，整个所谓世界历史不外是人通过人的劳动而诞生的过程，是自然界对人来说的生成过程。"[②]

与人相关的一切构成了人的现实世界的内容，马克思专注于人的实践活动本身，专注于人的生活世界构建。而人在生活世界中的生存与交往、对价值和意义的创造，都成为人学本体论的应有展开内容。作为有机的马克思哲学，马克思思考的重心依然是"人"，所有的哲学话语都无法离开人的主词，只有从人自身和人的生活实践出发我们才能合理地去解释人和世界。在马克思那里，"自然"概念是关涉人的实践的要素，也就是说，只有在人的实践展开中，自然才有可能合理地被理解。人作为有意识的生命存在，从诞生的那一天开始，就在如何协调对象世界与自我关系的问题上不断反思与尝试。而这一点，也构成了马克思实践哲学的逻辑预设。我们知道马克思在《关于费尔巴哈的提纲》中曾提纲挈领地表达了自己的新唯物主义观念，"从前的一切唯物主义（包括费尔巴哈

[①] 马克思：《1844年经济学哲学手稿》，人民出版社2000年版，第116页

[②] 同上书，第92页。

的唯物主义）的主要缺点是：对对象、现实、感性，只是从客体的或者直观的形式去理解，而不是把它们当作人的感性活动，当作实践去理解，不是从主体方面去理解"①，也正是在这个意义上，马克思实现了真正的哲学变革，这个变革就是通过对费尔巴哈旧唯物主义的清算，以基于社会历史实践的"现实的人"作为其"新世界观"的出发点。"环境的改变和人的活动或自我改变的一致，只能被看作并合理地理解为革命的实践。"②"旧唯物主义的立脚点是市民社会；新唯物主义的立脚点是人类社会或社会化的人类。"③ 真正的实践不是主体和客体的中介或者桥梁嵌入到主客体之间，而是在人的实践活动中形成了人们对世界的认识。

从人在场的本体论视角审视，我们看到实践作为马克思哲学的奠基性概念，不仅是一种物质性活动，而且更是实现人的解放与发展的途径，因为"全部的社会生活在本质上都是实践的"④，按照马克思的理解，实践唯物主义就是把感性理解为实践活动的唯物主义，人类存在的实践根基是"这种活动、这种连续不断的感性劳动和创造、这种生产，正是整个现存感性世界的基础"，⑤ 而"人们的存在就是他们的现实生活过程"⑥。显然，这是对人与世界关系的一种全新理解，即人的实践介入使物质世界的客观性和本源性具有了能动属人的性质，而实践作为人的能动性活动，其所具有的普遍性品格和直接现实性的品格，使人的实践在现实经验的根基上切实完成了本体论意义的超越。我们可以这样说，实践唯物主义就是人通过能动改造世界的实践活动而实现自身自由而全面发展的哲学学说，实践使哲学获得了本体的超验性，这个新世界观的转变的实质在于实现了人从"外在旁观"到"内在参与"，实践不再是外在于世界的活动，而是现实的人的社会历史活动，因此，实践唯物主义就是以人的现实存在为出发点，通过人的实践活动及其历史发展，为解决思维与存在、人与世界关系等问题提供了本体论基础，进而凸显其哲学

---

① 《马克思恩格斯选集》第1卷，人民出版社1995年版，第54页。
② 同上书，第55页。
③ 同上书，第57页。
④ 同上书，第56页。
⑤ 同上书，第77页。
⑥ 同上书，第72页。

的人学本色。

第二，马克思通过揭示人的存在的二重性，展示了其本体论思想的内在逻辑张力。

马克思在《政治经济学批判》中曾写道："人双重地存在着：从主体上说作为他自身而存在着，从客体上说又存在于自己生存的这些自然无机条件中。"① 在《1844年经济学哲学手稿》中马克思也提到"人作为对象性的、感性的存在物，是一个受动的存在物……是一个有激情的存在物。"② "但是，人不仅仅是自然存在物，而且是人的自然存在物，就是说，是自为地存在着的存在物，因而是类存在物。"③ 的确，人的二重性存在境遇，可以说是哲学本体论展开的内在根据，也是人的文化实践生活的内在动力。因为人的二重性存在境遇使人的哲学思考获得了自身的存在理由：其一，人的肉体构成了主体精神超越的对象性存在，由于人的肉体的存在，精神超越才是必要的；其二，人的精神超越的结果便促成了哲学的诞生。按着马克思的逻辑，我们可以具体从两个角度去理解人的二重性存在的本体论。

首先，从个体生存境遇的维度来看，马克思一方面指出人需要在人的精神世界中寻找生存的意义，另一方面人又无时无刻不受限于物质世界的现实约束。人作为二重性的存在，一方面人具有肉体本性，要受到外在规律和条件的制约，另一方面，人又有全然属于自我的精神世界，有对于自我的认识和把握。而正是精神维度，使人有了摆脱物性纠缠的契机，获得了真正人性的存在性，并彰显出属人的尊严。人的二重性存在的特质，使人既获得了超越的可能性，也领承了超越的必要性。因此，马克思强调，人"必须既在自己的存在中也在自己的知识中确证并表现自身"④。也就是说，人之为人的根本不在于人的天然生成的内容，而在于后天的精神世界的自我确证和自我实现，人所立足的是经验的与现实的世界，但是人又无时无刻不再憧憬超验的可能的世界，超越维度的确

---

① 《马克思恩格斯全集》第30卷，人民出版社1995年版，第484页。
② 马克思：《1844年经济学哲学手稿》，人民出版社2000年版，第107页。
③ 同上。
④ 同上。

立是人获得安身立命之根的重要保证。

其次，从人类社会与自然世界的关系维度。人是一种双重存在，既作为自在之物的自然存在，又作为自由主体而存在。人类社会在人的主体维度的作用下对自然世界进行干预，从而形成了人本身的自然与人所面对的自然界的相互印证。我们看到，马克思肯定了人类社会对自然世界的扩张，自然被人化为人的自然，而抽象的自然概念的可能与存在问题是马克思所否定的问题。自然世界的意义与价值被人的主体价值标准所衡量与创建，主观上个体的生存原则驾驭了人的自然属性，使自然世界范畴彻底融入人的主体视野。人化的自然界是自然界的真正的实现，人重新获得了自然界的全部成果，获得了自己的感性本质，因为自然界是构成人类感性活动与感性材料的资源。人类社会与自然世界的关系问题构成了人类历史的物质活动的主要内容。从马克思的角度来看，他用生产活动描述这一伟大的对象性活动。自然世界作为人类主体的生产性活动的对象，扮演了实现主体自然生存本质外化基础的角色，人类正是通过生产活动将人类的本质外化到自然世界，并通过对自然世界的占有消费重新实现本质的复归。这个"物化"过程，可能从不可见的方面形成对立于人的力量并通过分有人的本质从而获得独立活动的权力，自然世界因此在客观意义上与主观意义上都具有与人类对话甚至影响人类的能力，因此，"物化"过程转变为"异化"过程，人的本质在异化过程中彻底被自己的双手剥夺。从这个意义上来讲，马克思哲学中的人的现实的生活方式，本身就蕴含了人与自然的双向维度，即人在"人化"自然的同时也被自然"物化"。因此，对人与自然关系的关注，以及对这种关系异化演变的批判，构成了马克思哲学思考的鲜明特色。

第三，马克思将共产主义作为其本体论的最高预设，以致力于全面发展的"总体的人"的塑造为哲学价值旨归。

基于人的二重性存在境遇，马克思强调哲学的思考必须体现理性与价值的辩证统一。在马克思看来，理性尺度关乎的是基于现实生产力的发展对人的发展的客观意义，价值尺度则是从人的生存和发展的目的性角度对历史事实和进程所作的人文评价。马克思认为人是灵与肉的复合体，因而人的经验性与超验性的二元张力将贯穿于人的社会历史实践的全部过程。而人的解放、人的自由而全面的发展即"总体的人"的塑造，这是面向人的全部生存境遇的根本问题，这一问题的解决只有在"共产主义"这一价值诉求的引导之下才能够彻底完成。而按着这一要求，共产主义理想在马克思那里无疑具有本体论最高预设意义。

的确，共产主义在马克思哲学的视阈中具有着经验与超验的双重关怀，也就是说，作为最高价值预设的共产主义同作为历史实践展开的共产主义是内在统一的。尤其是马克思作为无产阶级革命家，认为重要的在于改变世界，所以，马克思基于对资本主义生产关系条件下人的异化现实的分析批判，特别强调共产主义是一种改造现存状态的现实运动，是一种在生产力高度发展基础上的消灭异化和私有制的运动，"建立共产主义实质上具有经济的性质……共产主义者实际上把迄今为止的生产和交往所产生的条件看作无机的条件。"① 生产力的巨大增长和人们的普遍交往是共产主义得以实现的现实基础，"共产主义对我们来说不是应当确立的状况，不是现实应当与之相适应的理想。我们所称为共产主义的是那种消灭现存状况的现实的运动。这个运动的条件是由现有的前提产生的。"② 所以，作为"改变世界"的共产主义更具有社会实践性的品质，马克思还把"共产主义者"称为"实践的唯物主义者"。但是，我们决不能因此把马克思对共产主义的理解局限于这一现实经验层面，比较而言，我们认为作为最高价值预设的共产主义在马克思的哲学视阈中具有着更根本的意义。正因为这一最高价值预设的确立，马克思才拥有了对经验现实（尤其是对于资本主义）展开无情批判的超验动力，马克思批判的、革命的辩证法本质才充分地彰显出来。

按着马克思的这一理解思路，作为人类自由王国的共产主义，是一个以"人类能力的发展成为目的"的社会，而这样的社会就是以人的解放为前提的、人的自由而全面发展的社会。在《资本论》中马克思写道："事实上，自由王国只是在由必要性和外在目的规定要做的劳动终止的地方才开始；因而按照事物的本性来说，它存在于真正物质生产领域的彼岸……在这个必然王国的彼岸，作为目的本身的人类能力的发挥，真正

---

① 《马克思恩格斯选集》第 1 卷，人民出版社 1995 年版，第 122 页。
② 同上书，第 87 页。

的自由王国,就开始了。"① 我们看到马克思的这段著名论述,与马克思早期《1844年经济学哲学手稿》中对共产主义的理解是一脉相承的。在《手稿》中马克思第一次比较完整地阐述了共产主义理论,他认为未来共产主义社会是"人向自身、向社会的即合乎人性的人的复归,这种复归是完全的,自觉的和在以往发展的全部财富的范围内生成的"②。这种完全性就在于人在与世界接触过程中,个体的一切器官都能在与对象世界的关系中得到充分的发展,这包括人同世界的任何一种属人的关系——视觉、听觉、嗅觉、味觉、触觉、思维、直观、感情、愿望、活动、爱等,也就是说,通过人并且为了人而对人的本质和人的生活、对对象化了的人和属于人的创造物进行感性地占有,不应当仅仅理解为对物的直接的、片面的享受,不应当仅仅被理解为享有、拥有。这样的人就不再是畸形的人,片面发展的人,而是全面的、总体的和丰富的人,因而也就是自由的、获得解放的人。它是人道主义与自然主义的高度统一,也就是人与自然、人与人之间关系的高度和谐,"这种共产主义作为完成了的自然主义=人道主义,而作为完成了的人道主义=自然主义;它是人和自然界之间、人和人之间的矛盾的真正解决;是存在和本质、对象化和自我确证、自由和必然、个体和类之间的斗争的真正解决。"③ 随着这一历史实践进程的展开,那些困扰人类已久的现实与理想、事实与价值、个体与类、实有与应有之间的对立也将最终被扬弃。由此看出,共产主义社会是合乎人的本性的、真正按照人的方式来满足人的自然需要的社会,它是让每个人真正地实现本质力量、达到自由自觉的活动的全面发展的社会,是完全意义上的人与自然相统一的社会。

显然,马克思所设定的这一"物质生产领域的彼岸"的理想社会,是一个向未来敞开的应然世界,从经验的角度看这是永远不能完全实现的理想,但恰恰由于这种超验的品性,共产主义才可能承担起无情现实批判的历史重任。

---

① 《马克思恩格斯全集》第46卷,人民出版社2003年版,第928—929页。
② 马克思:《1844年经济学哲学手稿》,人民出版社2000年版,第81页。
③ 同上。

三 超越意识与人的当代生活

人的本体论向度内蕴着人的超越指向。本体论问题在其根本价值诉求上，必然指向人的超越意识。正是在人的超越性指向上，马克思强调人是一种未完成的存在，人只有不断去创造精神、文化和意义的世界，才能确证人的属人本性，感受自己存在的家园。海德格尔曾认为，人作为终有一死的有限存在者，总是处在大地与苍穹之间，这既决定了有限的人征引无限、超越的可能，也决定了无限、超越、神性之维作为人度量自身的尺度的必然。超越性是人之为人的根本属性，实际上，超越意识涉及的是对"人是什么"这一问题的根本性回答，因此说，它是一个关涉本体论的问题。马克思启示我们，人作为一种二重性存在，其生命呈现既包含对当下生活的解读，又指向未来的期冀。正是在对未来的憧憬中，人获得了不竭的文化创造动力。所以哲学作为人学，通过人的超越性维度的确立以表达人对理想世界的追求、对价值世界的确认以及对意义世界的构建，就成为哲学自身得以确立其合法性的内在必然环节。

在灵与肉的冲突中寻求自我超越，这是人类的本性。在一个越来越被技术充斥的社会里，如何保持人的本真存在、葆有人的超越意识、谋求技术与精神的平衡等，这些问题变得日趋迫切。人的文化选择的多元化和相对化使人的价值世界支离破碎，体现人类文化统一图景的绝对价值被遮蔽起来。尤其是随着市场经济的逐步深化，人的存在方式正在被不断地解构和重构。而当人们找不到可以"安身立命"的终极价值坐标时，一切都可能变得飘忽不定，人便失去了存在之根，现实生活失去了方向和目标。然而人无法回避形而上学即本体论问题，因为人不堪忍受无根的生活，需要给日常生活以活的"理由"，需要在人的经验存在的层面确立起价值的超验性维度。

因此，作为人的反思的自我意识的哲学，不能回避哲学的这种"本体论承诺"，而这种承诺必须面对人的存在的整体性、总体性做出，即必须从人的内在生命力来把握，人的存在之所以成为本体论的核心问题，其根本原因就在于，人的主体能动本性不仅使人自身而且使存在总体发生了空前深刻的变化，人的存在构成了对存在总体的参与，正因为人的这种参与，外界存在才获得了它原来没有的人类学意义。人类对存在的这种能动的创造性的参与和介入，结束了存在的自在状态，进入或开始了动态的生成过程，这个过程在主体方面表现为无限的创造，在客体（外在世界）方面则表现为无限的生成。因此，存在总体便呈现为一个对自身并且向自身的超越过程。

马克思哲学在时间上是历史的，在意义上却是当代的。有效回答马克思哲学的当代性问题，必须直面当下人的生存境遇问题。特别是在全球化时代，在普遍性交往成为人们基本的生活环境的背景下，人们的各种观念思潮交互激荡，文化实践时空获得了极大的拓展。这在一定意义上给作为时代精神精华的马克思主义哲学提供了发展与深化的契机。未来马克思哲学的发展与深化，应该集中围绕构筑社会价值理想、培养人的超越情怀这一重心展开——也就是说，要重新考量我们今天的生存样态、我们的思维方式以及我们的精神价值世界，力求真正达成文化的连续性、继承性和稳定性。这既应是对人所实践创造的对象世界意义的不断开掘，又应是对人的内在生活底蕴的不断丰富。

首先，要努力构筑既体现时代精神、又引领人类健康发展未来的社会价值理想。

一般来说，社会价值理想是一个社会在运行中的"应当如此"的社会模式，它为人们提供衡量、评价人和事物的尺度，如真与假、利与害、美与丑、高尚与低下、神圣与荒诞等，社会价值理想像标志灯一样范导着人的生活世界，展示了人类社会生活的总体实践意义，其所实现的应是主体自身和主体之外的最高秩序的价值。

我们知道在马克思那里，社会价值理想是一个"以各个人自由发展为一切人自由发展的条件的联合体"即共产主义社会，但是反观现实，我们在经历了激情飞扬的革命理想主义时代后，当代中国社会发展的动力已从追求理想社会的激情转为对现实利益的追求。在当代生活中，物质生活水平的提高并未带给我们更多的解放和自由，反而加深了我们对物质世界的依赖和精神上的空虚。严酷的现实折射出了我们社会价值理想的缺失，因为一个社会的健康发展不仅要获得社会大众理念上的认同，同时还需要获得价值信仰上的支撑，它和我们要建立一个什么样的社会这一价值取向联系在一起。当代文化实践的重大使命就是对科学发现和创造的人文价值进行重新思考，即不能把人类的文明活动视为一种纯理性的知识化现象，理性应该以人的全面发展作为其追求的目的。

一种真正的社会价值理想要能够担当起"为天地立心，为生民立命，为往圣继绝学，为万世开太平"（张载语）的文化责任和历史使命。这里，我们尤其要警惕社会发展的技术化倾向，切勿使社会发展失去人的目标。在目前的社会转型中，面对人们的价值观念层面所出现的混乱，必须着力加强社会人文环境的优化，加强社会价值理想的培育，使全社会的每个人成为整体素质全面发展的现代文明人，使每个人既具有鲜明的个性意识，又具有开拓进取的人生态度，同时又拥有庄严的道德感、使命感和社会责任感。只有当人们不再以追求资本的增长、追求物的扩张作为实现个人价值的手段时，我们才能真正拥有一个道德、情感和智慧融合一致的生活世界。

其次，积极培养人的超越情怀，让人生充满意义。

追寻意义是一种把握人生实践方向的智慧。马克思认为人是一种创造意义的动物，这一点使人与其他动物产生了根本的区别。其他动物是一种自在的、与其生命活动直接同一的存在，是一种已经实现自己目的的存在。而人来到这个世界上，需要反思并追寻人生的意义，进而实现自己的目的，诚如苏格拉底所说，未经反思的人生是不值得活的。在反思中人逐渐确立了生活的意义，因而生存意义对于人来说具有本体论指向。人的存在的意义在于超越，人能够按照意义所昭示的理想境界塑造自己，进而不断地超越本能，创造文明，并涵养尊严。人的实践在确立人的理性思维和改造自然伟大力量的同时，还应展示人的意义与价值，展示探索人的生命本体、探索人的全面发展以及人对环境的需求和适应能力的各种可能性。

人所生活的世界不仅仅是一个事实世界，更是一个意义的世界。当代哲学回归生活世界的努力，就是在呼唤人向意义世界的回归。历史发展表明，每当社会转型时期，伴随物质文化层面的巨大变革，人的主体精神世界都要经历一场阵痛与更新。自中国改革开放以来，如何面对新时代去重建人文精神渐渐成为人们社会生活的重要课题，它所彰显的就是人生的意义重建。在一个唯技术统治的社会中，真实生活中事实与意义的联结被割裂了，结果导致生活的意义缺失。而意义的遮蔽还可能导致文化的涣散，危及整个社会的有机整合。我们不能生活在手段的王国里而失去了人的目标，意义世界是充满人性的世界，追寻意义的过程是一个人全身心投入的过程，在这个过程中，人的各种生命潜能才可能被激活，人的全面的感觉才能被唤醒，人才真正步入属人的世界。

总之，人是一种游走于生活世界的类存在，人既要从类本质的角度把握世界，还要从现实的社会生活中解读人的过去、现在与未来，去阐释人生的意义。如何根据人们的实践需要彰显哲学的永恒魅力，发掘哲学对人的慰藉力量与生存意义，进而在理性与价值相统一的基础上，寻求社会发展与人的发展的协调性，这可以说是马克思哲学在当代历史条件下所应承载着重大人学使命。

（原载《学术月刊》2011年第1期）

论马克思哲学的超越性维度

"超越"是西方哲学传统中一个十分重要的观念，或者说是一种重要的价值诉求。它所昭示的是一个超越于人的感觉经验世界之上的领域，超越所指向的目标是一种理想的、超验的境地，即是指从"此岸"到"彼岸"的逾越。所以，"超越"与"超验"常常具有内在的相互关联性。从语义学角度来看，"超越"作为动词，在英文中写作 transcend，名词作 transcendence（德文名词 Transzendenz），其形容词为 transcendent 或 tran-scendental。在认识论哲学成为西方哲学关注的主题时，相对于经验而言，transcendent 和 transcendental 也译作"超验的"和"先验的"。由此形成了西方哲学思考的二元张力特征：现实与理想、经验与超验、有限与无限等。可以说"超越"问题是西方形而上学的最基本问题，形而上学所从事的就是一种有关"超越"的追问。

超越性构成了人的生命本质，从这个意义来说，超越意识就是人的生命意识。对人的超越性精神的追求，始终伴随着整个哲学的发展。马克思哲学作为关于人的解放与全面发展的学说，正是由于超越性维度的确立，才使得其对现存社会秩序的批判性立场获得了不竭的精神动力。然而曾几何时，由于我们基于意识形态的思维定式对马克思哲学采取了种种经验的实用性理解，无形之中却忽视了马克思哲学本身的超越性诉求。其结果是，马克思哲学批判现实的"形而上"根据便无法从根本上确立。今天，面对市场经济、现代性逻辑的全球性滥觞，我们的哲学思考无法回避人的超越性使命，必须自觉确立人的超越性维度，追寻生命的价值与意义，为人寻求安身立命的存在根据。所以，梳理并彰显马克思哲学的超越性维度，其理论与实践意义是显而易见的。

一　人的二重性境遇与超越意识

马克思曾认为，人怎样超出动物界，人就怎样进入历史。的确，每个人来到世间，终生要面对的是人的二重性生存境遇——人是心灵与肉体的复合体。对此，哲学家黑格尔曾将人与一般的自然存在物做了对比，他认为人"首先作为自然物而存在，其次他还为自己而存在，观照自己，认识自己，思考自己，只有通过这种自为的存在，人才是心灵"[①]。这也就是说，自然存在物只是直接的、一次性的，是受外在必然规律约束的，在这一点上人与自然存在物具有相似性，因为人的肉体存在是经验的；但是人同时又是"为自己而存在"，这是一种具有方向性的目的性存在，"人还要通过实践的活动来达到为自己（认识自己）……要以自由人的身份，去消除外在世界的那种顽强的疏远性。"[②] 成为具有意识和自我意识的存在、自为的存在。

沿着黑格尔的思路，马克思在《〈政治经济学批判〉1957—1958年草稿》中对人的这种二重性做了更明了的说明："人双重地存在着：从主体上说作为他自身而存在着，从客体上说又存在于自己生存的这些自然无机条件中。"[③] 显然，这种双重存在性意味着主客体的同时在场：从主体角度看，人与自身的关系是核心，主体人的所思考的对象是自我之作为自我的肯定性与目的性；而从客体上看，人与对象世界的关系是核心，主体的实践的对象是作为客体的自然，即人改造世界。如果人与世界的关系问题可以归结为人现实的经验生活维度，那么，人与人自身的关系所指向的则是形而上的超验维度。人不仅现实地、经验地存在着，而且能够自觉到自己的存在，拥有关于自己存在的自我意识，并在这种自我意识的基础上，人还努力对自己的存在进行自我觉知并做出合理的阐释。

考察马克思的哲学著述我们就会感到，马克思正是基于人的二重性张力而获得了哲学的灵感，展开哲学的思考。青年时期的马克思在中学

[①] 黑格尔：《美学》第1卷，朱光潜译，商务印书馆1984年版，第38—39页。
[②] 同上书，第39页。
[③] 《马克思恩格斯全集》第30卷，人民出版社1995年版，第484页。

作文中就曾提出"精神原则"和"肉体原则"的冲突问题，认为"我们的一生"不过是"一切精神原则和肉体原则的不幸的斗争"，在马克思看来，"一个不能克服自身相互斗争的因素的人，又怎能抗御生活的猛烈冲击，怎能安静地从事活动呢？然而只有从安静中才能产生出伟大壮丽的事业，安静是唯一能生长出成熟果实的土壤。"[1] 而这样的安静当然不是清心寡欲、无欲无求，是通过对人的精神性与肉体性矛盾的克服而实现的。马克思在给他的父亲的信中还提出"现有的东西"同"应有的东西""肉体本性"同"精神本性"之间的对立问题。在《关于伊壁鸠鲁哲学的笔记》中，马克思还提出了"经验的本性"和"永恒的本性"及其矛盾问题。在《1844年经济学哲学手稿》中马克思也提到"人作为对象性的、感性的存在物，是一个受动的存在物；因为它感到自己是受动的，所以是一个有激情的存在物"[2]。"但是，人不仅仅是自然存在物，而且是人的自然存在物，就是说，是自为地存在着的存在物，因而是类存在物。"[3] 在《德意志意识形态》一书中，马克思对于物质与精神的关系也曾有过风趣的表述："'精神'从一开始就很倒霉，受到物质的'纠缠'。"[4] 同样在该书马克思还写道："生命的生产，无论是通过劳动而生产自己的生命，还是通过生育而生产他人的生命，就立即表现为双重关系：一方面是自然关系，另一方面是社会关系。"[5] 意在表明人之存在有自然存在和社会存在的二重性。所有这些，都构成了马克思超越性思想建树的"问题域"。

在马克思看来，人的存在的二重性使哲学获得了自身的合法性和存在理由。人之所以具有超越意识源于人的二重性生存境遇，人的这种二重性存在特征使人既不同于上帝也不同于一般的生物物种，而成为芸芸众生中一种无法替代的、独特的存在。在灵与肉的两极张力中人"一半是天使，一半是魔鬼"——作为天使，人受其心灵与精神左右，而作为魔鬼，人则受肉体欲望支配。然而这种张力所展示的空间却构成人文化

---

[1] 《马克思恩格斯全集》第1卷，人民出版社2003年版，第457页。
[2] 同上书，第211页。
[3] 同上书，第211页。
[4] 同上书，第533页。
[5] 《马克思恩格斯全集》第1卷，人民出版社2009年版，第532页。

创造的舞台:将"生存"提升为"生活",以展示人超越肉体经验层面的生命的意义。的确,人的二重性存在境遇,可以说是哲学智慧创生的基础,"因为人的二重性存在境遇使人的哲学思考获得了自身的存在理由——其一,人的肉体构成了主体精神超越的对象性存在,由于人的肉体的存在,精神超越才是必要的;其二,人的精神超越的结果便促成了哲学的诞生。"[1] 这正如我国早期马克思主义者李大钊所说:"哲学,笼统地说,就是论理想的东西。"[2] 哲学的功能不是增益某种实用的知识,而是心灵的慰藉,是人的精神的家园。人的本性就在于不满足于"经验"的限制,而要超越经验,去追求"可能生活"。正是在此意义上我们说人是一种未完成的存在,正因其"未完成",所以有着无限的"可能性",这种"可能性"驱动着人不断超越——超越自我、超越有限、超越经验,从而达到理想的境界。

对于马克思哲学超越维度的把握,我们无疑首先要着眼于马克思哲学的总体性价值诉求。诚然,"超越"一词在马克思的哲学文本中的出现频度并不是很高,但是,这并不妨碍我们去感受马克思哲学所洋溢出的鲜明的超越情怀。卢卡奇作为西方马克思主义的奠基人,他强调"总体性"范畴在马克思哲学中具有方法论上的核心作用,构成了马克思哲学辩证法的本质,认为"只有辩证的总体观能够使我们把现实理解为社会过程"[3]。而这种总体性是一种超越性的历史哲学批判逻辑。当代英国著名政治学者、赫尔大学教授伯尔基(Robert Nandor Berki,1936—1991)在其《马克思主义的起源》一书中指出:"马克思主义中有一种理想因素,即暗含着价值设定和终极目标;在具体情况中,这可以被定义成自由、幸福、美好社会、共产主义。并且,马克思主义里面还有一种认知因素,这指的是关于世界的知识或理解;具体来说,这牵涉马克思关于历史、政治经济学、社会阶级、国家、意识形态和革命的诸多理论。"[4]

众所周知,超越性问题作为形而上学的重要主题,一直是西方思想

---

[1] 邹广文:《人在场的本体论与马克思哲学基本视阈》,《学术月刊》2011年第1期。
[2] 《李大钊文集》下卷,人民出版社1984年版,第345页。
[3] 卢卡奇:《历史与阶级意识》,商务印书馆1992年版,第62页。
[4] 伯尔基:《马克思主义的起源》,伍庆等译,华东师范大学出版社2007年版,第13页。

家们所关注的，无论是古希腊的柏拉图、亚里士多德，还是近代的康德、黑格尔，现代的胡塞尔、海德格尔等都是如此。与上述思想家将超越性问题归结为纯粹的形而上学问题不同，马克思哲学对于超越问题的思考，是基于人的二重性境遇而在现实与理想的张力中展开的，即始终贯穿着超验与经验的双重视角。马克思说："光是思想力求成为现实是不够的，现实本身应当力求趋向思想。"① 境界向上，但目光要向下，要在对于现实社会生活的审视中进一步去追问人的根本问题，进而达到思想意识的自觉。很明显，马克思超越观是一种含摄对当下现存批判的、诉诸一种历史向度的内在超越形式，人的这种超越过程也正是人的主体性的确证过程。

明确这一点，这也是我们把握马克思哲学超越维度的关键。如果说人是马克思哲学的出发点和归宿，关注人的解放、人的自由而全面的发展是马克思哲学的核心议题，那么人的超越意识则是其中的应有之义。

二　超越性构成哲学批判之根基

我们知道，批判性是哲学的本性，也是哲学富有魅力的重要因素。对此哲学家罗素曾有精到的理解："哲学的根本特点便是批判，正是这种特点使它成为一种和科学不同的学问。哲学对于科学上和日常生活上所使用的那些原则都要加以批判地研究，而且要从这些原则中找出它们的不一致来；只有在找不到摈斥它们的理由的时候，才把它们作为批判研究的结果接受下来。"② 考察哲学史我们会看到，真正的哲学进步都与对此前既定哲学的批判有关。例如在马克思之前，康德就曾宣称自己的哲学是批判哲学，他认为"我们的时代是一个特别意义上的批判时代，所有的一切都要必须经受批判"。③ 因此我们可以说，批判性构成了哲学超越自身、实现理论创获的重要途径。

毫无疑问，哲学的这种批判性品格在马克思哲学中也有着最鲜明的体现。从马克思哲学的发生史来看，彻底的批判精神既是马克思哲学的

---

① 《马克思恩格斯文集》第 1 卷，人民出版社 2009 年版，第 13 页。
② 罗素：《哲学问题》，何兆武译，商务印书馆 1999 年版，第 125 页。
③ 康德：《纯粹理性批判》，Axii，注释。

精神动力，也是马克思哲学实现自我超越的表达方式。在马克思的哲学著述中，"批判"一词出现的频率非常高，如《神圣家族——对批判的批判所作的批判》《黑格尔法哲学批判》《德意志意识形态——对费尔巴哈、布·鲍威尔和施蒂纳所代表的现代德国哲学以及各式各样先知所代表的德国社会主义的批判》等。即便是《资本论》这一马克思的代表作，其副标题仍是"政治经济学批判"。可见，作为"批判的和革命的"马克思哲学，最为充分也最为彻底地体现出了哲学的批判精神，马克思哲学是在批判中产生的，又是在批判中自我完善与发展的。在马克思那里，真正意义上的哲学批判恰恰是人的存在本身的内在要求和表征方式，是人的存在的固有本性。

然而任何哲学批判都是基于一定的价值立场而展开的，只有这样，哲学批判才是富有成果的。马克思哲学作为致力于人的解放、实现人的自由而全面的发展的哲学，同样需要首先确立自己"哲学批判何以可能"的尺度与根据。这种"尺度"与"根据"我们可以具体表述为：究竟"靠什么"去改变世界？"靠什么"去"对现存的一切进行无情的批判"？

对于这些问题的有效回答，就必然指向了对马克思哲学超越性维度问题的思考。只有基于理想与超越的哲学致思才能有效回应人的根本性问题，这就是为什么柏拉图哲学的"理想国"对西方哲学产生难以估量影响的原因所在。从哲学层面确立超越性维度的意义就在于，一方面为人们厘定了生活实践的方向性和目的性，同时另一方面又构成人类审视和批判现实的形而上根据。这诚如英国学者伯尔基所说的，像马克思共产主义这样的学说，如果不是在一个把柏拉图作品视为其最受尊敬、影响最大之遗产的文化传统里，那就根本无法想象。[①] 马克思强调"哲学重要的是改变世界"，这里马克思并不是简单地否定了"形而上"的哲学关怀，其中恰恰蕴含了一个超验性维度。我们可以说正是超越性维度的确立，才使马克思哲学对现存秩序的批判性立场获得了不竭的精神动力支持。"超越性理想这一道德的、政治的唯心论，是现代革命学说一个必要的知识前设。"[②] 笔者以为，马克思的共产主义理论就是这一超越性维度

[①] 参见伯尔基《马克思主义的起源》，伍庆等译，华东师范大学出版社2007年版，第20页。
[②] 同上书，第14页。

的系统表达。因为"共产主义清楚预设了共同体以及'交往'的现实性和重要性,即精神、心灵、情感、思想、愿望的共享,也即一个存在、意识的层面出现,它表达了一种与单纯人类学意义不同的'精神上'种族统一。"① 要而言之,共产主义构成了马克思哲学超越性维度的核心关切。

我们知道,共产主义是马克思主义理论思想体系的灵魂,也是马克思毕生为之奋斗的理想,所以在马克思那里具有举足轻重的作用。1842年在"总汇报"的《共产主义和奥格斯堡》一文中,马克思最早使用了"共产主义"这一概念。马克思对于"共产主义"的论述,主要见诸《1844年经济学哲学手稿》《德意志意识形态》《共产党宣言》《哥达纲领批判》和《资本论》等文献中。仔细研读马克思的相关论述我们会发现,马克思的共产主义观是在"理想"与"现实"的二元张力中展开的。而"理想"的维度即是超越性维度。在超越性层面上,马克思把共产主义理解为"人的存在和本质"的斗争的真正解决,因而具有绝对性的价值和意义。这里我们不妨看一下马克思的几段非常经典的表述。在《1844年经济学哲学手稿》中,马克思所做的经典表述是:"共产主义是私有财产即人的自我异化的积极的扬弃,因而是通过人并且为了人而对人的本质的真正占有;因此,它是人向自身、也就是向社会的即合乎人性的人的复归,这种复归是完全的复归,是自觉实现并在以往发展的全部财富的范围内实现的复归。这种共产主义,作为完成了的自然主义,等于人道主义,而作为完成了的人道主义,等于自然主义,它是人和自然界之间、人和人之间的矛盾的真正解决,是存在和本质、对象化和自我确证、自由和必然、个体和类之间的斗争的真正解决。它是历史之谜的解答,而且知道自己就是这种解答。"② 而在《共产党宣言》中,马克思指出了作为共产主义的根本标志:"代替那存在着阶级和阶级对立的资产阶级旧社会的,将是这样一个联合体,在那里,每个人的自由发展是一切人的自由发展的条件。"③ 在《资本论》中马克思写道:"事实上,自由王国只

---

① 伯尔基:《马克思主义的起源》,伍庆等译,华东师范大学出版社2007年版,第16页。
② 《马克思恩格斯文集》第1卷,人民出版社2009年版,第185—186页。
③ 《马克思恩格斯文集》第2卷,人民出版社2009年版,第53页。

是在必要性和外在目的规定要做的劳动终止的地方才开始；因而按照事物的本性来说，它存在于真正物质生产领域的彼岸……在这个必然王国的彼岸，作为目的本身的人类能力的发挥，真正的自由王国，就开始了。"①

这里需要我们注意马克思所使用的一些关键概念和命题："对人的本质的真正占有""完成了的自然主义""完成了的人道主义""自由王国""彼岸"等。毫无疑问，我们无法在现实经验层面来解读它们，因为现实经验的视野中，这些概念命题甚至有一些虚无缥缈的浪漫色彩。但是，我们如果从哲学的超越性维度来看，马克思的这些表述就不难理解了——马克思通过这些概念和命题，所表征的正是共产主义这一价值目标的绝对超越性维度，这是指向人的理想与价值层面的形而上关怀。马克思这里意在表明共产主义作为一种"生成运动"，所指向的是一个可预见但还没有成为现实的"可能世界"，在共产主义中对最高的、绝对价值的预设就是人的自由。真正的自由就是人成为自身最高的目的，而自由不是外在于人的东西，而是内在的、属人的东西。马克思所言的人的本质的"复归"，就是对自由的无尽追求。人之所以为人，正是由于人对自由的无尽追求，也就是人对共产主义的无尽追求。这就意味着，共产主义的这种理想性并非是无根的悬设，毋宁说它早已设定在人的本质之中了。也正是由于共产主义具有这样一种可能性维度，才彰显出其浓厚的人文主义内涵。

马克思认为共产主义的真正实现，有赖于人的灵与肉的二重性存在的完全消解。虽然人作为肉体存在具有非至上性，但人的这种非至上性恰恰构成了共产主义所超越的对象，同时又从否定方面折射出共产主义这一价值目标的绝对性意义。共产主义的生成史是人的本质的复归史，是对人与自然的、人与人的矛盾的真正解决。共产主义是通过对私有财产的积极扬弃，来实现人对自我本质的真正拥有和人性的复归的。只有真正克服人的二重性存在境遇，才能够实现自然主义与人道主义的统一，达到人的自由发展，即作为目的本身的人类能力的发展。很显然，这是一个处在物质生产领域这一"必然王国"的"彼岸"的"自由王国"，

---

① 《马克思恩格斯文集》第 2 卷，人民出版社 2009 年版，第 928—929 页。

而"自由王国"的实现,有赖于物质生产活动"此岸"和"彼岸"对立的真正扬弃。因为自由王国必须超越"必需和外在目的"而回到对主体自身的自觉,亦即只有超越物质生产领域,才能真正被确立起来。

立足于共产主义这一绝对的超越维度,马克思所展开的哲学批判才具有了不竭的动力。众所周知,"批判的和革命的"是马克思哲学的最鲜明特征,马克思认为哲学如果丧失了批判的品格,就不能达到真正的"思想自觉"。基于超越性维度的批判立场,马克思强调要在对现存事物及其秩序进行全方位的审视,从而达到"改变整个世界"的目的。马克思在《资本论》第一卷第二版《跋》中曾说:"辩证法在对现存事物的肯定的理解中同时包含对现存事物的否定的理解,即对现存事物的必然灭亡的理解;辩证法对每一种既成的形式都是从不断的运动中,因而也就是从它的暂时性方面去理解;辩证法不崇拜任何东西,按其本质来说,它是批判的和革命的。"① 马克思既是传统哲学批判精神成果的积极继承者,同时更是变革传统哲学批判精神的伟大革命者。马克思"超越性观点的要义,既激活了马克思对资本主义生产体系及资产阶级社会秩序的批判,也激活了马克思主义建设性的、指向未来的方面,即预期的无产阶级革命、社会主义社会的建立、共产主义的到来等"②。所以,着眼于人的解放和"总体的人"的历史生成,马克思将批判的触角延伸到了宗教、政治、文化以及生产生活各个方面,显示了马克思哲学批判的彻底性。

具体而言,他毕生所致力的哲学批判,有一个从文化批判、政治批判一直延伸到经济批判的递进过程。从历时性角度来说,发源于针对资本主义现代性社会的文化批判,而后拓展到政治批判,并最终深化为经济批判;而从共时性角度来说,马克思的经济批判视野一旦确立,就进一步形成了以经济批判为核心和基础,贯穿现代资本主义社会的经济、政治、文化诸领域的总体性批判。而共产主义这一超越性维度的预设确保了马克思哲学批判的鲜明革命性与彻底性。需要指出的是,马克思作为一个历史唯物主义思想家,其哲学批判呈现出了批判与建构的二元张

---

① 《马克思恩格斯全集》第44卷,人民出版社2001年版,第22页。
② 伯尔基:《马克思主义的起源》,伍庆等译,华东师范大学出版社2007年版,第27页。

力性：既注重"对现存的一切进行无情的批判"，尤其注重对资本主义所呈现的现代性"问题"进行本质性和前提性的批判性思考，注重对"既定的对象"与事实进行本质性、前提性的追问；同时又具有建构性与前导性，注重为时代、实践和现实提供前导性理念，及其为实现这一理念所进行的总体构想和积极努力。总之，哲学通过自我批判和社会批判，结束人的异化状态，重新找回人所遗失了的真实的感性世界，让人性的光辉得以绽放。

三 超越性维度的实践指向

在马克思那里，确立哲学思考的超越性维度并不是哲学的终极目的，因为马克思哲学在本质上是一种面向人的感性实践活动、关注与人的解放的学说，这种哲学的使命是改变世界。马克思哲学批判的实践指向，就是要建立一个使人自由而全面发展的理想社会。因此，人的超越性维度一旦确立，就会具有稳定的核心内涵和价值关切，并进而在人们的行为和实践中彰显出超越现实的恒久性力量。我们通常把马克思哲学称为实践唯物主义，而这种实践唯物主义的哲学旨趣就在于把哲学批判诉诸实践，马克思指出："凡是把理论引向神秘主义的神秘东西，都能在人的实践中以及对这个实践的理解中得到合理的解决。"[1]

马克思认为人的全部社会生活在本质上是实践的，而实践在其现实性上就是"感性的人的活动"，而人作为一种主体性存在，在实践活动中必然嵌入了人的"主观方面"。马克思所说的"主观方面"是以对人的内在的超越精神的真正确立为基础的，进而对人的感性活动的规范和范导。因此，对于马克思强调对实践的理解，必须以实践对现实的改变和实践对人而言的意义两个层面来展开。也就是说，实践是以对环境的改变和人自身的改变为基本内容的感性的人的活动，其革命性既来自通过努力和奋斗实现的对环境的改变，更来自人对自我身份的确证以及在自我改变中需要坚守的信念和信仰。实践对人而言不仅意味着生存空间的拓展，更意味着对生活的不懈追求和探寻。实践所创造的不仅是一个属于人的

---

[1] 《马克思恩格斯文集》第 1 卷，人民出版社 2009 年版，第 501 页。

世界，更为重要的是人在这个世界中获得了自我的身份与充满归属感的终极关怀。因此，实践立足于人的全面自由发展，使人获得了自我生成的现实维度，祛除了宗教信仰的彼岸世界的空灵与虚幻，从根本上保证了人的精神本性的敞显和信仰的现实性。

显然，达成超越性维度的实践要求，就成为摆在马克思面前的最为重要的任务。要而言之，马克思哲学批判的理论旨趣在于"武器的批判"而不是"批判的武器"，在于"对尘世、法和政治的批判"，而不在于"对天国、宗教和神学的批判"，在于"问题中的哲学"而不在于"哲学中的问题"。总之，人的社会实践使哲学获得了坚实的、现实的力量，也使哲学真正地回到了人的存在；人就是实践地存在着，它蕴含着人的全部秘密，也只有在生活实践中，才能真正实现"私有财产即人的自我异化的积极扬弃"的共产主义。

所以，从确立共产主义理想的超越性维度，延伸到共产主义的现实运动，再到共产主义制度的真正实现，这里马克思共产主义观的内在逻辑。这一内在逻辑是一个由抽象到具体的过程，而贯穿于马克思共产主义观的红线就是人的解放与发展，对人的理解的深化伴随着马克思超越性思想生成的历史全过程。具体来说，对人的关注是其思想展开的逻辑起点，正是通过对人的现实生存和终极关怀的思考，人在马克思那里逐步的由理性的、思辨的人转化为现实的、体现一切社会关系的人，并最终成为要求实现个人自由而全面发展的人。这样，马克思就以实践的方式解决了旧哲学的根本缺陷，真正地实现了哲学史上革命性的变革。接下来我们集中来分析一下马克思共产主义观的实践指向。

如前所述，确立了共产主义这一绝对的超越维度，马克思使自己的哲学获得了彻底的批判性和革命性，但是着眼于"武器的批判"，对共产主义的理解就不能仅仅止步于此，而应该进一步向现实生活延伸，这样，马克思认为真理的彼岸世界消逝以后，"确立此岸世界的真理"就成为"哲学的迫切任务"[1]。而对于作为"此岸世界的真理"的共产主义，马克思在《1844年经济学哲学手稿》论述到："历史的全部运动，既是这种共产主义的现实的产生活动，即它的经验存在的诞生活动，同时，对

---

[1] 《马克思恩格斯文集》第1卷，人民出版社2009年版，第4页。

它的,思维着的意识来说,又是它的被理解和被认识到的生成运动。"①而在《德意志意识形态》中做了更明确的表达:"共产主义对我们来说不是应当确立的状况,不是现实应当与之相适应的理想。我们所称为共产主义的是那种消灭现存状况的现实的运动。"② 马克思这里要求人们对共产主义的领会方式必须置于历史本身的展现中,即展现真实的历史感。

乍看起来,马克思这里对于"共产主义"的表述具有鲜明的实践指向性,与其作为超越性维度的"共产主义"的理解有着明显的不同。那么我们该如何看待这种不同呢?其实,在马克思看来,正是人的二重性生存境遇,决定了人的超越性维度对于经验世界的实践指向性。也就是说,作为共产主义的现实实践,必须要有共产主义超越性维度的方向预设,否则这种实践目标就是盲目的;同样只有通过人的实践活动的积极介入,并将超越理想镶嵌入人的历史生活,这才是真正的现实,才能够在这种现实中彰显出理想的价值与意义。所以在《1844年经济学哲学手稿》中马克思指出:"而要扬弃现实的私有财产,则必须有现实的共产主义行动。历史将会带来这种共产主义行动,而我们在思想中已经认识到的那正在进行自我扬弃的运动,在现实中将经历一个极其艰难而漫长的过程。但是,我们从一开始就意识到了这一历史运动的局限性和目的,并且有了超越历史运动的意识,我们应当把这一点看作现实的进步。"③ 共产主义运动的实践,在其本质上是以人的自由为价值旨归的超越过程,因此,共产主义运动实践内在地包含着一个反思与超越的层面,其魅力就呈现于理想与现实的二元张力之中。

作为共产主义运动实践家,马克思要致力于改变现存世界和现存事物,对建立一个人的自由而全面发展的社会,马克思倾注了巨大的热情并付诸实际的行动。正由于如此,马克思还将自己的学说标识为"实践的唯物主义",强调"对实践的唯物主义者即共产主义者来说,全部问题都在于使现存世界革命化,实际地反对并改变现存的事物"④。把哲学思

---

① 《马克思恩格斯文集》第1卷,人民出版社2009年版,第186页。
② 同上书,第539页。
③ 同上书,第232页。
④ 同上书,第527页。

考的触角从"形而上"转向"形而下",从"天国"转向"人间",直面人间的苦难,忍受并战胜苦难,并在苦难之中坚定目标,这就是马克思给我们所做出的表率,这种"实践的唯物主义"所洋溢的是人的终极存在和现实存在的双重关怀。面对共产主义的现实实践,马克思清醒地看到,无产者作为个体虽然实现了超越意识的觉醒,但尚未具备现实革命的能力,由于个人隶属于阶级的现实是不可改变的,那么,真正的革命必然要求无产者联合起来,以阶级斗争的形式来现实化。那么,实际上这一目的的完成,则正是《共产党宣言》所承当的使命。

马克思与恩格斯 1848 年所完成的旗帜鲜明的《共产党宣言》,将苏醒的超越意识转化为现实的革命性纲领,继而转化为现实的无产阶级对于资产阶级的斗争。在《共产党宣言》中,马克思与恩格斯延续了巴黎手稿中关于私有财产和异化劳动的逻辑分析理路,进一步指出了在资本主义条件下,资本逻辑占统治地位,人处于被统治、被支配的地位,沦为资本增值的"劳动工具","由于推广机器和分工,无产者的劳动已经失去了任何独立的性质,因而对工人也失去了任何吸引力。工人变成了机器的单纯的附属品,要求他做的只是极其简单、极其单调和极容易学会的操作。"[①] 马克思主张,私有制是资本逻辑得以进行运转的现实土壤,只有通过无产阶级革命积极地扬弃私有制,扬弃私有财产,彻底颠覆既有的社会秩序,从而将超越性意识转变为现实。只有这样,人的异化状态才能克服,人所遗失的主体地位才能寻回,才可能真正实现人的一切感觉和特性的彻底解放。而后续百余年的无产阶级革命实践,也见证了这一游荡于欧洲的幽灵正逐渐遍布于世界的各个角落,成为人类为了自由而斗争的靓丽风景线。

(原载《马克思主义与现实》2016 年第 5 期)

[①]《马克思恩格斯文集》第 2 卷,人民出版社 2009 年版,第 38 页。

中 编

人类的文化实践矛盾及其价值追问

关注整体性：文化哲学的重要问题

我们正在迎来一个整体性发展时代，其突出表征就是当代人类社会生活正在跨越国家和地区界限，在全球范围内展现出全方位的沟通、联系、互相影响的客观进程与趋势。尤其是以经济和现代信息技术为主要推动力的全球化进程，使当今世界的发展图景越来越呈现出整体联动态势，从而愈加清晰地展示了这种整体性世界图景。

正像一些学者所指出的，全球化使世界文化正在发生着"整体性变化"，这是一种"格式塔"（Gestalt）的转型过程。在19世纪以技术理性为中心的时代，人类往往忽视了事物之间潜在的相互影响和相互依赖的关系（这一点表现在人对待人与自然的关系问题时最为明显）。但是在今天的全球化时代人们忽然发现，个人、机构、家庭、民族、社团、城市、地区、国家、大洲、世界，这些要素之间无不产生着千丝万缕的联系。由此我们不禁想起在19世纪（1871），英国学者泰勒在《原始文化》一书中曾经把"文化"定义为"复杂的整体，它包括知识、信仰、艺术、道德、法律、习俗，以及其他任何人作为社会成员所具备的能力和习性"，在20世纪上半叶（1934）美国学者本尼迪克特（Ruth. Benedict）在《文化模式》中也强调文化的整体意义，她认为所谓整体，并不单纯是所有部分的总和，而是各个部分相互关联的结果，它所带来的是一个新的实体。

这些思想见解应该对于我们有启示意义。今天，人类关于文化的定义据统计近300种，但是，关注文化的整体有机性，仍然是首当其冲的问题。我们对于当代世界文化的理解必须要有一种整体意识，我们应该以一种整体意识去关注世界、关注人类的生存状况、关注文化的发展——这也是当代文化哲学研究的核心问题之所在。

所谓文化哲学，就是从哲学视界出发，对文化做整体的观念把握和建构，是透过文化对象而对人的本质和主体性的根本理解，是关于人的自我意识和自我创造的实践智慧。

文化是标志人类生存样式、意义规范和可能发展方向及道路的整体性范畴，文化哲学作为人类文化整体时代的一种哲学表现形式，它应该体现理论与实践的双重自觉，应该是自上而下的思辨哲学传统与自下而上的经验哲学传统的辩证综合。在这种综合中，文化哲学预示着人类活动方式的重大转折：传统哲学侧重解答人类认识活动的本原、根据和手段，主要探寻认识如何可能？怎样达到认识和实践的目的？等等，而文化哲学则以检讨人类文化创造的结果为起点，主要回答当代文化实践的价值、文化对人类生活的规范意义、文化进步与时代精神的关系以及当代人类的生存方式和发展方式等。显然，文化哲学作为一种对人类文化活动及其结果的系统反思形式，它并不是"文化"与"哲学"的简单组合，而应将其看成一种具有逻辑内在联系、表达和反映时代精神的一种新的哲学形态。这种哲学形态一方面通过对人文精神的反思而构筑各种具体文化理论研究的学理基础，为具体审视各种文化实践的基本的价值参照；另一方面则把目光投向包括科学、宗教、伦理、语言、艺术等在内的全部文化生活世界，从而在广阔的背景中追踪生活、表达理想。

文化是人的主体性的体现，是人类所独有的生命存在方式，文化的发展表征着人与自然、人与社会的动态联系，因此也是人类文明与进步的历史表达。所以，文化哲学作为技术与人文、理性与价值的对接，它不是通过文化的某一层面来表达人类的理想与进步，而是通过人类文化创造的整体性价值来表达人类的理想与进步。这种文化的整体性进步并不是简单的文化积累，而是一个复杂的文化选择过程，人类历史的每一次进展，一方面为现实人生营造了新的物的结构，产生了更多的物质产品，因而都再一次满足了人的无止境的物的要求；另一方面历史进步也意味着人类对物的异化的消解，对人作为自由存在的发现、对人与人关系合理性的提升与这种关系对物的交换的扬弃。即当历史表现为物的增值的同时，也表现了文化的胜利，用马克思的话说——表现了人向真正人的回归。总之，从文化对人的生存和发展的意义看，我们说文化哲学就是对主体文化创造自由的确认与解答。

从人类文化实践的整体性这样一种价值诉求出发，我们看到文化哲学研究具有着广阔的前景。具体说来，文化哲学对整体性的关注，集中呈现出了以下一些问题。

一 呼唤有机和谐的世界文化时代

人类只有一个地球，我们所面对的世界是人类共同的世界。这个世界不应仅仅被物质和技术所充斥，而应该洋溢一种健康的文化精神。当代加拿大学者保罗·谢弗（D. Paul Schafer）在其著作《经济革命还是文化复兴》中指出：人类正在迎来一个"文化时代"而代之以即将过去的"经济时代"。文化时代到来最突出的标志就是当今世界正在发生的整体化转变、环境保护运动、人类需求的新认识、为平等的斗争、认同之必要性、对于生活质量的追求、对创造力的重视以及文化作为世界上一股重要影响力的兴起。他认为"这样一个时代的主要结果是，在其包括一切的结构中，文化和民族文化、整体论、人民、人道关怀、共享、利他主义、平等、自然资源保护、合作，以及精神文明和环境保护，将获得高高的优先发展地位。这就有可能降低人类对于自然环境、自然资源和其他物种的需求，同时也能够把财富、收入、资源和机会更平等地分配给全世界所有的人民和国家；同时，这种时代还将把人道主义推向一个更加强大的地位，使地球文明的未来发展方向得到切合实际的、持续连贯的确立"[1]。

面对着日益恶化的生态环境，面对着此起彼伏的战争冲突，面对着技术对人文的肢解，我们的确没有理由拒绝这种对文化时代的呼唤。西方技术理性精神过于强调对立变动的一面，造成了工业社会阶段中人与自然、人与社会、人与自我的分裂，带来了生态平衡的破坏，更加深了意识形态结构、政治结构、经济结构之间的内在矛盾。因此进入新世纪，当代中国面向世界所提出的"和谐世界"新理念，可以说是基于这种文化时代所做出的准确判断。"和谐世界"包含政治、经济、社会、生态等各方面，内容十分丰富，因此可以说是对和谐文化的呼唤。它强调国家、

---

[1] 保罗·谢弗：《经济革命还是文化复兴》，社会科学文献出版社2006年版，第9页。

地区、集团之间应该和平共处，应该和平解决争端，而不以武力相威胁；在经济上强调互惠互利，共赢、共荣；在文化上鼓励文明的对话，主张不同文明求同存异，相互学习。这个理念不仅存在于人类社会，也存在于人与自然的和谐方面，强调要保护环境，实现可持续发展。可见，"和谐世界"理念和人类追求进步、发展的普遍愿望是相通的，呼唤以人与自然、人与社会、人与自我的有机和谐为内在意蕴的新文化时代，对于维护人类精神平衡，造就一种以和谐、自由为最高境界的理想人格所具有的积极意义。

马克思当年曾经明确指出："现在的社会不是坚实的结晶体，而是一个能够变化并且经常处于变化过程中的有机体。"[①] 面对即将到来的文化时代，我们有理由相信，这将是一个有机的文化时代，不论在物质世界和精神世界，互相联系、互相依赖、有机统一、综合平衡的重要性将重新被人们所认识。一个世界，多种声音，坚持和而不同，世界文化才有创造的活力。

二　自觉倡导并认同普遍文化价值理念

普遍文化价值是确保当代人类整体发展的内在精神，只有自觉坚守和认同这种普遍文化价值，世界文化图景才不至于被涣散。人是一种类存在物，现代知识和技术越发展，越可能使人类忘记自己的存在之根，人类可能越容易淡化彼此之间的精神联系。因此在现代生活实践中，我们必须自觉去培育人类普遍文化价值。

在21世纪的今天，我们看到人类文化正在经历着空前的文化整合。通过文化整合，把各种分散的、孤立的，甚至冲突的文化价值力量整合为一种凝结着人类整体利益和整体价值理想的力量，从而使人类的文化实践行为充溢着一种健康自觉的人文精神关怀。进一步看，这种文化整合不仅要超越具体的价值和目的，而且在整合过程中，还要抵消、同化和融合那些具体的文化价值和目的，使其顺乎人类整体的文化运作而成为一种文化实践合力。这种文化实践合力作为一种超越性的人类文化理

[①] 《马克思恩格斯选集》第2卷，人民出版社1995年版，第102页。

想，反过来将对各种具体的文化实践行为和文化形态具有价值导引的作用。

这样，人类普遍文化价值问题就被提了出来。

所谓人类普遍文化价值，从根本上说，就是有利于人类整体进步与发展的价值，它是世界各个国家民族在文化交往中所恪守的基本原则，如尊重人的现实生存、善待人的生活世界、保障平等发展等。自觉倡导人类普遍文化价值，是人类整体化发展时代的必然选择。人类普遍文化价值作为文化的理想维度，它并不是在经验层面实际发挥作用的，而是在理念信念层面对人们的文化实践给予某种范导、规范和启示。换句话说，人类普遍文化价值是人类文化实践的理想维度，是居于文化的精神内核而对现实文化实践的一种导引和提升。

人类普遍文化价值诉求有两个向度：一是在多元文化的前提下，倡导人类社会必须认同也可以认同的某些价值观念、道德规范和行为准则，它应该受到全人类的普遍尊重，具有超越民族、文化、宗教的普遍约束力；二是应努力寻求不同文化传统在走向普遍文化价值中所能发挥的特殊作用，尊重世界各个民族文化创造的权力。简言之，人类普遍文化价值追求的是，在尊重各种文化传统的价值基础上发掘和利用不同民族文化传统中的价值思想资源，建构用来解决当今经济全球化进程中人类生活所面临的共同问题的文化理念。

也许我们时至今日尚没有达成为全世界各个民族所共同认可的人类普遍文化价值，但是这并不妨碍我们对其所做的追求，更不应成为我们拒绝人类普遍文化价值的理由。作为一种文化理想，人类普遍文化价值对于任何一个民族来说，从来都是其不懈追求的目标之一。我们整个人类始终生活在同一块大地上，这种共同的生存环境，可能是人类在价值层面达于普遍性思维的客观物质前提。当人们形成一种人类存在共同体和命运共同体的文化意识时，就有可能和必要达成全球性价值立场的相对一致，从而形成某种程度上共享的人类文化价值观。这种人类文化价值观正是我们确立一种普遍主义文化理想的世界性视景的基础。

那么，人类普遍文化价值应该如何达成呢？首先，应该谋求一种建立在人类共同利益基础上的公共理性，如与自然和谐相处、维护人类和平等。这种公共理性是在多元文化的沟通与共识前提下形成的，因而具有广泛的社会性和普遍性。其次，人类普遍文化价值所诉求的是人类社会最基本、最起码的而不是最优化、最理想化的理念，如不同文化间的相互尊重、平等与宽容、维护世界和平等；最后，人类普遍文化价值所诉求的理念是跨文化、跨地域的人们可以在特定的生活条件下共同认可和践行的公度性理念，如风俗、礼仪、传统等。

需要指出的是，我们强调人类普遍文化价值，其基本诉求是当代世界不同文化形态间的交流与建设。因为我们只有首先确立一种普遍主义的价值立场，进而把各种特殊的文化形态视为这种普遍文化理想的具体表达，各个特殊的文化之间的交流才有可能达成。人类不堪忍受无根的生活，人类普遍文化价值作为人类文化的理想维度，客观上将范导着人类的现实文化实践，并且在普遍主义立场共识基础之上寻求各个特殊的文化的富有个性的发展。

三 保持技术与精神的平衡，成为"完整的人"

马克思当年曾经憧憬未来的共产主义社会是"人以一种全面的方式，也就是说，作为一个完整的人，占有自己的全面的本质"[①]。这里所讲的"完整的人"，即指技术与精神的平衡。塑造"完整的人"是人类整体性发展实践的最终目标。

现代生活极大地拓展了人的物质技术空间，我们的精神空间也不断的被物欲所填充。在一个工业化、技术化的社会里，如何保持物质技术与精神情感之间的平衡协调，使人不至于沦为"单向度"的工具，这一严重问题日益引起思想家的关注。海德格尔曾指出，现代技术以"预置"（Bestellen）的方式展示物、构造世界。预置就是为着单纯的目的、留取单纯的功能、指向单纯的存在者的某种关系网络，它原则上不考虑丰富而复杂的物之物性（即"天地人神"的四重性）的保有，使得"物"都成了"设置物"（Bestand）。当信息时代的来临使我们的物质生活范围和内容大大扩展，可我们却也逐渐意识到，信息的充斥导致了生活中直接经验的退却。在技术与商业合谋构筑的规则、范畴、程序中，人们真正

---

① 《马克思恩格斯全集》第 42 卷，人民出版社 1979 年版，第 123 页。

的内在世界被遮蔽了,随之被隔离的是传统生活世界对人类精神的"人道关怀"。这样,在追求物质与技术的路上,我们不经意丢失了本真自我,并导致自我与他人、人类与自然、现代与传统之间渐行渐远的疏离。

所以,对于"工具"我们必须赋予其一种全面的人性,从而使工具在对对象世界的创造中展示出复杂多样的文化规定性,从各个方面展示人类生活的价值与意义。21世纪人类所面临的种种危机和困境,从根本上说并不是由于我们的认识水平不足所致,而在于我们对自身的无知。我们还没有充分认识人作为主体性存在,其根本的价值取向是什么。我们的确拥有令人目眩的大量的知识。但在对人的存在、行动和幸福最为重要的领域,我们却往往缺乏深层次的思考。人认识外物的知识与体悟内心的知识的不和谐,造成了人所应有的内在力量、能力和智慧与关于自身所达到的认识之间的巨大落差。要摆脱人类的困境,必须使人类对自身的认识来一次彻底的变革。在马克思看来,文化的进步说到底是人的进步,这种文化与人的进步是通过向内与向外两个维度同时展开的,向外表现为技术世界和文化符号的形式,向内则是人的实践的诸感觉(视、听、嗅、味、触、思维、观照、意志、爱等)的质的生成。在这种内在世界与外在世界的协调一致中,人们"能认识和领会真正合乎于人性的东西,使他能认识到自己是人"[1]。对于技术的物化态度客观导致了人与自然的隔绝,人无法实现自己的真正本质,这种价值目标的单一化必然导致社会发展目标的单一化,因而社会所致力的丰富多彩文化发展目标也就不可能实现。因此,我们在使用技术时,必须仔细考察技术的目的性,考察人对技术的文化态度。人之作为主体性存在,技术理性只是其规定性之一,但是它并不完全代表人的终极价值和最高目的,因此必须在更广泛的视野中拓展人的主体价值。着眼于"完整的人"塑造,我们的教育理念不仅要有"认知目标"(Cognitive objective),更要有"情意目标"(affective objective);不仅着眼于智力开发,更要致力于人格的全面培养——培养个体的健康情感、塑造个体的健全人格、开发个体的各种潜力。总之,教育应把社会的发展和人的潜力的实现作为它的目的。结合当代中国文化发展的现实说,我们要把中国的现代化理解为一种以

---

[1] 《马克思恩格斯全集》第2卷,人民出版社1979年版,第166页。

人的现代化为核心的系统工程，特别是应把培养人的主体自觉意识（具体表现为诸如民主意识、生存环境意识、社会责任感和使命感等）当作首要任务来抓，从而使全体公民以一种健康开放的心态走向未来。

总之，时代的发展要求文化哲学思考必须诉诸一种整体性视野，在对不同领域文化发展现实的考察与分析中，注意将它们放到人类文化实践总体过程中来凸显其应有的人文价值，以期达到在对人类文化总体价值通观把握的基础上，预示人类文化未来发展的基本趋势，为人类文化的价值整合提供方法，从而使人的文化实践具有高度的目的性与自觉性。

（原载《河北学刊》2007年第2期）

试论文化哲学研究的现代意义

文化哲学是近年来国内外人文学者特别关注的问题，这也许是因为在当今时代人类对其自身的发展与命运的思考更为重视。如何在增进人的物质文明的同时增进人的精神文明，即把优化人的创造世界与优化人类自身有机地统一起来，这关涉人类的未来。尽管不同国家和民族的政治经济发展层次有诸多不同，要解决的问题也千差万别，但上述文化哲学的主题却涵盖了20世纪以来人类文化发展的核心精神。人类同处于一个生存空间，现代文化的横向信息传播与交流，使各民族的文化越来越趋于开放性和世界性，每一种文化的创造与再生都将不能回避这种现实而封闭自身，当代中国的改革开放正体现了这种文化的时代特征。

哲学是时代精神的精华。当世界文化大潮向我们涌来的时候，我们毫无疑问应对肯定自身的现实活动层次进行新的文化思考，并以新的哲学意识去扬弃那种以不变应万变的哲学范式，从而赋予理论以时代的生命。社会实践必然诱发理论思维的创造力，人类已经获取的历史经验只能使人类更富于自我意识的自觉，对新的创造世界的感知与理解都是对人类存在的文化空间的拓宽；人类历史的每一次进步，客观上都为我们打开了一系列微观和宏观的新世界，从而帮助人类的文化追求跃上了一个个新阶梯，在这个意义上我们可以说，文化是人类理性反思自身并且超越自身的自觉努力的结果。个人作为主体，其能动精神恰恰就体现在这种超越本性上，唯其超越，才有文化的生成与积累，才有人类的进步。而文化哲学的基本主题就在于去自觉地理解把握人类文化创造的精神实质，达于人和人的创造世界在新的历史高度的协调与统一。

我们知道，文化构成了人类的全部生活方式，借助于文化，人类了解了自己的过去和历史,并感受到了其存在的价值与意义。然而人类文明的进化已向我们昭示,人类对于有关自身的知识并没有最终的确定性。我们不可能期望对人类历史某一瞬间的把握而最终把握人的永恒意义,这原因就在于人是心灵与肉体的复合体。从实在论的观点看,人是站立于自然世界与精神世界之间的存在者,或者说,人类同时隶属于生物的与精神的两个世界。人的这种双重存在的特性决定了人所拥有的两个世界的矛盾力量都体现于人自身。肉体是生命之源,它与精神相对立;在精神的层次中,人的自我意识主宰着人的行动,所以人类能够思考,而"思考是人类行动的起点"(雅斯贝尔斯语),人的思维本性同样也是人类文化的逻辑起点,是人类优越于其他生物物种的地方。人类的行为思考与反思绝不像苏格拉底那样悲观,认为"人类所知道的,就是什么也不知道"。但正是这种悲观而冷酷的忠告,揭开了人类自我意识发展进程的新的一页。苏格拉底告诫人们的"认识你自己"被人们合理地理解为:时刻知道你是一个人,而不是神,人必须以人的眼光去发现认识自己周围的一切,在有限的生命世界中去完成生命的超越。

  在灵与肉的冲突中寻求自我超越,这是人类文化创造的本性,这一特点表明了人是结合自然与历史的存在者。就肉体的生命形式而言,他是自然界芸芸众生的一员,而人类的思考、实践与创造的本性又使人类隶属于自己的历史。人类时时刻刻都在改变着自己的现实存在,并在自己的行动中调节着与自然的超越与回归,在反思中人类感受到了大自然是自己的母体存在。我们透过世界才能体认到自己是有躯体的、活生生的存在,没有肉躯的话,也谈不上我们的存在本身。我们深受这个存在的限制并在其中活动,我们不仅经验到这样的肉体躯壳是自己的组成部分,并且认为自我与此一躯体是一而二、二而一的。然而我们如果把自己只当作从物质与生命演化而来的自然存在的话,那么我们就丧失了对自我的意识。因为当我们把自我视为与自己的躯体等同之时,我们仍未成为一个完整的自我。人类只有在肉体与外在的认知行动中才能真正掌握自我,才能完成自己的真本存在,这即是中国哲学所强调的"身外之物即身内之物,身内之物亦即身外之物"的道理,天下万物,此道一以贯之。

  作为一个整体性的人类文化,可以被看成一种人类不断自我解放的历程，即马克思所揭示的从必然王国向自由王国迈进的历程。人类的这种历史前进是通过向内与向外两个维度同时展开的，向外是技术世界和文化符号的形式，所以，工业是人的心理学打开了的书卷；向内则是实践的诸感觉（视、听、嗅、味、触、思维、观照、意志、爱等）的质的生成。人类实践活动的深化，打破了主体内在世界与外在自然的原始混沌与和谐。生产与社会分工使实践活动多样化，实践活动方式与感觉亦随之多样片面地发展开来。人的感觉具体外化为社会形式，外化为尖锐的社会矛盾与冲突。因此，主体的历史进步往往要通过痛苦的代价才能实现。文化在发展阶段中，人类需要四分五裂地寻找自己的目的，对失去了的需要更加渴望重获。主体的感觉在这历史的抽象与片面中生成着新的理性因素，实践生活活动方式创造了丰富的物质技术和文化精神符号，创造了高度发达的人类工业与技术文明。物质文明的进步给人类带来了新的困惑：这就是如何从客体文化的完善中进一步完善人类主体自身，重新找回人与自然的新的和谐。这种新的文明危机尤其十分突出地摆在现代人面前，西方20世纪以来兴起的人文主义文化思潮便体现了人们力图摆脱这种危机、并重新建构人类心灵新秩序的愿望。

所谓站在人的高度，在现代西方哲学家们看来，首先要扬弃传统的存在本体论，在传统本体论那里，人的存在没有任何特殊的重要性，宇宙万物是齐一的。扬弃传统本体论，就在于不再把存在本身视为一个巨大的存在物的堆积，不再视其为一种机械的外在的组合，相反，存在的本性必须从它的内在生命力去理解。这样，人的价值与意义就因之被凸显出来，因为对存在的理解必须通过人的存在。人作为自由的主体，作为超越于众存在物的特殊本体，他一方面存在于存在之中，另一方面则通过对存在总体的参与而使其发生了深刻的变化——存在获得了它原本没有的人类学意义或文化意义。这也就是说，人类对存在的能动的创造性的参与和介入结束了存在的自在状态，进入或开始了动态的生成过程。这个过程在主体方面便表现为无限的创造，在客体方面则表现为无限的生成。因此，存在呈现为一个对自身并且向自身的超越过程，即一个自身超越、自身回归的生成展开过程。由于人是一种介于自然与历史之间的存在者，因此人的存在遵循着两个不同的原则：一方面人作为"自在之物"，是一种自然存在，这种存在性的合理展开就在于保持和维持人的物理和生物机能；另一方面人作为超越自然因果链条的超越性存在，他的合理发展则是创造价值并完成人之为人的使命，这可称为人的自我实现原则。

这样我们看到，人与自然关系的合理展开便构成了文化哲学的基本主题。① 诚然，在现实生活中我们常常看到，人在创造了文化之后，往往以一个"文化人"的身份去改变自己"自然人"的身份，因而，"文化人"之间的相互冲突与交往掩盖了人与自然的基本关系，即使人与自然的关系表现为人与文化的关系。但是在文化哲学的高度上我们看到，要想确切地把握人类文化活动的价值意义，便必然要把这一切复杂关系还原为人与自然这一基本关系。这种关系式我们可以表示如下：人↔工具↔自然。这种关系式表明了作为主体的人通过工具的中介进入自然，同时又超越自然的关系。须说明的是，人的二重性存在要通过作为中介的工具才能体现于客体自然之中，这也就是说，作为中介，"工具"的作用与意义是在一定的主体背景下展开并实现的，通过主体我们才能界定"工具"。这样，我们对"工具"的考察就不仅仅停留在认识论的环节上，而应上升到价值论的高度，正是这种价值论的维度，才构成了文化哲学的主导视角。

由认识论进入价值论，我们便能发现文化哲学之不同于传统哲学的诸多特点。首先，从文化哲学的角度看，主体的至上性不是绝对的，传统哲学所认为的人是万物之精灵、宇宙世界均由人来主宰的观念，只是人的一种盲目自信，它有可能导致人与母体自然的对立，最终也不能把人类提升到终极目的。而与这种盲目自信相对应的、传统哲学的另一极端是取消主体的至上性，在这一观点看来，宇宙世界是神秘莫测的，在无限的宇宙秩序中隐匿着至善至美的目的，对宇宙这个大全来说，人是微不足道的，有限的个体只不过是宇宙进程之无限中的短暂的一瞬。这种观点实际上取消了人类文化活动的能动意义，取消了人的高尚与低下、善与恶的道德境界，它必然导致主体的贬值和被异化。所以，文化哲学在界定主体的意义与价值时，旨在彰明：人的价值只能体现在与外界自然的合理关系之中。这种关系的正确表述便是：一方面人作为自主性存

---

① 参见邹广文《文化与人的主体意识》，《学习与探索》1989年第2期。

在超越了自在存在的局限与束缚,另一方面人作为主体绝不是宇宙的主宰,而是人与自然、主体与客体在相互转化与生成的过程中同时进入存在,达到存在的境界与高度,这也就是马克思所揭示的人与自然完成了的本质的统一。确立了主体对自然及工具的应有关系,我们就会看到,人类的文化创造活动充分展示了主体的人文性,对于"工具"说来,它的合理运用只能是去拓展人的主体价值层面,从而达于自然的人化和人的自然化。工具(自然)对人说来是一种互为主体的关系,它们不仅仅是外在于主体的存在物,同时也是对主体的亲证,是主体生命存在的一部分。它们体现了主体的真本存在。

这种主体性的文化倾向与马克思主义文化观的基本精神是一致的。在马克思看来,人的"生产方式不仅应当从它是个体肉体存在的再生产这方面来加以考察。他在更大程度上是这些个人的一定的活动方式、表现他们生活的一定形式、他们的一定的生活方式。个人怎样表现自己的生活,他们自己也就怎样"①。工具、制度和精神,是人们借以由外而内地把握文化内涵的三个层面。在工具的表层上,马克思集中阐发了劳动理论,认为人类在创造对象世界中同时创造了自身,人所创造的对象世界反过来又制约着人本身——与主体相对的不是一个死的物的世界,而是一个深埋在客观现实中的意义目的世界。唯因如此,马克思把劳动称为人的本质,是人的类存在和鲜明的现实属性。诚然,马克思清醒地看到了劳动所可能导致的非人化性质,但是马克思更强调"没有自然界,没有感性的外部世界,工人就什么也不能创造"②。"人的感觉、感觉的人性,都只是由于它的对象的存在,由于人化的自然界,才产生出来的。五官感觉的形成是以往全部世界历史的产物。"③ 这样,马克思便由工具层次上升到人的精神层次——人类在改变生存条件的同时,也改变了自身,人的劳动不但具有重担般的强制性,而且也包括了人的伟大的种子。这正如艺术品创造了人们的审美能力,经济产品也创造了消费的能力,即独特的需要自身。满足需要也首先唤醒了需要,变化了的自然和变化

---

① 《马克思恩格斯全集》第 3 卷,人民出版社 1956 年版,第 24 页。
② 《马克思恩格斯全集》第 42 卷,人民出版社 1979 年版,第 92 页。
③ 同上书,第 126 页。

了的社会环境，使人类产生了更新的需要和创造能力，这亦是人类文化创造的深层动因。

显而易见，我们必须站在时代的高度去发展马克思主义，不能人为地把马克思主义封闭起来，看作与当代人类的观念和文化相对立的东西。马克思当年所阐发的上述文化哲学思想，无疑在现时代具有深远的意义。我们只有自觉地去把握二者的一致性，才能找到发展马克思主义哲学的契机。20世纪下半叶以来，人类的精神文明建设被提到更加重要的地位。许多文化学者越来越感到，人性的完善绝非大工业和物质财富的积累所能够替代的，无论物质财富多么丰富，科学技术多么发达，人的精神世界总有其相应于物质世界所不可替代的地方。文化哲学的兴起从根本上说正在于着眼于人的价值世界。

首先，我们认为这种世界性的文化哲学反思是人类关注自身命运的必然要求。文化的发展和理论的深化使现代人感到，确立和揭示外在世界的规律不是目的，重要的在于确立人的主体性及其活动领域。西方马克思主义的文化批判理论认为，大工业如果压抑了人的创造精神，是不人道的，也是反人性的。人们对人类文化的重新检讨是必要的，这并不是对社会文化的不满，而是通过对丰富充足的物质生活条件的反思使自己免受这些物质生活条件的束缚，并进一步从那些物质生活条件升华到更高的精神境界，即达到主体心灵的完善与充实。弗洛姆认为现代人一方面创造了无与伦比的物质工业文明，另一方面人的本性也受到了极大的摧残。他认为可以通过"心理革命"即"爱"来消除人与人之间的疏远、孤独与异化，使人充分认识并发展自己的潜能，树立自己对社会的责任感。马尔库塞则认为现代工业社会普遍压抑着人的性本能——爱欲，这是一种非人性的现象，这最突出地表现在异化劳动之中，劳动越来越成为一种痛苦的折磨。消除这种异化现象的合理途径就是使人的劳动"爱欲化""使劳动等同于游戏"，这就是人的彻底解放。马尔库塞认为审美与艺术是人类解放的途径与归宿，因为审美既与"感官"有关，又与现实有关，它可以把主观感受变为客观现实。总之，审美可以使人生更加完善，艺术使世界更加合理。透过西方马克思主义的这种文化理性批判，我们可以看到其试图改变现实、改造人类自身命运的鲜明的人文主义精神。

从现实层次看，科学与人类文化的冲突与对立十分明显。原子恐怖、星球战争、环境污染等一系列反文化现象时刻在威胁着人类。否定与批判、破坏与创造、反抗与建设的蜕变更迭，无不反映出人们由于压迫感而萌生的忧患意识。20世纪以来人类所经历的思想动荡和价值革命是前所未有的，而文化的变革说到底又是作为历史行进主体的人的变革。以理性为例，如果说在18—19世纪人们对理性抱有真诚的渴望，认为一切事物都需经过理性的解剖刀予以裁决的话，那么20世纪的人们则开始从这种理性崇拜中清醒过来，感到理性并不代表人生的终极价值和最高目的。人们通过这种更深层次的领悟发现了自己非理性的本质。的确，我们不能否认当代西方思想家在表述20世纪人文精神时种种理论的偏颇（如存在主义哲学、精神分析理论等），但是不能否认20世纪的文化精神所体现的是一种多元价值的追求，从文化哲学的角度说，人不是沿着一条必然的宿命路线去被动地完成自己的使命的，人的使命就是对自身发展的可能性的把握。人们可以去把握生活、把握历史，最后把握自己，并最大限度地实现人之为人的本性。

其次，文化哲学的思考也是中国当代文化发展并走向现代化的客观要求。人类主体文明精神的建构是一种全球性的工作，而并非是少数西方发达国家面对大工业文明造成的心理失落的感叹。从人类文明发展史的角度看，由贫困落后走向现代化，由农业社会步入工业社会是一个整体的运动过程，伴随着物质生产与物质生活方式的变化，必然同时出现精神生产与精神生活的变化，而且这种变化在历史的某一时刻可能还要以牺牲人们现实生活的心理平衡为代价。改革开放后的中国客观上已步入世界文化的发展格局，中国的文化变革也已成为世界文化发展的组成部分，这要求我们不能再关起门来设计中国文化的发展战略，而必须以一种健康开放的心态去分析和把握当代世界的文化精神。历史的经验教训已经告诉我们，在一个落后国家搞现代化，固然要重视自己的国情和特点，但如果脱离世界现代化的一般规律，就很容易形成一种封闭、狭隘、自以为是、自我中心的现代化观念，脱离世界文明的发展轨道。

因此，必须跳出民族自我本位的局限，着眼于中国的现代文化建设。从文化哲学的角度，我们认为必须解决好下列问题：第一，要注意分析研究西方发达国家由近代工业文明向现代文明转换过程中产生的一系列经验和教训,在发展经济、建设大工业文明的同时,应注意优化人类所处的自然环境,从而达于人与自然的协调统一。大自然是人类的母体和家园,近代工业文明的"向自然进军",仅把自然视为攫取的对象,使人与自然形成了尖锐的对立。生态环境被破坏的结果就是大自然对人类的恶意的回报。中国的改革开放虽然取得了瞩目的成就,然而种种失误也不能回避,就生态环境而言,黄河的泥沙含量、长江的水土流失和污染、森林的乱砍滥伐、土地的任意破坏、一些草原的日渐沙漠化等问题,如不引起高度重视,后果将不堪设想。又如一些企业的短期化行为,只讲速度不讲效益的做法,都是与社会主义的建设原则相悖的。第二,要注意在建设物质文明的同时建设人的精神文明,将物质生活的改善同人的理想境界的提高统一起来。完善人与人的关系应该说是人与自然统一协调观念的合理延伸。西方存在主义哲学家笔下所描绘的大工业文明造成的人的孤独失落、人与人之间的冷漠敌视,从理论上说不应该出现在社会主义现代化建设的过程中,但近年来的一些社会现象也值得人们注意,一些人的恒常人格追求开始丧失,极度的私欲满足成了他们生活的信条,社会主义所提倡的互助合作、克己奉公被抛至脑后,一些领导干部的腐化堕落更是严重损害了社会主义的形象。我们认为社会主义的制度文明之所以优越于其他文明,其核心标志应是达于物质文明与精神文明的统一。贫穷愚昧落后不是社会主义,仅仅是物质生活的提高,精神生活却陷入困惑迷茫,甚至危机,更不属于社会主义。中国的现代化,重要的应是人的现代化,是高度民主的社会生活的实施,是新的文化人格的再生。

再次,对当代文化哲学的自觉反思将有利于马克思主义哲学的现代发展。马克思坚信,人类社会的发展终究会克服类与个体发展间的对抗而达到这样一种状态:生产力的最高发展和个人的最丰富的发展相一致。① 这是马克思文化历史观的基本价值指向。当代中国的社会主义改革实践,迫使人们站在时代的高度去思考如何建设好社会主义,特别是如何正确认识社会主义发展规律等重大课题,这要求人们以马克思的唯物史观作为科学方法论,去研究和反思现代文化的各个层面,把握人同世

---

① 参见《马克思恩格斯全集》第46卷(下册),人民出版社1980年版,第35页。

界的多方面的关系和联系,从各个角度揭示人的各种本质,为对人和人的文化做全面的、系统的综合提供理论前提,从而把马克思主义哲学理论研究推向一个新的高度。

总之,文化的变革说到底是历史行进主体的变革,改革给当代中国带来了机会和希望,在这种历史变革中,我们面临着价值选择,文化哲学的思考乃是这种价值选择的必然环节。

(原载《天津社会科学》1990年第4期)

关于文化哲学的基本问题

应该承认，文化哲学的兴起根源于当代人类的现实生活，根源于我们时代的文化精神，因而它是作为一个现实问题提出来的。唯因如此，我们看到对文化的反思几乎涉及所有人文科学领域，政治的、经济的、历史的、道德伦理的、文学艺术的等。但是，文化哲学的这种现实感和时代感并不排斥我们的理论审视，我们仍然有必要使文化哲学这门学科走向系统化和自觉化。从历史的角度看。很多学科的产生最初也都与人的现实生活紧密相关。生活提出了问题，随着生活的进步各种问题又被解决，被解决的问题由此升华为理论，这种理论又进一步成为人们观察新问题的方法。

从学科分化的规律看，一门真正独立学科的成熟标志，在于它的研究对象相对于其他学科而言，应该是独立的。每一门学科作为整个知识母系统的一个子系统，它应该以较严格的界限（诸如特有的范畴、视角、方式）与母系统和其他子系统相区别。对于文化哲学这门学科说来，要想使其达到这样的程度，还需从多方面进行一些研究。一旦我们把视角投入文化哲学这一领域，我们就会首先遇到这一问题：文化哲学的主要研究对象是什么？与其他的哲学形态相比较，文化哲学又有哪些具体特点？而这些问题的阐释又离不开这样一个问题：文化哲学的基本问题是什么？

文化哲学首先应是哲学，它是哲学的一个分支。既然如此，文化哲学首先应遵循哲学思维的一般规律，因此从逻辑上讲，文化哲学的基本问题的提出与哲学基本问题是相关联的。关于哲学的基本问题，恩格斯在《路德维希·费尔巴哈和德国古典哲学的终结》中曾做过明确表述，这就是思维与存在的关系问题，这一点应该说是没有疑义的，我们回答其他一切哲学问题都不能回避哲学的基本问题。文化哲学的基本问题应该是从哲学的基本问题生发开来的，二者应该具有内在的一致性，这一点是我们首先应该明确的。

强调文化哲学基本问题与哲学的基本问题的一致性，并不意味着我们对文化哲学特殊性的忽略。我们知道，哲学之所以称为哲学，就在于它所提出问题和思考问题的方式不同于具体的知识科学，可以说，哲学所提出的问题具有普遍性和永恒性。不论何种问题，一旦进入哲学的视野，都不应该脱离哲学所界定的逻辑框架去思考问题。所谓哲学问题的普遍性，是指任何具体的知识科学究其本源它们都体现了哲学所应回答和解决的问题，例如人和世界的关系问题，对象世界对于人类自身的价值和意义问题等，这些问题对于具体的知识学科来说，都要在直接或间接、自觉或非自觉的意义上去回答；而哲学的永恒性，是指在哲学的领域里，从古代到今天，很多哲学问题的提问方式、思考方式，在其人与对象的基本关系上，是没有什么实质性变化的。换句话说，只有古老的哲学问题，而几乎没有过时的哲学问题，在哲学领域里，也许不存在像其他具体知识学科的发展演变那种意义上的进步。纵观哲学发展的历史，无论是西方的古希腊哲学，还是中国的先秦哲学，哲学家们所提出的一系列命题直到今天仍具有普遍的意义。智者学派讲"人是万物的尺度"、苏格拉底要人们"认识你自己"、中国的孔子强调"己所不欲，勿施于人"、孟子认为"万物皆备于我"，这些思想我们现在看来恐怕不能简单地归结为主观唯心主义，它们大概还具有更深刻的人学意义。历史上各种哲学解释一旦出现，它便转变为方法为后人继续运用和发展，引导人们结合自己的时代进行新的哲学思考，去重新发现和揭示古老哲学问题的新的意义。总之，哲学基本问题不会过时，它应成为人们思考各种时代问题的立足点。

因此，在哲学基本问题的引导下去确定文化哲学的基本问题，这是符合哲学的统一发展要求的。依笔者看来，文化哲学的基本问题就是人与自然的关系问题，这一点我曾在有关的文章中提出过。[①] 这里我们把人

---

① 参见邹广文《文化与人的主体意识》，《学习与探索》1989年第3期；《试论文化哲学研究的现代意义》，《天津社会科学》1990年第4期。

与自然的关系作为文化哲学的基本问题,它与哲学的基本问题有什么区别呢?我们认为哲学作为世界观和一般方法论,思维与存在的关系较鲜明地体现了哲学的思考特性,作为世界观,哲学主要关注的是人的认识问题,用恩格斯的话说就是我们的思维能否把握存在。而文化哲学既要体现哲学思维的这种一般性,同时又要照顾到文化哲学所应有的特殊性,这种特殊性就在于,它面对的是人的文化世界,面对的是作为文化实践和创造的人,因而它更注重哲学的价值层面。文化哲学就是对于人类文化的哲学思考,因此我们思考文化哲学首先应关注的就是人的文化世界。

什么是文化?据语言学家的统计,目前人类关于文化的定义已达250多种,可谓蔚为大观。但是透过这些诸多定义我们可以大体上把文化的定义分为两大类,即狭义的和广义的:狭义的定义仅指观念形态或精神形式的软文化;而广义的文化则是指人类所创造的物质成果和精神成果的总和。进一步我们说文化的这两大系列仍具有一种共性,这就是它们都是主体创造性的体现,是人类主体精神的对象化。文化哲学就是人们对于主体这种自由自觉创造性结果的反思。由此我们看到,文化的生成同样也具有普遍的哲学意义,即它仍然是在主体与对象世界这二者的关系之中体现的,具体说来就是在人与自然的关系中体现的。

把人与自然的关系问题作为文化哲学的基本问题,有的学者持不同意见。其中一种较有代表性的观点认为,这种界定忽略了文化哲学的时代意义,有些过时了。因为人与自然的关系是古代哲学的主题,它表现了哲学初始阶段人类直接面对自然,在田野上耕作、靠天吃饭、种植和驯养自然之物的文化意识,这种人与自然的直接性已经随着近代工业文明而瓦解了,因而人与自然的关系从此就不再成为文化哲学的主题了。现代人基本上被自己所创造的文化成果所包围,因此人与文化的矛盾就成为文化哲学的基本矛盾。

诚然,上述观点着眼于人类文化形式的变迁看到了当代文化的特殊性,但是我们说这种特殊性仍然没有偏离文化哲学的普遍性,可以说现时代的人与文化的矛盾问题在本质上仍是人与自然关系问题的现代表达。我们阐发文化哲学的基本问题,不能只从这种特殊性出发,而应着眼于人类文化活动的普遍意义。从文化发展的现象形态来看,它的领域是多方面的,例如文化的本质,文化与社会的关系,各种文化间的冲突、交流与比较，以及文化与宗教、道德、价值观念、思维模式和审美情趣的关系等。但是无论何种文化形态，人们首先需要应付的对象，就是他们所处的自然环境，所有文化形态首先面临的基本问题就是人与自然的关系问题。当然，人们应该如何结成群体、组成社会从而更好地改造自然改造世界，这也是非常重要的问题，但即使是这一问题，也首先是导源于人们应付自然互相保存并发展自身这一基本需要而产生的，因此就其本质说来，人际关系和社会伦理等诸种文化问题仍然是由"人与自然"这一基本关系派生出来的。从这个意义上我们可以说，对于人和自然这一基本问题的精神上的反应和行动上的反应，在一定程度上决定和影响了某种具体文化形态的性质，尤其是哲学的根本预设、思维方式和价值取向。正因为如此，马克思才强调："社会是人同自然界的完成了的本质的统一。"①

一

人与自然的关系问题作为文化哲学的基本问题，它的合理内涵究竟是什么？

在时间的维度上，我们至今无法断定人类文化究竟是从哪一天诞生的，但是根据马克思主义唯物史观我们可以作这样一种逻辑预设：人类文化创造的第一步必然就是人出于生存的需要而对自然的主动干预——这是人类走出自然的关键环节，这种文化标志着人类开始以一个"文化人"的身份面对自然并从此与"自然人"告别。毫无疑问，人与自然关系的建立根源于人的能动意识，在文化的意义上来说，没有人的这种干预，也许自然真的就"从不作飞跃"（莱布尼兹语），外在自然也许只表现为没有任何目的的自然而然的运动。这也启示我们，人是一切文化现象的最终根据，离开了人的活动和参与，自然便不具有任何意义。这正如马克思所言："抽象的、孤立的、与人分离的自然界，对人说来也是无。"② 这里所讲的无，显然不是就物质而言，而是就文化意义而言，这

---

① 《马克思恩格斯全集》第42卷，人民出版社1979年版，第122页。
② 马克思：《1844年经济学哲学手稿》，人民出版社1979年版，第131页。

种文化意义是由于人的能动参与才实现的。自然的事物，并不是谁有意识安排的，由于没有这样一位造物主，所以自然中也就没有"原意"，尽管在人面前，自然可以有各种各样的意义，其中许多意义还可以被称作客观的意义，但是，它们都不是原意，因为它们都不是有意识的活动主体表达出来的。

既然人是文化创造的主动性因素，那么人的文化创造的内在根据是什么呢？显而易见，单纯的认识论视野不能解释这一问题，而必须进入价值论的层次。何谓价值？马克思认为："'价值'这个普遍的概念是从人们对待满足他们需要的外界物的关系中产生的。"① 这里马克思特别强调了"需要"对于人的意义。主体的文化创造是一个过程，其始端是人的需要，终端则是需要的满足。人的需要从客体角度讲是人自身最大的必然性，这种必然性通过主体自我意识而转化为目的性。目的性导引着人的活动。人的需要在人的活动的一端压迫着人，而人的自由在另一端又召唤着人，这就是人的活动力量源泉。人不断产生新的需要，又不断获取新的自由，由此生生不息，人的自由的实现过程同时也就是人类文化的累进过程。

就人的需要来看，我们通常将其区分为自然需要和社会需要，这固然不错，但是切不可将二者视为毫不相关的两种东西，二者同作为人的活动本性为人所拥有，为人的身心统一体所决定，人的自然需要是其社会需要的基础和内容，社会需要则是人的自然需要的表现形式。人作为自然人在其现实性中，本身就表现为他所固有的各种社会关系的"总和"。人的需要作为人的活动的出发点的基本性质和作为其自然需要与社会需要的统一体的基本结构，是不会改变的，但是需要的具体内容和具体形式却是在时刻不停地变化着，它日益朝着更为复杂丰富的方向发展，人正是通过使我们所面临的世界越来越充满意义，才使自己越来越具有主体性价值。

作为主体的人的特性是这样，我们再来看"自然"。主体需要的本性决定了他必须要把自己的目的性指向自然。人与自然所产生的矛盾是一种生存性的矛盾，因为自然是人类存在的前提和活动的基础。从此角度

---

① 《马克思恩格斯全集》第 19 卷，人民出版社 1963 年版，第 406 页。

看，自然对人有两种意义：一是人的来源，二是人的对象。作为人的来源的自然独立于人之外并先于人而存在，人是其长期发展的产物。而作为人的对象的自然是人的基本生存条件，是满足人的需要的对象。为了生存，人需要自然，而自然却不是人的产物，它外在于人的需要，因而自然就成为人所需要克服的活动对象。这样，在人的生存需要和自然的外在性、人的主体性和自然的强制性之间就发生了矛盾和冲突。对人说来，生存是一切活动的基本前提，人与自然之间的矛盾就成为人类生活的基本矛盾。因此谈到自然，我们是无法脱离自然与人的关系去界定它的。

从文化史的角度考察，人对自然的把握经历了三个阶段。第一个阶段是"神话—宗教的态度"，这根源于原始初民生产力水平的不发达，他们感到大自然神秘莫测，时刻在控制威胁着人类，人是无法逃脱和不能抵抗的，因此只能听命于自然。在古老的东方文化中，都表达着这样的思想：人是自然的一部分，自然是人诞生在其中、并成长和休息的家园，自然是人无法控制的，因此人必须敬畏它，与之和谐相处。例如《尚书·汤誓》中讲："有夏多罪，天命殛之"，强调宇宙自然是有人格有意志的最高主宰。既然如此，追求天人的平衡和谐就是十分重要的理想了，孟子讲"诚者，天之道也；思诚者，人之道也"，所以应该"尽心""知性""知天"。"自然"在这里作为控制和维持人的总体，是神圣不可侵犯的。既然如此，谋求自然与人的和谐就是最高的理想，只是这种和谐是通过神话和宗教的形式表现出来的，它只体现了人的一种主观理想性。第二阶段是"知识—技术的态度"，这是人类近代文明的主导特征。近代工业文明的基本生存方式是驯服各种自然力，依靠科学技术解决基本的生存矛盾，所以驯服自然改造自然成为近代工业社会的主要目标。这种观念与宗教神学是针锋相对的，培根提出"知识就是力量"，这可视为近代文化的基本价值取向。自然在这种观念支配下已不再是神秘莫测和不可抗拒的，而被视为物理的自然。这种物理的自然是可以为人所经验到的，人们通过运用知识和技术作用自然，使自然为人类的目的服务，这样，科学和技术就成为建立人对自然的支配的手段，自然成了发展和应用技术的领域。这种知识—技术的文化态度，确实极大地促进了生产力的发展，但是人与自然的矛盾也由此变得尖锐和突出了。第三个阶段是

"认同—回归的态度",这是开始于20世纪的现代文化的核心标志。近代人对自然的技术态度极大地促进了物质文明的进步,但是受伤的自然对人的控制与报复也越来越明显,甚至危及了人类的恒常幸福,人们主宰自然的结果反而使技术世界越来越独立于人,成了人的异己存在。面对这种文化现实,人类开始感到,必须重新找回人与自然的和谐,人类在摆脱了自然的奴役之后,不应再反过来把自然视为奴隶。20世纪的思想家们对人类理性的检讨表现了从未有过的自觉,他们呼吁人应该从狭隘的功利视野中超越出来,视自然为人类的朋友,从而在人与自然的协调中实现双方的共同优化。

"神话—宗教"态度所面对的是"原始自然","知识—技术"态度所面对的是"物化自然",而"认同—回归"态度所面对的自然才是"人化自然"。这种自然观念的历史演进同时也体现了人作为文化主体的一步步走向自觉,对象世界的主体化是人的文化创造不断谋求的最高目标,人对自然的人化态度从根本上说来是体现了人对自身的文化创造能力的真正拥有。

然而人与自然的关系是通过"工具"的中介实现的。从认识的角度看,工具的出现表现了人类具有某种中介性意识,这种意识意味着人可以将一种现实的东西,只当作实现另一种现实事物的手段来看。随着文化的进化,工具的范围与含义也逐渐拓宽,一般地说,人的意义价值交往所借助的各种形式(包括符号形式),都可以视为工具。工具是第一件自然的人化物,由于工具的作用,它不仅在量上,而且从质上扩大和提高了人的本质客观展开的可能性。但是人的文化态度往往决定了工具所作用于对象的结果,从本质上说,工具具有两种作用:第一种作用是使"自然向人生成",人通过工具把自然改造成为自己延长的肢体,从而使自然对象与人形成一种互为主体的关系。在这种关系下,人类通过工具及其对象世界印证了自己生命存在的价值与意义。此外工具还有第二种作用,这就是人把工具纯粹视为满足自己物欲的手段,人们可以随意处置它与利用它。在这样一种纯粹功利的态度主导下,工具对自然的作用就只具有外在的客观意义,这样,工具连同被作用的自然对象一起变成了疏远于人的身外之物,它并不能与主体相沟通去肯定主体生命的意义。

我们这里当然不反对人类的一般工具性活动,而且也承认工具的客体性即可资利用性价值，但是我们在对工具利用时，也应该尊重工具的主体性，把其视为主体生命的一部分。工具被创造出来正如同人来到这个世界一样，工具就是这种一体二面的存在，它的主要作用就是扩充人的身体，实现主体的价值与意义，这样才称得上是目的性地使用工具。

通过上面我们对人、自然和工具的考察，可以看到，文化的进步说到底是主体及对象世界的共同进化，人类对待工具及自然的态度如何，体现了人类的文明进化程度，对自然的片面态度（如纯实用的态度）同时也就标明了人自身的片面性。马克思曾说过："对我说来任何一个对象的意义（它只是对那个与它相适应的感觉说来才有意义）都以我的感觉所能感知的程度为限……总之，人的感觉，感觉的人类性——都只是由于相应的对象的存在，由于存在着人化了的自然界，才产生出来的。五官感觉的形成是以往全部世界史的产物。囿于粗陋的实际需要的感觉只具有有限的意义。"① 自然与人类是一种相辅相成的同构关系，因此人类对自然必须要采取一种认同与回归的指向，应意识到人的生命本体根源于自然这一宇宙本体，人作为自然的一部分，人的智慧是自然智慧的部分显现。唯有这种态度，人类才能在现实生活中矫正物质文明的单向发展，调动主体的全部潜能在对象世界中肯定自己和发展自己，真正实现"人同自然界完成了的本质的统一"②。

很显然，文化哲学对人与自然关系的正确理解，是现代人类文化自觉的结果。人类文化的突飞猛进，展开了人与自然之间的各种关系；对立、冲突乃至和谐，由此人们才能在比较中把握真正的人文精神究竟是什么。也许这种历史的进程是必须的，否则人便无法上升到一个新的境界。在"知识就是力量"的理性崇拜氛围中，我们也许不理解卢梭"返回自然"的良苦用心，真正感受它的价值也许只能是在二百多年后的今天，尽管这中间人类的心灵承受了诸多痛苦，但是通过付出代价所拥有的这种新的文化观念，的确应该值得 20 世纪的每个人来珍惜。在热爱自然、拥有自然的前提下去发展完善人类自身，这也许是我们应该采取的唯一健康的文化态度。

---

① 马克思：《1844 年经济学哲学手稿》，人民出版社 1979 年版，第 79 页。
② 《马克思恩格斯全集》第 42 卷，人民出版社 1979 年版，第 122 页。

二

在当代，哲学研究的重心向文化哲学转移，这是一个众所公认的事实。这其中的明确标志是1984年在罗马尼亚召开的第17届世界哲学大会，在此会议上世界各国的哲学家们一致认为，当代世界哲学的重点已从科学哲学转向文化哲学。1988年在英国布赖顿举行的第18届世界哲学大会，主题为"人性、人的理性与人的未来"，文化哲学的特色更为鲜明。许多国内外学者都感到，文化哲学将是21世纪的世界哲学主潮。

研究视角的更新，固然是出于哲学理论发展的需要，但是更为根本的是出于人的现实生活需要。在20世纪，科学技术的进步是空前的，核能投入生产，人类进入太空，全球信息的一体化，电视机和电脑进入家庭，第三产业的兴起……然而，经过两次世界大战的教训，人们也更为深切地感受到了文化对人的否定作用，人类既为所取得的划时代成就而欢欣鼓舞，又为此而变得忧心忡忡，人们记起了美国作家爱默生的忠告："不会无偿地给予任何东西，一切东西均须付出代价"。在这种文化的悖论中人们深切地感到，必须突破那种以不变应万变的哲学范式，面对我们的时代树立起一种新的哲学意识。而文化哲学的兴起正是这种时代精神的产物，它的主旨就是要在增进人的物质文明的同时增进人的精神文明，把优化人的创造世界（自然）与优化人类自身统一起来，从而为世纪之交人类文明的历史转折提供一种价值选择坐标。这一主旨可以说是文化哲学基本问题的时代表达。因为人与自然的关系问题是贯穿人类文化发展始终的一般性问题，在不同的文化时代将呈现出不同的特色，当代思想家们呼吁人们去"反思理性""警惕文化的负增长""检讨我们的文化世界"，这些忠告均体现了我们时代的文化特色，表现了现时代人们站在时代高度去审视人的文化世界的强烈愿望。

面对我们的文化困境，如何从我们的时代精神出发去深化对文化哲学基本问题的理解呢？在我们看来可以从三个方面着手：

第一，进一步加强我们的主体文化建设。反思文化首先应该反思人，当前人类所面临的种种危机和困境，从根本上说来并不是由于我们的认识水平低下，而在于我们对自身的无知。我们还没有充分认识人作为主体性存在，其根本的价值取向是什么。用罗马俱乐部主席贝恰的话来说就是："我们拥有令人目眩的大量的知识。但在对人的存在、行动和幸福最为重要的领域，我们的知识太贫乏了。"① 人认识外物的知识与体悟内心的知识的不和谐，造成了人所应有的内在力量、能力和智慧与关于自身所达到的认识之间的巨大落差。要摆脱人类的困境，必须使人类对自身的认识来一次彻底的变革。在马克思看来，文化的进步说到底是人的进步，这种文化与人的进步是通过向内与向外两个维度同时展开的，向外表现为技术世界和文化符号的形式，向内则是人的实践的诸感觉（视、听、嗅、味、触、思维、观照、意志、爱等）的质的生成。在这种内在世界与外在世界的协调一致中，人们"能认识和领会真正合乎于人性的东西，使他能认识到自己是人"②。人之作为主体性存在，理性只是其规定性之一，但是理性并不完全代表人的终极价值和最高目的，因此必须在更广泛的视野中拓展人的主体价值。这一点结合当代中国文化发展的现实说来，就是要把中国的现代化理解为一种以人的现代化为核心的系统工程，特别是应把培养人的主体自觉意识（具体表现为诸如民主意识、生存环境意识、社会责任感和使命感等）当作首要任务来抓，从而使全体公民以一种健康开放的心态走向未来。

第二，注意优化人类的生存环境。主体文化意识的高下主要是通过人的对象世界反映出来，既然人化自然才是人类所追求的目标，则我们在改造利用自然的同时还应特别注意对自然的培养优化。良好的生态环境可以造福于人类，使人类得到提升，但是这种环境的产生多根源于人自己。不是自然的变化推动文化变化，而是文化变化推动自然变化。与农业文明相比较，大工业文明改变了自然本身的原始进化秩序，人的文化更多地参与了自然的进化，这一方面大大提高了社会生产力水平，但同时也意味着原始自然的生态循环系统的破坏，工业文明所造成的后果，仅凭自然力量是很难恢复的。文化一旦外化为某种独立的客观形态，则它便产生了不以人的主观意志为转移的属性。恩格斯曾经意味深长地告

---

① ［日］池田大作、［意］奥锐里欧·贝恰：《二十一世纪的警钟》，中国国际广播出版社1988年版，第22页。
② 《马克思恩格斯全集》第2卷，人民出版社1957年版，第166—167页。

诫人们:"但是我们不要过分地陶醉于我们对自然界的胜利。对于每一次这样的胜利,自然界都报复了我们。每一次胜利,在第一步都确实取得了我们预期的结果,但是在第二步和第三步却有了完全不同的、出乎意料的影响,常常把第一个结果又取消了。"① 恩格斯一百多年前所揭示的这种情况已为现代西方文明的发展现状所证实。当代中国在走向现代化的过程中,能否在促进经济技术进步的同时自觉抑制工业化对生态环境的破坏,合理地解决好人与自然的关系,这已为世人所关注。但反观现实,我们似乎不能盲目乐观,仅就生态环境而言,河流的污染、很多地域的水土流失、森林的乱砍滥伐、草原的沙漠化等,这些情况如不引起高度重视并加以抑制,必将造成严重的后果。因此当务之急就是要树立健全的生态环境意识,视自然为人类的朋友。

第三,应自觉检讨我们改造自然的手段。前面我们已经指明,物化的工具绝不可能印证人类的目的性存在,正是由于人们对于工具(中介)的物化态度才最终导致了人与自然的隔绝,人无法实现自己的真正本质。因此,我们在使用工具时,必须仔细考察工具的目的性,考察人对工具的文化态度。1955 年 7 月,以爱因斯坦为首的 52 位诺贝尔科学奖获得者发表了著名的《迈瑙宣言》,他们宣称:"我们愉快地贡献了我们的一生为科学服务。我们相信,科学是通向人类幸福的生活之路。但是,我们怀着惊恐的心情看到:也正是这种科学在向人类提供自杀的手段。"② 科学家们的这种呼吁引起了人们的重视,近年来,世界文化学者们开始自觉地检讨科学技术的社会功用问题,例如相继兴起的科学价值学、核伦理学、环境伦理学等学科,其核心目标都是在致力于技术进步与人的进步的统一。就我国的科学文化现状而言,常常是急功近利的线性思维模式主导着人们的行动,对于科学技术的发展水平、规模以及可能导致的结果尚缺少明确的预测,特别是在相当多的人的观念中似乎只要经济指数的增加就是目的,这种价值目标的单一化必然导致社会发展目标的单一化,因而社会主义所致力的丰富多彩文化发展目标也就不可能实现。所以,对于"工具"我们必须赋予其一种全面的人性,从而使工具在对

---

① 《马克思恩格斯全集》第 20 卷,人民出版社 1973 年版,第 519 页。
② 转引自亦然编《诺贝尔奖金获得者和他们的父母》,文汇出版社 1987 年版,第 48 页。

对象世界的创造中展示出复杂多样的文化规定性，从各个方面展示人类生活的价值与意义。

总之，人与自然的关系作为文化哲学的基本问题，它所体现的文化内涵是深远的，我们相信随着人类文化的进步，这一内涵也将进一步被揭示和丰富。

（原载《山东大学学报》1991年第1期）

试论文化哲学的理论源流

文化问题是 20 世纪哲学最为关注的主题之一。哲学对文化的这种关注所产生的直接结果，就是文化哲学思潮的勃兴。毋庸置疑，文化哲学的兴起，与人类近代以来，特别是 20 世纪的历史境遇有着直接的相关性。考察梳理文化哲学的这种历史文化背景，将有助于我们从整体上对文化哲学的发展脉络有一个客观的把握，同时对于深化当代文化哲学研究也是一项十分必要的工作。

一 文化哲学兴起的背景参照

哲学是时代精神的精华。一种哲学形态的产生与发展，除了哲学自身逻辑力量的支持外，其最巨大的推动力即在于历史和时代的变化。纵观文化哲学从兴起走向成熟的历程，其中渗透了如下一些人类文化背景的参照。

（一）世界范围内的现代化发展浪潮

近代工业文明导致了世界范围内的文化融合，人类开始了走向现代化的历史进程，这一点是文化哲学兴起的基本社会背景。马克思恩格斯在《共产党宣言》中曾深刻地预示过工业文明给今后世界文化所造成的影响：

> 资产阶级，由于开拓了世界市场，使一切国家的生产和消费都成为世界性的了，古老的民族工业被消灭了，而且每天都还在被消

灭。它们被新的工业排挤掉了，新的工业的建立已经成为一切文明民族的生命攸关的问题；……过去那种地方的和民族的自给自足和闭关自守状态，被各民族的各方面的互相往来和各方面的相互依赖所代替了。物质的生产是如此，精神的生产也是如此。各民族的精神产品成了公共的财产。民族的片面性和局限性日益成为不可能，于是由许多民族的和地方的文学形成了一种世界的文学。①

马克思恩格斯这里讲的"世界的文学"，即是指工业文明所促进的统一的世界文化格局。现代世界现代化的历史进程验证了马克思恩格斯的上述论断，大工业生产是现代化的本质特征，正是凭借大工业生产，人类社会的发展在近代以来呈加速度趋势。然而在世界性的现代化运动之前，世界各个国家、各个民族总的说来，尚处于文化的封闭状态之中，其历史发展和社会进化只具有区域意义而不具有世界性意义。正是大工业文明和科学理性精神，才使这种情况发生了根本性变化。工业化要求建立统一的世界市场，与之相应也必然要改变那种狭隘的区域民族文化观念，并促成不同民族间的文化融合。

诚然，对于当今世界的发展中国家来说，步入工业文明与现代化尚需走一段艰难的道路，但随世界现代文明的逐渐拓展，发展中国家越来越深切感到，现代化毕竟是现时代不可逆转的世界性历史趋势，文化形态的不同不应妨碍不同国家和民族对现代化核心内涵的认同。在现代化的进程中人们越来越感到，现代化本质上应是一种文化生长，任何一个民族的现代化，均有赖于人们对自己民族文化传统和人类先进文化进行创造性的综合，因之不能在绝对意义上认同西方现代化模式的示范意义。现代化是一个整体性概念，在现代化历史进程的背后，折射着全部文化层面的价值转换，无论是工具理性层面、政治制度层面，还是主体价值层面，都将经历一种重新的文化整合，都伴随着文化的反思与重建。人类现代化进程的这种文化观照，引发了一系列文化哲学问题，首先的突出问题就是如何处理文化的民族性与时代性的关系，即在葆有民族传统的同时培育一种适应现代文明发展要求而具有的超越民族狭隘视界的未

---

① 《马克思恩格斯全集》第 1 卷，人民出版社 1972 年版，第 254—255 页。

来精神。另外一些问题如现代化进程中的社会心理结构的更新、历史价值与伦理价值的冲突、发展大工业与人的个性弘扬等，这一切都有必要诉诸文化哲学的审视。

（二）20世纪人类对理性的反思与检讨

自17世纪西方第一次科技革命以来，科学理性精神为人类创造了巨大的文化财富，因而理性在对宗教愚昧取得了决定性胜利的同时，又成了主导人们日常生活的基本价值尺度。也就是说，理性不但是认识物质自然、判定事物真假的标准，而且也是社会进步和人的进步的希望所在，近代西方各种理性思潮尽管在内容上不尽一致。但其共同点就是坚信理性能够使社会经济、政治、组织、教育、道德以及人的行为的合理化。在这种文化精神的驱使下，西方国家的整个社会生活都实施了一种理性系统操作，乃至于每个人的理智、行为、价值观、审美趣味等，都朝着这个方向去发展，并与政治经济的理性运作相互协调、适应。

然而科学理性精神对社会生活的影响是双重的，这一点正是随着科学理性和工业文明的规模在20世纪的不断扩大而逐渐被人们认识的。一方面，科学理性精神可以"敦风化俗"，它的批判和创造精神激发了人的能动性，鼓励人们冲破宗教迷信的束缚去争取生存和创造的自由；但是另一方面，科学也在"伤风败俗"，科学打破了宗教迷信，却又代之以自己的科学迷信、科学主义以及与之相关的技术理性，使人们在摆脱了上帝的奴役之后又重新沦为科学技术的奴隶。在人脑的全部思维能力中，为实验科学所需要的逻辑思维能力、抽象符码的解读运用能力等只占很小的一部分，生理学家认为这还占不到人脑全部功能的万分之一。可是这一小部分功能却在科学崇拜的文化氛围下获得了超前的发展，而人的更多的潜能如感知、情感、灵感、体验及艺术审美想象能力却遭到了压抑和淡化，甚至形成了严重的萎缩和退化。人被"单向度化"了，失去了内心的自由和感觉的完整性。

从文化哲学层面反思科学理性，其重大使命就是对科学发现与创造的人文价值进行重新思考。20世纪科学技术对人类生存与发展的否定因素，使人开始认识到理性的非至上性，人们越来越感到，人类的文明活动不可以被完全视为一种纯理性的知识化现象，用大科学家爱因斯坦的话说:"科学只能断定是什么,而不能断定应该怎样"。科学理性决不应向反人性的方向发展,文化哲学思考的目的就是要致力于一种富有人文主义精神以利于人的全面发展的新理性意识。

(三) 文化的世界化:科学精神与人文精神的融合

20世纪人类对科学理性的反思,预示着一个重要的人文事实,这就是科学精神与人文精神的统一与融合,而且随着时间的推移,这一趋势越来越明显,许多人文学者预测,面对未来的世纪之交、千年之交,一个新的人类文化的整合时代即将到来。

本来,无论是科学理性文化还是人文文化,都是人类文化创造所必需的,人与自然是人所面对的两大对象和所要处理的两大关系,科学理性的弘扬弥补了人文文化对自然研究不足的缺陷,同时也显示了人类理性思维和改造自然的伟大力量。人文文化则展示了人性的尊严和价值,是对科学理性文化的必要补充和导引。然而这两种文化在现实发展中却往往呈现相互分离和对立趋势,乃至形成难以逾越的鸿沟。

20世纪80年代以来,世界一些著名的科学家、思想家出于对人类未来命运的担忧,开始了自觉地探索两种文化精神的结合及其可能途径。1986年,来自世界各地的一些著名学者在意大利的威尼斯集会,并发表了《威尼斯宣言》。《宣言》预示:"科学与世界上不同传统之间这种相互取长补短的新的交流打开了人类的眼界,甚至打开了通向新的理性主义的大门,由此可以产生一种新的形而上学的观点。"诺贝尔奖奖金获得者、生理医学家斯佩里认为:"早先科学的范围及其局限、对世界和人的本质的看法,以及科学作为一种智力、文化和道德的力量所引起的社会作用都正在发生根本的变化。过去对待人和自然上,科学观点和传统人道主义观点之间常常存在着分歧和不可调和的冲突。现在我们发现,这两种不可调和的观点已开始融合统一起来了,一种新的统一的解释构架出现了,它的出现不仅对科学,而且对于那些人类借以生活和找到意义的基本价值——信念的行动纲领都将具有深远的影响。"[①] 重新审视科学

---

① 斯佩里:《精神对脑的至上性:精神主义革命》,《自然科学的哲学问题》1989年第3期。

在整个文化体系中的地位，对科学加以人文主义观照，以求减少乃至弥合科学文化与人文文化之间的裂痕，这已成为一种引人注目的思潮。

随着20世纪科学理性精神与人文精神的逐渐接近，科学技术的具体研究重心也发生了明显的变化。突出标志就是无机的自然科学研究对象让位给有机的科学对象，如生命科学、遗传科学、分子生物学等，这些已成为20世纪科学中最引人注目的学科。20世纪的科学精神将不再以崇尚实证和理性并注重功利攫取财富为标志和重心，而要以注重功用，探索人的生命本体，探索人对环境的需求和适应能力、探索人的全面发展的可能性为重心，其目的是获取人类认识和创造的更大自由。

科学理性精神与人文主义思潮的统一与融合，为人类未来文化的整体性时代的到来展示了光明的前景，也为文化哲学体系的建构奠定了坚实的现实根基。

二　文化哲学发展的基本走向

从完整的意义上讲，文化哲学肇端于新康德主义。

众所周知，康德经过12年的沉思才构造出他称为"哥白尼式革命"的批判哲学体系。在他看来，以往的哲学都是在追求着真理，追求着最后的真实，在这种过程中人是消极被动的。而在批判哲学中，则是主体主动地构成世界，在这里哲学的主题就从对知识真理的追求，转而对人类认识的诸形式，即感性、知性和理性的功能的判断与限定，从被动的符合转为主动的创造。这样，康德对于有关实在知识的说明和他对于理性形而上学的批判，形成了认识论和形而上学的历史转折点。进一步我们看，康德的哲学革命在一定意义上也可说是19世纪末20世纪初的西方哲学变革的诱因。由于时代的限制，康德未能对自己已经意识到的主体意识的关键环节做进一步的考察，也未能对那个作用其全部理论基础的先天综合判断概念，进行更为本源性的探索。而后来的新康德主义哲学家们都指出了康德哲学的这一局限，特别是他们主张必须将康德在纯粹理性范围内所进行的哲学批判、扩展到对全部人类文化现象的检讨，进而提出通过对全部人类文化的研究，建构一种包含着逻辑认识和前逻辑认识的一切人类意识活动的文化哲学体系的主张。

从理性的批判转向文化的批判,是由狄尔泰开始的。狄尔泰作为新康德主义的代表人物,为了建立其文化哲学体系而首先进行了系统的"历史理性批判",他认为康德的"理性批判"只是一种认识论水平上的"知",其目的在于把握逻辑的东西,追问人的认识如何可能。而狄尔泰将"总体的人"作为研究的中心,强调人的文化哲学与自然科学的区别,强调现实文化创造主体有血有肉的知情意生活与无生命的死的"主体"的区别。他将本体论层次上的"悟"作为目标,追问人的体验和理解——"悟"如何可能?他要透过逻辑层面去直观其背后的"事情本身",即把握人的生命中那"先于逻辑的东西"。狄尔泰明确指出:人是什么,只有他的历史才会讲清楚,所以对人的全面理解有赖于对人的全部文化历史的把握。这样,狄尔泰从"知"到"悟",从"认识"到"体验和理解",从理性地把握逻辑的东西到全生命地"直面事情本身"便实现了哲学的第一个转向:从理性的批判到文化的批判。

狄尔泰的文化批判理论对后来的哲学发展产生了巨大的影响。如以文德尔班和李凯尔特为代表的弗莱堡学派(新康德主义的重要分支)便沿着狄尔泰的思路,把现实世界划分为事实世界和价值世界,并相应地把科学区分为自然科学和文化科学,并强调指出,哲学的对象不是现实,而是具有普遍意义的文化价值和超验价位,因此作为哲学的主要表现形式,应该是文化科学即文化哲学。

在狄尔泰之后,胡塞尔的现象学理论进一步从文化批判角度推进了文化哲学的思考。胡塞尔的"悬搁""还原"理论,究其实质就是要把那根深蒂固的"自然思维态度"(即逻辑思维)暂时"悬搁"起来,中止逻辑判断,以抵达逻辑背后而对事情加以本质直观。而所谓"还原"就是追究文化的根基何在,以把握那先于意识、先于主体的东西。特别应指出的是,后期胡塞尔张扬"主体间性"和"生活世界"理论,则使现象学不仅是一种意象性理论,而且成为价值重估和意义再释的文化批判。胡塞尔认为拯救现时代人意义失落和价值危机的唯一方式就是清除传统理性哲学所设计的虚幻物质世界,唤起人们对真正的"内在世界"的向往,将哲学的视野指向人类精神的周遭生活世界,从而赋予它以现实的人本主义含义。一言以蔽之,胡塞尔强调只有将生活世界作为人的价值存在的基础,那一度失落的人的意义才能重新复回。

受胡塞尔这种文化哲学思路的启示，海德格尔、伽达默尔和利科尔等人进一步推进了这种文化哲学思考。如海德格尔从"解释的循环"入手，紧紧抓住历史、文化、文本与理解中的一套先行结构，即先行具有、先行见识和先行把握，意在说明人的理解是整体生命的，是一个生命对另一个生命、一个主体对另一主体的理解。理解是一种领悟，是对现实文化的一种全新体认；伽达默尔则认为，哲学的人文主义精神在近代的科学认知中被窒息了，因此文化哲学建构的出发点应是"历史人文科学保持的人文主义精神"，他甚至进一步认为，人们都在特定的历史文化传统中展开理解，理解者的理解对象都是具体的历史的存在。伽达默尔将这种过程历史称为"活动历史"，在理解中我们始终是历史的一部分，我们在理解历史的同时也参与创造了新的历史和文化。利科尔也同样认为，意义的家园是某种不同于意义的东西，解释学首先是一种研究理解和解释"文本"的哲学，而这种"文本"是一种符号体系，也是"语义上凝结的生活表现"和生活意义的客观化，因此文化也必然作为一种"文本"参与进了理解过程。[①] 有鉴于此，利科尔强调，理解"文本"，不只是从心理上重建原作者的理智意义，而且总要超越作者本来的意向，通过其与可能的存在达于广阔的社会文化与历史。

对文化哲学体系的系统阐发是由德国当代著名哲学家卡西尔完成的。卡西尔把颇有影响的解释学和结构主义哲学引入自己的哲学体系，明确地打出了"文化哲学"的旗帜。在他的哲学追求中，已明确意识到：人的经验和知识不限于科学体系，还包括人类文化的一切形态，因此他主张要把康德的主体能动思想推广到整个人类的文化领域。因为在人类一切文化领域，人类精神不仅起着调节作用，而且起着构造作用，一切文化的创造，都是不同历史时期的经验和知识，而一切文化都直接或间接地折射着人的价值光辉。很显然，在卡西尔的文化哲学视野中，有一个贯穿始终的价值轴心，这就是人的主题。这一主题强烈地表现在他的各时期的著作中，如《语言与神话》《符号形式的哲学》《文化哲学的自然主义和人文主义基础》《人文科学的逻辑》和《人论》等。以人为核心，卡西尔层层展开了他的文化哲学理解。择其要义集中表现在如下两方面：

[①] 利科尔：《解释学与人文科学》，河北人民出版社1990年版，第148页。

第一，对"人是什么"的文化解答。卡西尔认为，当代科学技术越发达、越凸显了人的危机，需要从新的角度认识和把握人性的内涵，以使人的问题能真正解决。他指出，传统哲学以理性规范人的本质，并不能真正地表达人性的应有之义，他提出人是符号的动物，"我们应当把人定义为符号的动物……只有这样，我们才能指明人的独特之处，也才能理解人开放的新路通过文化之路。"①人通过"劳作"所产生的文化结果，集中地表现为一系列符号形式，符号思维和符号活动是人类生活中最富有代表性的特征，而且人类文化的全部发展都依赖于这种条件。而"符号的世界"就是"文化的世界"，人类在符号的宇宙中，即在文化的世界中生长着、发展着。人类的"劳作"、人的创造符号的活动，就其实质而言乃是向"文化的人"的一种生成。第二，对"符号形式"的研究——哲学的主题。既然"符号的宇宙"表征着人的整个文化世界，则卡西尔认为，对各种符号形式——语言、神话、艺术、科学等的研究，便构成了哲学研究的主要任务。通过这种符号形式的哲学研究，哲学思维才能深入到文化哲学的层次，才能洞悉人类文化的底蕴。据此他认为人的哲学归根到底不能不是一种人类文化哲学，文化无非就是人的对象化结果，无非是符号活动的现实化和具体化。正是人的符号活动在人与文化之间架起桥梁：文化作为人的符号活动的"产品"成为人的所有物，而人本身作为他自身符号活动的"结果"则成为文化的主人。因此卡西尔的结论是："作为一个整体的人类文化，可以被称为人类不断自我解放的历程。语言、艺术、宗教、科学，是这一历程中的不同阶段。在所有这些阶段中，人都发现并且证实了一种新的力量——建设一个人自己的世界，一个'理想'世界的力量。"②

总的来看，卡西尔的文化哲学思考面向了人类的全部文化形式，在他的文化哲学建构中，形而上的人性本质思考与形而下的对具体文化形式的阐释被有机地统一起来了。他强调对人的研究必须从对人类文化的研究入手，因此一种人的哲学也就必然应该是一种文化哲学。人只有在文化创造中才能成为真正意义上的人，也只有在文化活动中，人才能获

---

① 卡西尔：《人论》，上海译文出版社1985年版，第35页。
② 同上书，第288页。

得真正的自由：文化不断发展，人的本质也不断地处在制作之中，处在不断地创造文化的辛勤劳作之中。人性实质上是一种无止境的创造性活动。

在卡西尔之后，当代西方文化哲学的发展呈现出多元化发展的繁荣态势，而且在各种文化哲学的建构中，日益显示出鲜明的理论特色。沿着卡西尔文化哲学所努力的方向，各种文化哲学理论纷纷产生。这里我们只扼要介绍几种主要的文化哲学理论。

1. 结构主义的文化哲学。如果说列维·斯特劳斯和弗洛伊德是20世纪上半叶文化结构主义各派的代表的话，50年代后结构主义文化哲学的代表则以德里达和福柯为代表。结构主义文化哲学试图从结构角度说明人类文化现象和社会生活。德里达特别侧重于对文化结构变化的内在原因的探寻，他认为，差别作用产生了历史与社会之中的一切结构系统，差别既促进结构的形成，又不断地促使结构的瓦解。他主张从共时和历时两个角度去研究结构，认为发生与结构是互补的，一切都在一个永无止境的差异过程中产生和替代，因而不可能达到完整的总体。福柯以新结构主义的姿态提出了"知识考古学"文化理论，该理论具有强烈的反传统意味。他认为，要想了解历史和文化，就要用考古的方法，把各个时代的意义像挖掘文物一样考察其所置身的考古层面，探索其存在于该层面的原因与作用。福柯强调，文化因素制约着我们的思想甚至想象力，每个人的想象力由其生活的时代所激发，而每一时代都有自己的知识代码。因此，人类文化的最终确定，在于通过知识考古学来确定人生的时间和空间。

2. 现象学的文化哲学。在现象学文化哲学的理解中，奥裔美籍哲学家彼得·伯格的学说较有代表性，他沿着胡塞尔的方向，主张哲学研究对象的一切先入为主的解释以及偏见抛开，求助于直接的了解与认识。伯格把"文化"定义为"人类产品的总和"，在人类的全部产品之中，"符号"具有突出的重要性，因为它们能概括、客观的为他人理解，能超越最初表达它们的时间和情境。伯格认为符号是"任何跨越实在范围的有意义的主题"，而符号语言是"获取这种超越的语言模式"，从历史上看，宗教、艺术和哲学都属于最重要的符号体系。总之，符号和符号体系为社会事务和集体世界观提供了重要的制约力量，因此是日常生活实在的基础部分。

3. 西方马克思主义的文化哲学。众所周知,"西方马克思主义"关注的中心是社会问题,文化批判自然在其视野之内。因此在西方马克思主义的一些思想家如卢卡奇、马尔库塞、布洛赫、哈贝马斯等人那里,都较为系统地对社会与文化问题进行了批判性思考,因此被称为"文化理性批判"。这里我们主要介绍一下哈贝马斯的文化哲学理论。哈贝马斯哲学有一个重要的概念:文化的内在化。他认为文化诚然是一种外在现实,但人还是要将其不断地内在化,即不断地通过学习使文化为己所有。只有通过文化的内在化,人才能适应社会生活,成为"有效于社会的一员"。哈贝马斯曾系统地讨论过文化的进化问题,认定人类文化进化的过程中有四个阶段,这些阶段由决定可能制定形态的不同组织原则、利用生产能力的程度以及社会适应复杂环境的能力来表征。现时代对统一、秩序的认定已不再是上帝和自然的绝对规律,而是一种道德和价值的思考。特别应注意的是哈贝马斯的"交往理论"将其文化哲学的思考进一步向现实生活做了拓展,他强调"交往"的实质是实践活动中或现实生活中的主体间的意识沟通。他的交往理论具有鲜明的现实性和批判性,认为必须对现实生活中的各种保守因素如传统、成见、视界等进行自觉的批判,因为这些因素有碍于人们在生活交往中的相互理解。只有通过否定这些保守的因素,重新建立主体间的交往形成如真实、诚恳、正确、可领会等原则,才能保证交往的无阻碍的进行,进而达于文化的发展与进化。

4. 科学哲学的文化哲学建树。20世纪科学主义和人文主义的融合,体现在哲学研究领域的一个重要表现,就是一些科学哲学家在其理论著述中将文化哲学的方法论原则体现其中,从而使其哲学理论具有浓厚的历史文化特色。如库恩的"范式"理论就强调,科学的范式是由特定的概念框架、价值标准及文化观念等因素构成的,它处于不断的历史变化之中。费耶阿本德突破了西方传统的科学观,他从人道主义立场出发,反对科学沙文主义,主张理论研究方法的多元性。他特别指出,科学理论和科学活动并不是一种纯客观性的追求,其中体现了主观意志、文化习俗、利益偏见、价值追求和情感体验等主体因素。这样,费耶阿本德便将现实生活中的经验、文化及传统等因素融汇到了自己的哲学之中。

科学哲学的这种向人文领域的拓展，在罗蒂那里达到了一种新的综合，他作为分析哲学的主要批判者，特别强调分析哲学的人文导向，认为应建立一种"后哲学文化"，这种哲学不再是一门关于永恒主题的学问。相反，它是一种文化类型，一种"人类交流的声音"，这种交流在某一时间内围绕着某一话题展开。也就是说，哲学功能在于参与各种文化形式以及各种社会团体的交流和对话。应该说，罗蒂的"后哲学文化"视野表明了科学思潮正通过文化与历史的参照中介与人文思潮汇流，进而预示了文化哲学在今后的发展中将展示出新的魅力和前景。

　　限于篇幅，我们这里侧重从哲学自身的演变线索纵览了文化哲学发展的基本轨迹。从中我们可以鲜明地感受到，20世纪文化哲学在其流变过程中正越来越成为当代哲学研究的主导视角。另外与20世纪文化发展的多元性特征相对应，文化哲学在研究方法上也呈现出了多元化格局，不仅哲学（如现象学、解释学、分析哲学）为文化哲学建构提供了新的研究方法，而且诸多相邻学科（如心理学、社会学、语言学、人类学等）和许多新兴学科（如系统论、信息论、传播学）也纷纷介入文化哲学。文化哲学在当代的兴起，客观上确实带来了哲学中心问题的转换、哲学研究方法的多元以及哲学精神追求的丰富，可以预测，文化哲学在今后的发展中必将以更为广阔的文化视野、直面生活现实的理论品格以及执着的人文主义精神，去关注人类的存在命运以及哲学的命运。

（原载《文史哲》1995年第1期）

人文精神及其当代价值定位

人文精神问题作为中国20世纪90年代文化研究的热点之一，日益引起学术界的关注。由于这场讨论是在中国市场经济体制转型的社会背景下展开的，所论及的主题容摄了形而上的终极关怀和形而下的现实关注，因而已超出狭义的人文学科范围，波及社会学、法学和经济学等诸多社会科学领域。随着讨论的展开，人们越来越感到，人文精神问题的讨论并不仅仅是纯学理的争论。相反，人文精神作为特定时代社会文化生活的内在精神，它体现了该时代文化主体的精神品格，表达了该时代文化生活的价值理想。从这一视角出发，如何着眼于当代中国的文化发展，从历史主义和现实主义视野去开掘人文精神的现代价值内涵，这便成为深化人文精神研究应着力思考的课题。

一 人文精神的基本特点

人文精神问题与人的现实文化实践究竟是一种什么样的关系，这是当下这场人文精神讨论中人们普遍关注的问题。笔者认为，对于这一问题的合理理解，首先有赖于明晰"人文精神"的概念内涵。尽管人文学科的特殊品格决定了我们很难在一种严格规范的意义上给出一个人们共同认可的"人文精神"定义，然而这的确是人文精神问题讨论的深化所必需的。我们认为，人文精神指人类文化创造的价值和理想，是向人的主体生命层面的终极关怀，是人的现实文化生活的内在灵魂，也是支撑特定民族文化生生不息向前发展的核心动力。

人类的任何文化创造性行为，在根本意义上都离不开人文精神的支撑，人文精神是文化价值的最集中体现。我们通常所言的"文化"概念，由表及里包含如下三个基本层面：第一层面，文化指涉的是人类全部的创造物，即人们通常所说的物质文明和精神文明的总和；第二层面，文化指涉的是人类精神领域里的创造物，其中主要包括人文科学、社会科学、自然科学和艺术等；第三层面，文化表征的是人的主体精神世界，在此层面，文化作为匡正人类行为的内在整合力量，它是人的自由追求、创造能力和超越意识的集中体现。而这第三层面的内容作为文化的内核，即我们这里所论及的人文精神。众所周知，人类首先是一种现实性存在，这种存在规定性决定了人类必须以一定的物质生活资料及相关的社会秩序（政治的、经济的）为基本条件；然而仅仅如此人还不能真正实现其本质，为了使活动真正成为人的自由的活动，人类还必须进行一种超越现实存在的文化活动，以赋予人的现实生活以价值和意义，将其纳入某种意义系统，并进而构筑一个文化的理想世界作为他的终极目标和人生意义，以此来亲证人类作为超越性存在的主体本性。这样，"文化"概念所包含的这三个层面，体现了人类由现实生活到理想世界的不断进取的努力。这种努力对于任何一个民族的文化实践说来，都是必需的，因为文化在其完整的意义上，不仅仅是人所创造的对象世界，在更核心的意义上，它构成了人的存在方式。文化的每一次进步，它在为我们打开微观的或宏观的崭新世界的同时，也为人类更好地反思自身和确证主体的生命意义开辟了新的路径。

　　明确了人文精神的一般规定，从历史主义的哲学视野出发，我们可以进一步把握到人文精神在文化发展的具体过程中所呈现的突出特点：

　　首先，人文精神具有普遍性特点，它体现于人类文化创造过程的始终。人文精神虽有不同的时代内涵，但它作为人类一种超越性的价值追求精神，是任何文化生活的内在灵魂，因而必然体现于人类文化发展的具体过程并贯穿于文化发展的全部历史中。人文精神不能脱离任何具体的文化实践而独立存在，任何具体的文化实践也离不开人文精神的支撑。质言之，人文精神与人的文化实践生活是须臾而不可分离的。无论是东方还是西方国家和民族，在其文化的历史演进中，人文精神作为一种永在的文化价值，一直贯穿于人们的文化追求之中。

　　其次，人文精神具有世俗性特点，它是一种面向整个大众文化生活情势而渗透于其中的价值理想。这一特点根源于人类文化生活实践的广泛性。人类的文化实践活动体现于人们社会生活的方方面面，因而在文化的每一领域，都有一个人文精神的价值导向问题。也就是说，人文精神所谋求的是社会文化价值的整体性进步和提升，而绝非仅致力于某一文化领域或层面的精神优化，因此人文精神在现实的文化实践中必然要把视野投向整个社会生活。众所周知，文艺复兴作为近代西方划时代的人文主义思潮，它大力倡导尊重人的世俗感性生活，即肯定人的内心世界、人的情感和意志、人的道德和良心，讴歌人的创造天才；之后继起的启蒙思潮，许多思想家如卢梭、爱尔维修等，都自觉致力于把人文理想向社会普及的工作；20世纪兴起的西方人文主义思潮，更是一种对整个社会生活的反思与检讨。同样在近代中国，以"五四"为标志的新文化运动，所引发的人文论争涉及文学、艺术、道德、宗教和政治等社会生活的各个方面，并引起了社会生活的广泛回应。作为新文化运动主将的鲁迅，更是发人深省地指出："最要紧的是要拯救国民性！"即要从社会世俗生活层面唤起人的人文觉醒。这都表明，唯有人文精神向社会世俗生活的广泛渗透，才能真正唤起全社会的文化自觉。

再次，人文精神在其现实表现上，又具有多样化、多层面特征。人是一种历史性存在，在人类解放及其价值实现的历史长河中，总要在不同的时代实践各种具体的人性问题，因此人文精神也将会以不同的方式得到呈现；另外，人的主体价值需要也是多层面的，无论是理性、道德与审美层面，还是精神信仰层面，都是人的发展与完善所必需的，因而这些不同层面实际上都有一个人文精神的关怀问题。这里我们强调人文精神的多样性与多层面性，从现实文化发展实践的角度说，至少有两方面的文化事实根据：第一，民族文化传统的事实。由于社会发展进程和文化传统的差异，不同民族在人文精神建构上，必然会面临着一些不同的课题，这将相应导致人文精神价值选择上的多样化与多层面；第二，自我个性完善的事实。在人的个性充分发展、主体自我意识不断增强的今天，人们的价值观不同，人生追求也趋于多样化。需说明的是，我们这里强调人文精神的多样化与多层面特征，并非主张人文精神的相对主义，如前所述，人文精神作为人类文化的内在灵魂，也总是具体的、历史的体现于现实文化发展的过程之中的，正是这种发展的多样性和多层面性，才促成了人文精神的发展生机。

最后，面向未来的文化发展，人文精神具有开放性特征。文化是一条从过去流向未来的奔腾不息的河。作为文化的内在灵魂，人文精神将适应人类的这种文化进步而永葆视野上的开放性，以人的全面发展为最高目标，去不断的在时代生活中更新自己、发展自己。这具体表现为：第一，站在时代的高度，以时代精神去重新发现和审视人类既有的人文精神传统。人类以往的整个文化精神成果都是新人文精神创造的广阔背景。人的某种现实文化需求往往唤醒了人文精神传统的某个部分或侧面，从而使人文精神的传统价值在当下的文化视野中凸显出来，进而成为现实新人文精神生成的有机部分。从这个意义上说，正是人文精神的开放性特征，使人文传统与当代人文精神的对接成为可能。第二，热切关注现时代的人类社会生活情势和历史命运，通过这种关注体现人文精神对现实文化的批判本性，并为现实文化实践提供价值范导。人文精神的超越本性，使它葆有着既追踪现实又检讨现实的双重品格，即"在对现存事物的肯定的理解中同时包含着对现存事物的否定的理解"[①]。现存的一切并不都是"现实"的，真正的现实应该是面向未来敞开自身的内在必然性，即人的发展所昭示的有待实现的超越之境。第三，向未来开放。人文精神的终极旨归是人的全面发展，因此它既应是对人类现实文化发展的一种价值导引，更应该是为人类未来发展提供一种价值参照和理想目标，激励人去超越现实自我而追求更高的人生境界。

二 澄清人文精神理解上的误区

通过以上考察可以看到，人文精神作为文化的内在灵魂，它像一条红线贯穿于文化发展过程的始终，它时刻贴近时代与生活，并以一种开放的态势，把完善人的主体精神世界及展示人的超越追求作为其根本的价值旨归，这也正是人文精神在当代文化生活中引起人们广泛关注的原因之所在。我们在目前进行人文精神问题的思考时，应该对人文精神所蕴含的这种价值取向有一个充分自觉的认识，唯如此，人文精神问题的

[①] 《马克思恩格斯全集》第23卷，人民出版社1972年版，第24页。

讨论才不会偏离时代发展的主题,才会对现实文化的发展有一种实质性的推进作用。然而,就目前人文精神讨论的现状看,却并不尽如人意。甚至说目前的讨论存在着各种价值取向上的混乱,而这种混乱又直接模糊了人文精神在当代文化发展中的主导视角,进而给世纪之交当代中国人文精神的重建增加了诸多不利因素。笔者认为,其讨论的误区主要表现在如下几方面:

第一,把人文精神简单等同于"文人精神"的倾向。一些人文学者认为,人文精神主要体现为知识分子的一种生存和思维状态,是一种知识分子为学处世的原则和精神。依这种观点,导致人文精神反思的背景是中国市场经济体制的转轨,使知识阶层尤其是人文知识分子的生存空间受到严峻的挑战,地位也趋于边缘化。在这种情形下,人文精神讨论所涉及的主题自然也该是"人文精神与文人操守""人文精神与人文学术危机"等。我们认为这种对人文精神内涵的把握充满了浓厚的精英气息和贵族化倾向。诚然,当代中国的市场经济体制转型,的确波及了人文知识分子的生存空间,但须知,与中国的社会转型相对应,我们面临的则是更严峻的现代文化重建的主题,人文学术的命运问题只是这一时代大课题的一部分内容。如前所述,人文精神作为整个社会文化发展的灵魂,它的最切实的根基应该是关涉全民族文化兴衰的整个社会,因此我们应该把这种人文关注指向每一个普通人的生存状态和人生境遇。唯如此,才能体现人文精神的世俗性特征。应该看到,知识分子在社会生活中,较之一般人对人文精神的价值有更自觉的体认,因而更负有在社会生活中去强化人文精神的重任。但是知识分子只有摆正自己的社会位置,自觉地把自己的生存状态同整个社会联系起来,实现文人精神与世俗精神的沟通,现代人文精神的重建才会在现实层面得以推行。

第二,缺乏对人文精神时代主题的自觉意识。回顾人文精神在人类文化发展中的历史流变我们已经看到,每一次人文精神的反省都有其鲜明的时代主题,都是在热切关注社会历史情势和现实人生的过程中深化、丰富和提升其价值内涵,并促进了社会的历史性进步的。反观我们目前的这场人文精神讨论,却缺少这种时代视野,呈现出思路狭窄、主题模糊的局面。例如在讨论中,将人文精神简单等同于西方近代人文主义思潮而予以拒绝者有之,借弘扬人文精神之名而将其操作成为"新国学热"

"新儒学复兴"者有之,将人文精神的提倡限定在人文学界和知识阶层,进而将人文精神危机等同于人文学术的不景气者有之,把弘扬人文精神作为一种防御性口号而行文化保守主义之实者有之……凡此种种,我们认为都是当下人文精神讨论中的不和谐音,都会在根本点上弱化我们对人文精神时代主题的体认。因此,我们应该站在时代高度达到这样一种共识:既然人文精神是一种关注人的现实文化生活、增进人的主体自我意识的价值追求,那么我们就不能只一味地在"学理"层面游弋,而应超出狭隘的知识界范围,以一种历史的责任感和使命感,去放眼改革开放进程中的中国文化,作一种切实具体的文化反思,以求得重建当代人文精神的实质性创获。

第三,存在着比较明显的浮躁与急功近利心态。这具体表现为:一些学者在参与人文精神的讨论中,对当代中国人文精神重建的艰巨性缺乏足够的认识,而往往以一种情绪化方式,把人文精神的重建简约化为人文精神的宣传,指望一朝一夕就能达到预期目的。而当自己的人文建构思路与现实生活产生巨大反差时,则又流于另一极端,即放弃历史的责任,退回到自我操守的设计而"独善其身",对全社会的人文精神重建产生悲观失望情绪。还有些学者在讨论中,只把人文知识分子的生存危机的改变作为重建人文精神的主要内容,围绕当前的利害而患得患失,这也就难免偏离人文精神的时代主题。所以,我们在人文精神的讨论中应该清醒地认识到,人文精神的重建将是一场伴随当代中国社会转型和现代文化生成的跨世纪历史课题,可谓任重而道远,需要我们紧紧围绕这一历史主题,澄清各种模糊认识,踏踏实实地做一种艰辛的努力。

三　人文精神的时代课题

培育社会主义市场经济新体制,这是当代中国改革开放和社会发展的中心目标。随着改革的深入,人们越来越感到,文化的发展对于社会主义市场经济建设的成败有着至关重要的作用,因为改革的最终目标是中国社会的整体性进步。人文精神作为时代文化生活的内在灵魂,其对中国文化的现代化生长起着价值导向的作用。因此,当代中国人文精神的重建在其价值取向上应该是:汲取 20 世纪世界文化精神的精华,在光大民族文化传统的前提下，把当代中国人主体自我意识的培养和现代人格的塑造作为一项基础工程，以求得在一种宽广的人文背景下实现我国市场经济的健康发展和社会的全面进步。

放眼世界，拯救人类精神危机，调整文明的分裂与失衡，是 20 世纪最根本的文化课题。伽达默尔指出："20 世纪是第一个以技术起决定作用的方式重新确定的时代，并且开始使技术知识从掌握自然力量扩转为掌握社会生活，所有这一切都是成熟的标志，或者可以说，是我们文明危机的标志。"[1] 技术理性对人类社会生活的全面渗透，一方面带来了物质财富的巨大增长和富足，但另一方面也使人的社会生活越来越技术化，人成了技术的一个环节，而不再是历史、传统和文化中的存在，不再是具有超越意识的创造者。当"物的世界"充斥于人的社会生活时，人的主体存在和"生活世界"就往往被遗忘和"遮蔽"，人类便失去了他的存在之根，成为精神荒原的流浪者。这种由于人的活动效果的二重化所导致的理性与价值的背离，造成了人的现实文化层面的一系列矛盾和冲突：公平与效率、经济与伦理、历史进步与道德完善、科学文化与人文文化、物质文明与精神文明、现代化与民族传统，等等。正是基于对现代文明的这种分裂与失衡的深刻体认，20 世纪西方的思想家们才兴起了旷日持久的人文主义思潮，生命哲学、意志主义哲学、现象学哲学、存在主义哲学、法兰克福学派等都从不同的角度反思了人文精神的历史主题。

中国的社会转型和市场经济实践，是在 20 世纪世界文化发展的时代背景下展开的，这种历史境遇决定了我们的社会发展与现代化实践，必然要对当代世界文化的合理精神进行消化和吸收，如此才能有真正的成就。然而在市场经济运行的现实层面我们已经感到，对于当代西方文化发展所呈现出的正负价值，我们尚缺乏一种自觉的认识，对于西方的社会发展与现代化之路，我们也并未做深入的反省，往往是将其视为自明的、无须批判的文化经典。这就很难避免重蹈西方的覆辙。尤其需指出的是，经历了"文革"动乱，不少人的理想信念迷失，加之西方各种文化虚无主义价值观的渗入和市场经济的全面推进，他们就更倾注于现实的物质利益和感官享受，满足于生活的物欲宣泄。而这种人生的感性化

---

[1] 伽达默尔：《科学时代的理性》，国际文化出版公司 1988 年版，第 63 页。

和平面化，客观上又必然导致人的精神追求上的肤浅和低层次，从而淡化人生的责任感和使命感，使人生渐渐失去了庄严的目的。这种现状如不加以扭转，将与我们改革开放和现代化的初衷背道而驰。因此，着眼于人文精神的当代价值取向，在现实文化实践层面我们应该达成如下共识：

1. 全面合理地把握现代市场经济所拥有的人文内涵。

围绕市场经济，一些人文学者认为，市场经济体制的推行刺激了人们的物欲膨胀，导致人文价值的失落，因此，市场经济是人文价值失落的"罪魁祸首"。其实这种似是而非的论点是经不住推敲的。众所周知，"市场"作为人类文化发展到一定时期才出现的经济现象，它并不是单纯的经济活动本身发展的结果，而有着非经济可以包括的深厚而全面的人文原因。从广义上讲，经济行为也是人类特有的文化实践形式，经济活动要通过一定的文化形式进行，在经济产品中必然体现着特定时代的文化精神。任何经济实践都不是一种无主体的自发行为，在某种经济活动和经济模式背后，总存在着某种人文观念和文化意识的支配。进入 20 世纪以来，随着现代经济生活的不断拓展，人们的文化意识也不断更新，并越来越明显地渗透于经济领域中，为现代经济的发展提供着精神动因。如"自由""平等""公正""守信"这些人文概念其实都源自最初的市场经济行为，在今天这些文化精神也是市场对人的要求。目前我国在推进社会主义市场经济中所出现的各种弊端，如道德滑坡、物欲横流等，确有市场经济本身的影响，但更多的则是由社会体制转轨促成的，而不是市场经济的必然结果。不容忽视的是，由于传统及计划经济体制下的等级制、权力意志、平均主义等习惯势力的影响，使市场经济在一些领域的实际操作中被扭曲和变形，如权力经济、投机经济、割据经济、伪劣经济、宗法经济等渗透于我们的社会经济生活中，这些不正常现象恰恰不是市场经济造成的。

以一种历史主义的态度来对待市场经济，我们才能对市场经济的人文内涵有一正确的理解。马克思主义经典作家强调：尽管商品经济发展伴随着诸多恶的方面，然而必须看到，商品经济是培育现代文明意识的基地。唯有经过现代市场经济的洗礼，传统自然经济背景下的血缘纽带、封闭守旧意识等才能得到真正的根除。从这个意义上说，当代中国的市场经济实践是一场真正的"人文革命",它在目标指向上不仅仅是经济的进步,更是一种新文化的再生,是人的现代化的一种真正实现:告别昨日陈规陋习,吸纳现代文明之风,不但要以富裕取代贫穷,而且要以文明取代愚昧,以实现一种真正体现人的现代文化追求的生活。

2. 努力推进中国现实社会生活的人文教化,全面增强人的现代素质。

马克思曾指出:"工业的历史和工业的已经产生的对象性的存在,是一本打开了的关于人的本质力量的书,是感性地摆在我们面前的人的心理学。"① 马克思的这一思想提示人们,经济发展始终包含着对人的本质的深切关怀,因而应该着力去培养、增宏这种人的价值和理想。在西方的现代化进程中,人文精神教化是伴随其中的重要课题。人文教育以人性的完整、丰富和全面为目的,反对单纯片面的理性实证教育。如20世纪初兴起于德国的"人文教育学",其基本主张就是:人的生命是完整的,所以,教育应该培养完整的人格,教育应该致力于生命与文化的和谐统一。人的社会生活是全方位的,因此我们应该致力于社会各个领域人文氛围的优化,特别是除了在经济领域之外,如政治领域、社会交往、科技领域、文艺领域以及人的日常生活等,真正创造一种有利于实施人文教化的必要条件,使每个人能经常处于人文环境的陶冶之中。

人文教化的目标是使社会的每个人成为整体素质全面发展的现代文明人。这应当包括:(1)鲜明的个性意识。人的个性解放是现代社会健康发展的前提,因为只有每个人充分体现主体意识和自由个性,他的创造潜力才能充分发挥出来,并体现于各种现实文化活动之中,达到人们文化生活和文化形态的多彩多姿。人的个性发展既是人类文化创造的结果,又是新的人生追求的动力。(2)开拓进取的人生态度。现代社会生活呼唤着人生观的变革,其基本要求就是竞争、开拓、进取。人们唯有不断地超越自我、开拓进取,才能适应不断变化的新形势,创造有活力的自我形象,创造出有效益的工作方式,创造出丰富多彩的生活。通过开拓进取既能拓展主体的文化视野,又能营造出有生气的现代文化环境。(3)庄严的道德感、使命感和社会责任感。人是一种社会性存在,人文教化在唤起人的自我意识的同时,也要通过一定的形式把这种自我意识

---

① 《马克思恩格斯全集》第42卷,人民出版社1979年版,第127页。

体现在现实生活中。道德感、使命感和社会责任感正是人自身的尊严和生命质量在社会生活中的体现，尤其是在目前的市场经济与社会转型的时代氛围中，能真正做到不媚俗，不随波逐流，不为物欲所累，通过超越感性生活层次而唤起自我的良知，葆有人的尊严和风度。（4）开放的文化视野。在全球信息一体化的背景之下，现代民族文化的发展将是一种开放型文化，它要求每个民族的文化发展都应以世界文化为背景参照，通过视野的开放来汲取新知识和现代人文素养，以更新自我、完善自我。总之，通过全社会的人文教化，我们才能逐渐创造出一个适合人的全面发展的人文环境，使人们能够较为顺利地步入一个道德、情感和智慧融合一致的生活境界，进而为人文精神的现代化重建奠定坚实的基础。

（原载《哲学研究》1996 年第 4 期）

当代文化哲学建构的中国资源

一　问题的提出

我们知道，文化哲学研究不是一个纯粹学理性的问题，而是一种将哲学的形而上思考奠基于现实文化之上的当代哲学发展的新形态，是一种打通理性与经验、"形上"与"形下"两种思维运思屏障的新的哲学态度和研究方法。显然，文化哲学的探求带来了当代哲学变革的契机，文化哲学是一种"上下求索"的哲学，它是从哲学形而上的价值理想预设出发，去审视和研究人的现实生活世界和文化世界，从中探求人们的生存本性、行为根据、存在价值、生活意义乃至前途命运，去求解人的现实文化实践背后的人文精神，并展示个体生命存在的多样化特征。

在全球化时代，在全世界各民族的交往中，文化扮演着越来越突出的角色。我们的世界越来越呈现为文化的世界。对人与人的文化世界关系之合理内涵的系统阐发，正是当代文化哲学的根本性任务。回答和解决当代人类文化实践所提出的问题并形成文化自觉意识，便成为文化哲学建构的根本目标。

而文化世界是有民族性的。全球化背景下，不同民族对自身文化个性的呼唤与捍卫，是文化世界健康发展的重要前提。与之相对应，文化哲学作为当代哲学介入生活的重要话语方式，既具有普适性，更应具有民族的个性特色。五四运动前后，中国学者以西方的视角，依傍西方的哲学研究范式，从文化哲学定义的界说、内容的分类、问题的范围、概念的运用，到文本的解释等层面，试图与西方文化哲学接轨，以回应中国文化生活实践问题的解决。进入21世纪，中国的文化哲学研究在经历了大半个世纪的引进、消化与吸收之后,[①] 是否有必要开启"中国化的文化哲学"研究时代?

任何哲学的基本精神与言说话题,都离不开所处时代的文化语境。其言说与展开方式与该民族发展的当下文化境遇息息相关,所以常常需要在其所面对的文化资源中寻找答案。正是在表明某种"文化身份"的意义上,我们才提出了当代文化哲学研究的中国资源问题,其目的是在当代文化的创造实践中确定民族精神文化之"本我"。

二　中西文化哲学的展开逻辑

从发生学的意义上来说,中国哲学是一种"准文化哲学"。

由于文化传统上的差异,中西在对待"哲学"与"文化"的关系上,也表现出了不同的特色。

海洋作为希腊文明创生的初始环境,使希腊人本能地把人与自然区别开来,认识到必须认识自然才能进而驾驭自然,因此人与自然之间在古希腊人那里便呈现二元两分的张力结构。在这种二元张力结构中,抽象的理念本体逐渐被推崇到至尊地位,相应人的现实生活实践则被淡化了,这便造成了在西方的历史进程中"文化"与"哲学"的分离倾向。如在古希腊哲学中,哲学家们的哲学出发点就是对本原问题的探寻,从"素朴的物性论哲学"(泰勒斯的"水"、赫拉克利特的"火"、阿耶克西曼德的"气"以及阿那克萨哥拉的"种子")到"原始唯心论哲学"(巴门尼德的"存在"、柏拉图的"理念"、普罗提诺的"太一"),希腊哲学的演进与深化均表现为一种从经验现实到超验本体的提升历程,都将对本体的追寻作为自己哲学努力的重心,其结果便是,因为未能真正找到抽象本体与具体生活现实的合理关系,而最终使自己的哲学理解陷入了"独断论",这种作为阐释本体的"哲学"显然疏远于现实具体的文化生活。

西方哲学的这一"知识论"传统,强调文明必须建立在对存在本体

[①] 朱谦之先生1935年出版《文化哲学》一书,就文化的定义、文化的类型、发展阶段及其相互间的关系做出系统阐述,可视为中国文化哲学研究的开拓性论著。

的概念的把握之上，只有在概念的思维中，我们才有关于存在的真理。海德格尔就明确指出西方哲学传统的这一局限，他认为"用理性去把握存在，其实正是遗忘了存在"，因为人不是站在世界之外去"旁观"世界，而是作为参与者"纠缠"在世界万物之中，即人"在世界中存在"（in-der-Welt-sein），回归生活世界应该成为当代哲学主流。卡西尔（Ernst Cassirer）也认为，康德的批判哲学所实现的正是思维方式的变革——以功能性的思维方式来取代实体性的思维方式，进而从理性的批判扩展到文化的批判，最终把各种文化知识和与之相应的各种世界观实现为一种以功能的统一性来维系的哲学综合。现代西方文化哲学的努力，就在于强调生活高于知识，知识必须以生活作为根基。通过回归生活世界，在知识论哲学中感性与理性处于分裂状态的人实现了统一，成为完整的人。

与西方的哲学发展情形相反，中华文明的创生环境是"天人合一"的。冯友兰先生曾认为："在中国哲学里知识论从来没有发展起来"，其根本原因在于，"知识论问题的提出，只有在强调区别主观和客观的时候。"① 这是很有道理的。中国古代的夏商时期，作为中国文明发源地的黄河流域气候正处于温暖期，百草丰茂、丛林密集。这种环境正好适宜于农业的发展，人们从狩猎、采集进入锄耕农业和畜牧业，这种相对稳定与适宜的环境，保障了人们基本的生活需求。人与自然的这种相对和谐，启发着人们在"人事"上也求得一种人与人之间的和谐，《礼记·礼运》讲："大道之行也，天下为公，选贤与能，讲信修睦，故人不独亲其亲，不独子其子，使老有所终，壮有所用，幼有所长，鳏、寡、孤、独、废疾者有所养。"这里，"人道"被赋予"天道"的意义。

这样，中国哲学一开始就是"天人合一""物我合一"的，自然被当成了人的一部分，"万物皆备于我，反身而诚，乐莫大焉。"② 所以在中国古代哲学中自然哲学（认识论）与人生哲学（伦理学）是从来不分的，甚至可以这样说，对人事的研究超过了对自然本质的探求。

在"天人合一"的主导视角下，中国哲人在对现象世界进行观念性整合的过程中，并未像西方那样出现主客二元对立的认知模式，而是强

---

① 冯友兰：《中国哲学简史》，北京大学出版社1985年版，第32页。
② 《孟子·尽心上》。

调"物我合一""道器不离""体用不二",并在这种视野下达到一种"合知行""同真善""一天人"的人生境界。显然,在这种哲学观照中,"文化"自然也被包容于其中,可以说,中国哲学表达的是一种以描述和体验为特征的文化,其最深透精致的思想意蕴往往就是最朴实的生活表达。一些学者据此界定中国哲学是一种"实用理性哲学",这不无根据。在中国古代哲学的理想追求中,我们确实感受到了哲学与文化交融统一的"准文化哲学"意味。

然而进一步分析考察我们会感到,这种"文化哲学"追求却是潜在的、非自觉意义上的,因为真正哲学意义上的观念性整合,首先应具有反思性和超越性特点。按照黑格尔的理解,只有当主体处于清醒的自我意识状态下,人的反思活动才能展开,进而通过对有限之物的辩证扬弃而达到一种理性的概念把握。中国古代哲学就其总体说来,并没有实现这种超越具体文化现象来反思"文化"的过程,而往往只是局限于特定的文化氛围进行一系列意象性描述,尽管这中间也出现过诸多深刻的哲理,但这种哲理却因其笼统模糊而很难使人明确领会。这就是为什么在很多古代哲学家的哲学表达中,人们往往很难区分究竟是自然哲学(认识论)还是人生哲学(伦理学),还是一种美学(艺术哲学)。

看来,中国哲学要想达到一种更高层次上的精神整合,还有赖于在主客体明确区分的前提下实现哲学由具体(文化)向抽象(哲学)的提升。

通过中西哲学演化的比较我们看到,从哲学的起源看,西方哲人一味沉浸于本体论哲学追求而疏忽了"文化",中国思想家则执着于文化的体验而淡化了"哲学",这在一定意义上可以说是导致中西哲学不同发展特色的重要原因。诚然我们很难简单断定中西哲学孰优孰劣,但是从当代人类文化的精神整合角度看,一种全新的哲学必然是通过对传统哲学主客二元对立模式的辩证扬弃,进而达到对人类现实生活实践的通观把握的,尤其是要对现时代的人类文化创造活动有一个全面而辩证的理解。

中西方哲学与文化的发展特色,从一个侧面表明了"哲学"与"文化"的这种内在联系。这同时也说明,无论是东方与西方,人类的实践方式以及文化历史的进步都体现了人类存在的共同规律。如果说在21世纪的今天,中西方文化的融汇是一种历史必然,那么,在"哲学"与

"文化"的互补对应中产生的新的哲学形态——"文化哲学",其产生和发展正是这种时代精神的体现。文化哲学的追求表明:人作为一种主体性存在,其文化创造不应是一种无目的的操作,一种文化要想成为自觉的文化而非随意的文化,就必须上升到哲学的高度加以反思;而一种哲学要想具有现实的力量而非虚幻的寄托,就必须进行文化的参与。

三 关于文化哲学建构的"中国资源"

在世界性文化融合的大背景下,中西哲学与文化资源的相互借鉴也许将会给世界文化的发展进步带来新的契机。在人类的共同命运面前,全世界各个民族都责无旁贷,都需为拯救文明贡献智慧。从多元文化视野观之,任何民族的文化形态都是"这一个",对世界文化有着不容替代的意义和魅力,因此必须对本民族丰富的文化传统、文化资源进行积极的保护发掘,并着力于民族传统文化的现代转化,增宏世界文化。因此不存在某个民族的哲学理念对于世界的说明是否拥有"合法性"的问题,在一定意义上我们可以说,全球化时代人类在做着同一个梦。我们因此可以预期,不同民族、不同地区文化形态的冲突与融合,将会逐渐形成一种全新的文化经验和价值共识,一种新的全球化生存方式以及人的总体性存在方式将要成为现实。

既然文化哲学是全球化时代的哲学表现形态,所以对于文化哲学建构的"中国资源"问题的思考,首先必须立足于世界视野,面对当代人类文明发展的共同问题。具体来说,应基于当下人类实践生活所面临的问题而展开,即在引进消化西方文化哲学研究范式的基础上,发育出基于中国经验的本土化的文化哲学,以期对于当今世界文明发展进程中基本矛盾与困惑做出富有启示性、创建性的回答,并准确地揭示中国文化实践的特殊规律并服务于中国文化发展现代化的历史需求。

基于这一价值诉求,笔者认为以下问题构成了当代人类文明发展进程中共同的、最为迫切的问题,这些问题也是当代文化哲学研究必须认真面对的严峻课题。而对于这些问题的合理解决,中华文化将给予我们以重要的智慧与启示。

（一）整体性文化关怀下的文化普遍价值认同

全球化使世界文化正在发生着"整体性变化"，这是一种"格式塔"（Gestalt）式的转型过程。在 19 世纪以技术理性为中心的时代，人类往往忽视了事物之间潜在的相互影响和相互依赖的关系（这一点表现在人对待人与自然的关系问题时最为明显）。但是在今天的全球化时代人们忽然发现，个人、机构、家庭、民族、社团、城市、地区、国家、大洲、世界，这些要素之间无不产生着千丝万缕的联系。关注文化的整体有机性，仍然是首当其冲的问题。我们对于当代世界文化的理解必须要有一种整体意识，我们应该以一种整体意识去关注世界、关注人类的生存状况、关注文化的发展。

面对这种整体性文化关怀，儒学的整体有机文化观为人类未来的发展提供了宝贵的文化资源。中国传统哲学有着天、地、人、物、我之间的相互感通、整体和谐、动态圆融的观念与智慧。华夏族群长期的生存体验形成了我们对于宇宙世界的独特的觉识、"观法"和特殊的信仰与信念，那就是坚信人与天地万物是一个整体，天人、物我、主客、身心之间不是彼此隔离的，即打破了天道与性命之间的隔阂，打破了人与超自然、人与自然、人与他人、人与内在自我的隔膜，肯定彼此的对话、包涵、相依相待、相成相济。

强调整体性、和谐性和统一性，是中华传统文化的显著特征。从先秦的"天人合一"观念到宋明的"万物一体"论，无不体现出这一特征。《中庸》说："唯天下至诚，为能尽其性；能尽其性，则能尽人之性；能尽人之性，则能尽物之性；能尽物之性，则可以赞天地之化育；可以赞天地之化育，则可以与天地参矣。""诚者天之道也"，"诚"即是"天道"，人只要能扩展天道德性，就会达到天道，人性、物性和整个自然界以及整个社会的合一。孟子更以简练的语言概括了"天人合一"思想："尽其心者，知其性也；知其性，则知天矣。"[①]"性"即人固有的仁义礼智，根植于"心"，人只要极尽其心以思行善，便可知其"性"；知其"性"，便可知"天道"，于是心、性、天相通，融为一体。先秦道家同样

---

① 《孟子·尽心上》。

主张"天人合一"。道家的"道",同儒家的"天"一样,都是宇宙的本体,只不过道家更重视人与自然的和谐。老子说:"道生一,一生二,二生三,三生万物,万物负阴而抱阳,冲气以为和。"① "人法地,地法天,天法道,道法自然。"② 庄子更从道的观念出发,认为天地、万物和人是齐同的,"天地与我并生,而万物与我为一"。③

这种整体观在中国历史发展进程中释放了巨大的影响力,对中华民族的形成、发展和凝聚,都起到了积极作用。与这种宇宙观念相联系的是宽容、平和的心态,有弹性的、动态统一式的中庸平衡的方法论。中国传统哲学中亦有一种自然生机主义与生命创造的意识,把宇宙创进不息的精神赋予人类。中华文化的这种整体性的学说,充分显示了人的主观世界与客观世界的统一性,它打通了天人、物我、主客、内外的界限,它以和谐为最高的价值诉求,强调多样性的有机统一。

今天,人类面对着日益恶化的生态环境,面对着此起彼伏的文明与战争冲突,面对着技术对人文的肢解,我们的确应该培育一种整体性文化关怀,进而孕育一种文化普遍价值观念来拯救濒于破碎的世界。

所谓文化的普遍价值,从根本上说,就是有利于人类整体进步与发展的价值,它是世界各个国家民族在文化交往中所应恪守的基本原则,如尊重人的现实生存、承认文化的差异性、善待人的生活世界、保障平等发展等。文化的普遍价值诉求有两个向度:一是在多元文化的前提下,倡导人类社会必须认同也可以认同的某些价值观念、道德规范和行为准则,它应该受到全人类的普遍尊重,具有超越民族、文化、宗教的普遍约束力;二是应努力寻求不同文化传统在面对普遍文化价值中所能发挥的特殊作用,尊重世界各个民族文化创造的权力。简言之,普遍文化价值追求的是,在尊重各种文化传统价值的基础上发掘和利用不同民族文化传统中的价值思想资源,进而建构用来解决当今经济全球化进程中人类生活所面临的共同问题的文化理念。

那么,文化的普遍价值应该如何达成?首先,应该谋求一种建立在

---

① 《老子》第42章。
② 《老子》第45章。
③ 《庄子·齐物论》。

人类共同利益基础上的公共理性，如与自然和谐相处、维护人类和平、保护文化平等发展等。这种公共理性因为是在多元文化的沟通与共识前提下形成的，所以具有广泛的社会性和普遍性；其次，普遍文化价值作为人类性的价值关切，所诉求的是人类社会最基本的发展理念，因此它应该把承认文化差异、尊重文化个性作为其重要的追求指向，在促进多元文化间的沟通对话中呈现其存在的意义；最后，唯因文化的普遍价值预设了对于文化个性的尊重，所以对于不同的文化形态说来，文化的普遍价值为它们提供了文化的"交际性"（inter-ness）平台，跨文化、跨地域的人们可以在特定的生活条件下，体认文化的普遍价值对其生活实践的指导与调节意义。在这方面，儒家所强调的仁爱、克己让人、温良恭俭让的操守，所谓"己所不欲，勿施于人"在这里就发挥了作用。儒家提倡："远人不服，则修文德以来之。"[①] 即以文德感化外邦，诚所谓"仁者无敌"。儒家主张以和平的、公正的、文明的手段来解决国际争端，推崇的是差异与兼容、协调的"相似"和"相近"，以此实现一种"和而不同""兼容并包"富有弹性的人文旨趣，这才是真正健康的世界主义。只有正确解决好共生问题，实现多元统一、兼容共生、协调有序、充满活力和大众共享，才有可能构筑一个和谐有序的世界。

总之，时代的发展要求文化哲学思考必须诉诸一种整体性视野，倡导和呼唤文化的普遍价值，在对不同领域文化发展现实的考察与分析中，注意将它们放到人类文化实践总体过程中来凸显其应有的人文价值，以期达到在对人类文化总体价值通观把握的基础上，预示人类文化未来发展的基本趋势，为人类文化的价值整合提供方法，从而使人的文化实践具有高度的目的性与自觉性，以保证世界文化的健康发展。

（二）中性智慧与和谐世界的建构

无论是和谐社会还是和谐世界的建构，都首先需要在思维观念上进行变革——确立一种中性智慧。

与两极对立的思维方式不同，中性智慧立足于建设，强调事物对立双方的互养相成、共生共存，强调把握事物的平衡支点，做到不偏不倚、

---

① 《论语·季氏》。

允执厥中。毫无疑问，中性智慧重在对于对象世界的整体性、动态性把握，它是一种生成性思维而不是现成的实体性思维，它是与和谐社会和谐世界建构的发展要求相适应的思维，它既是对于中国传统哲学智慧的积极继承，更是当代哲学创新的本质要求。

在中国传统哲学精神中，中性智慧是最为丰厚的资源，亦可说是中国人独具特色的生存智慧和处世态度。中国古代思想家们都把"中"与伦理道德、人生观、价值观相联系，以致将其升华为世界观方法论的高度，成为"中道"。"中庸""中道""中和"，这些概念构成了中国哲学的核心范畴。

孔子作为儒家思想的创始人，其突出的思想特征便是"中"，孔子把中庸称为"至德"，这既说明他把中庸作为道德的最高准则，也说明中庸是他的哲学基础。孔子认为："中庸之为德也，其至矣乎！民鲜久矣。"①孔子的中庸之道，就是反对"过"与"不及"，要在"过"与"不及"的两极之间把握一个适中点，以保持事物的常态不变。孔子反对过分的拘泥，"子绝四：毋意、毋必、毋固、毋我。"② 也就是说，孔子坚决拒绝过分的臆断与固执己见的极端行为。而且孔子还认为对"中"的把握，可以因时因地而有所不同，他将此称为"君子而时中"，可见，孔子的这种倡导，也正是中性思维的基本要求。

考察孔子的思想体系我们可以看到，中性智慧贯穿于各个层面："大同"社会政治理想、"天人合一"的哲学追求、"从心所欲不逾矩"的人生境界、"内圣外王"的人格模式等，孔子的中庸哲学对中华民族精神建构产生了深远的影响。作为秦汉之际的作品，《中庸》以孔子思想为底色，又大量吸收易学思想，对于中性智慧又做了深入的阐发。《中庸》一书重点发挥孔子"过犹不及"的思想，要求人们追求"和而不流""中立不倚"。中庸的基本原则就是"允执厥中"，"允执"就是平心静气、静观执守、不离自性。"中"是天性的所在地、精神的集中点。把握适当的限度，以保持事物的平衡，使人的言行合于既定的道德标准。《中庸》强调"从容中道"，认为"喜怒哀乐之未发，谓之中，发而皆中节，谓之

---

① 《论语·雍也》。
② 《论语·子罕》。

和。中也者，天下之大本也；和也者，天下之达道也。致中和，天地位焉，万物育焉。"① 中性智慧的精义在于克服两极对立思维，达到天与人和谐、人与人感应、人与物均调。它不提倡感情的过分激烈与外露，不论是内在的思想理论，还是外化的审美实践，都崇尚含蓄、适度、克制，强调情感与理性的合理调节，以取得社会存在和个体身心的均衡稳定，在现实的此岸世界中达到主体人格的完善，这可以说是中华民族两千年来延续下来的文化心理特征。

中性思维在中华文化精神中的重要表现就是对"和"的价值追求。"和"是中国文化的重要特征，"中和"是中国文化的基本价值目标，是一种"执两用中"的方法论。以"中"为"和"，就是用"中"去"和"，"和"是"中"的外显状态。概括地讲，"和"的思想，主要体现在以下几个方面：一是以"和"的理念去认识自然。如《易经·乾卦》上讲："乾道变化，各正性命，保合太和，乃利贞。"意思是依据自然规律的变化，人获得自己的命运和本质，变化会有差异和冲突，但是冲突又要融合，即走向太和；二是以"和"的心态去处理人际关系。如孔子所提出的"君子和而不同"的思想，强调和谐又不千篇一律，不同又不相互冲突。和谐以共生共长，不同以相辅相成；三是把"和"的理念作为一种辩证方法。如《易经》讲"一阴一阳谓之道"，宋代哲学家张载认为"有象斯有对，对必反其为，有反斯有仇，仇必和而解。"② 所强调的都是阴阳互补、刚柔相济，如此才能发生变化、促成和谐；四是以"和"的标准去处世生活。中国传统文化中有许多关于"和为贵""和衷共济""家和万事兴"的思想，重视建立融通的人际交往、有序的社会秩序、和谐的社会关系。提倡人与人之间重诚信、讲仁爱、求友善、修和睦。

由此可见，在中国传统哲学精神中，含蕴着丰厚的中性智慧的思想资源，在当代中国建构和谐社会和谐世界的历史实践中，我们要善于发掘这种中性智慧，使之发扬光大。

---

① 《中庸·天命章》。
② 张载：《正蒙·太和篇》。

(三) 知识经济时代的技术与精神平衡

现代化的历史实践极大地拓展了人的物质技术空间，人类的精神空间也不断地被物欲所填充。在知识经济时代，如何保持物质技术与精神情感之间的平衡协调，使人不至于沦为"单向度"的工具，这一严重问题日益引起世界思想家的关注。如海德格尔曾指出，现代技术以"预置"（Bestellen）的方式展示物、构造世界。预置就是为着单纯的目的、留取单纯的功能、指向单纯的存在者的某种关系网络，它原则上不考虑丰富而复杂的物之物性（即"天地人神"的四重性）的保有，使"物"都成了"设置物"（Bestand）。信息时代的来临使我们的物质生活范围和内容大大扩展，可我们却也逐渐意识到，信息的充斥导致了生活中直接经验的退却。在技术与商业合谋构筑的规则、范畴、程式中，人们真正的内在世界被遮蔽了，随之被隔离的是传统生活世界对人类精神的"人道关怀"。这样，在追求物质与技术的路上，我们不经意丢失了本真自我，并导致自我与他人、与自然、与传统之间渐行渐远。而恰恰在这方面，中国文化能够给人类提供很好的启示。

中国传统文化在维持人的心灵和精神平衡、人格的内省与修养上，也就是注重精神建设方面，有着显见的优势。儒家大力提倡求真、行善、崇美，使人生脱离纯物欲满足的低级趣味，在应对经济发展过程中忽视人的精神价值等问题方面，儒家的这种"身心和谐""义利兼顾"，实现"内在的超越"的思想资源或许是一剂治理的良药。

技术与精神平衡的问题具体表现在个体层面就是身心平衡问题。我们从儒家思想可以看出，人的本质是精神的，道德性是人的本质规定性；同时人的生存和发展又离不开一定的物质基础。身心平衡的人生观即物质生活与精神生活相结合的人生观在享受经济发展的成果时，重视人的精神文化生活。儒家将个人道德修养看得十分重要，视其为通往身心和谐理想境界的最佳路径选择。儒家后世更进一步将"修身"放在人生诸大事的首位，将其与齐家治国平天下紧密相连。一个人要想实现齐家、治国、平天下的人生理想目标，就应做到"身心和谐"，实现"内在的超越"。而做到这些，需要个人以修身为本，从格物、致知、诚意、正心一步步做起。孔子经常告诫弟子们"见贤思齐焉,见不贤而内自省也"①。孔门弟子曾参严于律己:"吾日三省吾身——为人谋而不忠乎?与朋友交而不信乎?传不习乎?"②《大学》则讲:"富润屋,德润身;心广,体胖。"表明提高道德修养,经常反省自己,对实现身心平衡具有重要意义。

儒家主张以修身为本,并辅之以道德教化来实现人的身心和谐发展。对此我们透过儒家"义"与"利"关系问题的讨论,也许能有更深切的感受。儒家视人为一种精神、情感的存在,人的本质来自对"道"的内化——德,道德性是人之为人的本质所在。在对正当欲望的合理满足加以肯定的同时,儒家强调要以道德来规范和约束人的欲望,反对非义之利、唯利是图,反对对利欲的放纵,反对对物质的片面追求。孟子提出"饱食暖衣,逸居而无教,则近于禽兽"③;荀子认为"好荣恶辱,好利恶害,是君子、小人之不同也"④;董仲舒也认为"仁人者,正其道不谋其利,修其理不急其功"⑤。儒家大都主张精神生活比物质生活更有价值。儒家主张崇高的人格重于物质享受,但并不因此而抹杀人对物欲的正当追求。他们在探讨人类身心生活何以和谐的过程中,强调对义利的合理调配,以实现内心的均衡。它是介于"趋利"与"禁欲"两极端间的"义""利"均衡之道。儒家承认人有"好利"本性:"富与贵,是人之所欲也。"⑥"饥而欲食,寒而欲暖,劳而欲息,好利而恶害,是人之生而有也。"⑦ 然而,无休止的欲望会带来社会纷争:"人生而欲,欲而不和,则不能无求,求而无度量分界,则不能无争;争则乱,乱则穷。"⑧ 解决义利矛盾的最好办法,是使"两者相持而长",即让"欲不穷于物",亦令"物不屈于欲"⑨。此外,儒家在承认人的正当物欲应得到满足的同时,

---

① 《论语·里仁》。
② 《论语·学而》。
③ 《孟子·滕文公上》。
④ 《荀子·荣辱》。
⑤ 《春秋繁露·对胶西王越大夫不得为仁》。
⑥ 《论语·里仁》。
⑦ 《二程遗书·荣辱》。
⑧ 《二程遗书·礼论》。
⑨ 同上。

主张利益的获取要符合一定的礼仪标准。也就是说,"利"的获取要通过"义"这个正当的方法;物质利益的取舍得失,应以"义"为原则。荀子云:"义与利者,人之所两有也,虽尧舜不能去民之欲利,然而能使其欲利不克其好义也。"① 他进一步提出了"以义制利"的思想:利是人们不可缺少的物质需求,义是人们不可缺少的精神需求,只有以义制利,才能使人性向善的方向发展。

(四)人与自然关系的优化与生态文明的重建

文化创生于人与自然的关系之中,人类文化越往前追溯,我们与自然的联系越紧密。人与自然的关系如何,代表了人类的一种根本的文化态度。

20世纪中叶以来现代化的全球性推进,加速了技术理性主义价值观在全球的滥觞,使人类改造自然的能力空前提高。但人类在拥有着巨大的物质文明的同时,同时承受着与自然的关系日益紧张的代价。当今世界日益突出的生态问题、环境问题,把人与自然的关系这一哲学问题又一次尖锐地呈现出来。从文化哲学的视角来看,肇端于西方的现代化浪潮,内在蕴含着对自然生态和文化生态均进行讨伐、征服的倾向,它通过某种普遍性的标准,将进步、发展、富强、文明、先进等文化指标强行纳入一个单一的评价体系中来。它创造了"文明的"侵略性和侵略性的文明体系,并将这种价值标准和评价体系,通过扩张主义的商业贸易强行推广到全世界,从而导致人与自然关系的尖锐对立,多元并存的文化生态景观开始走向凋零。

在重建现代生态文明的实践中,努力发掘借鉴中国传统生态文化的思想资源至关重要,我们尤其要扬弃狭隘抽象的二元对立思维范式,在观念与实践层面真正培育起人与自然的亲和关系。

在中国传统文化中,天(自然)人关系是其核心主题之一。中国传统文化在处理天人关系问题时,并不是把天与人的关系简单地对立起来,而是在力求寻找二者内在联系的同时,把天人关系视作同源的和谐关系。天人合一思想强调的是人与自然的协调,其理论的基础实际上就是把整

---

① 《二程遗书·大略》。

个世界看成一个大系统。张岱年先生曾指出,"天人合一"作为天人关系的基本表述,表达的是天人之间的"相通""相类",其有两层基本含义:"第一层意义,是认为天与人不是相对待之二物,而乃一息息相通之整体,其间实无判隔。第二层意义,是认为天是人伦道德之本原,人伦道德原出于天。"① 对于"天人合一"这一中国传统哲学的独特命题,其基本思想内涵我们可以把握如下:

第一,强调人是自然的一部分,人是天地的产物亦是自然的产物。

第二,自然界有普遍规律(天道),人也服从这个规律;阴阳相互作用相互推移的规律就是性命之理,自然界与人类遵循同一规律。

第三,人性即是天道,人伦原则和自然规律是一致的。

第四,人生的理想与境界是天人和谐。

在中国哲学中,无论儒家或道家,都主张在自然之中弥漫着生生不息的创造力,人应自觉从中汲取智慧,并以其为自己创造活动的根源。儒家思想家强调"天地之大德曰生",认为创造生命是自然界的内在价值,自然界是人类生命之源,也是人类价值之源。正因为如此,人与自然界的关系是内在的、相互塑造关系。孔子主张以"仁"待人,也以"仁"待物,即所谓"推己及人""成物成己";《中庸》说"致中和,天地位焉,万物育焉"。这都是在强调天、地、人的和谐发展。孟子提出"尽其心者,知其性也;知其性,则知天矣。"他所追求的是通过"尽心知性知天"的途径,达到"上下与天地同流"的境界。他还提出"亲亲""仁民""爱民"等主张,也就是要扩展"爱",由己及人,由人到物,把仁爱精神扩展到宇宙万物。宋代张载主张人类是我的同胞,天地万物是我的朋友,天与人、万物与人本质上是一致的。显然,对人与自然关系的这种理解,与现代生态文明的价值追求是相吻合的。道家同样强调人与自然和谐统一的关系,认为人与自然是一个和谐的整体。老子最先表达了天人合一的思想。他认为"人法地,地法天,天法道,道法自然"。老子认为天地不仅要遵从自然之道,人也应该遵从自然之道。在老子看来,天下万物都是很自然地产生于一定的自然环境中,然后又很自然地复归于自然世界。他说:"夫物芸芸,各复归其根。归根曰静,是

---

① 张岱年:《中国哲学大纲》,中国社会科学出版社1982年版,第181页。

谓复命，复命曰常。"① 不以人为中心来看待自然，却又显示人与自然的亲切关系，可以说是道家哲学自然观的基本特色。

对于中国古代朴素的生态文化思想，需要我们站在时代高度予以借鉴和发扬。这突出表现在三个方面：其一是尊重生命、仁民爱物的思想。如孟子强调"亲亲而仁民，仁民而爱物"，就是说不仅要爱护自己的同胞，而且要扩展到爱护自然环境，珍惜自然资源；其二是对生物资源顺时取用、化育并进的思想。如庄子提倡"天地与我并生，而万物与我为一"，告诫人们要与万物为友，与自然和谐一致。《礼记·中庸》主张"参天地之化育"，即参与自然创造和养育万物的进化过程，而不是以戡天役物的态度去征服自然，破坏自然；其三是倡导放眼未来、为后人造福的思想。如《尚书·太甲上》曰："惟怀永图"，孔子告诫"人无远虑，必有近忧"，孟子教导人们不要"涸泽而渔，焚林而猎"，而应"远谋近功"，为后人造福等。

显然，中国传统中"天地一体""万物同源""道法自然"的生态文明思想，是人类珍贵的文化遗产，这些思想对于人类解决 21 世纪的世界性文化难题，无疑具有深刻的启迪意义。

人类特有的自我意识，使人对于诸种文化创造形式的反思与检讨成为必要和可能。而哲学就是这种反思与检讨的表达形式，哲学立足于人的存在与发展而对文化的能动思考，为文化的现实发展与进步确定了价值目标。全球化促进了各民族文化的交流与对话，西方在借鉴着东方整体有机和谐的文明理念，中国也在反思自身文化传统的过程中凸显着西方的科学理性精神。也许正是二者这种双向互补的态势，使由"哲学"指向"文化"的西方思想同由"文化"指向"哲学"的中国精神最终达于一种历史的融汇，正是通过这种双向交流，当代文化哲学实现了对人类文化实践的价值整合。

(原载《学术月刊》2008 年第 10 期)

---

① 《老子》第 16 章。

在文化世界中延展哲学之思

——卡西尔《语言与神话》阅读札记

一　哲学理解范式的转变

检讨和反思理性是20世纪西方哲学的重要表现形式。而反思与检讨人类理性的重要结果就是哲学向生活世界的回归，从而确立一种迥异与寻求普遍知识的思辨哲学理解范式的寻求价值意义的文化哲学理解范式。从这种新的理解范式来看，那种外于人的、与人无关主客二分的世界是不存在的，世界是人的世界，是由人说出、为人把握、为人所感触到的世界，这样的世界只能是与人相关或对人发生意义的世界，是人生活于其中的、与人内在统一的生活文化世界。

1929年在瑞士的达沃斯，卡西尔和海德格尔之间曾经发生过一次著名的哲学辩论。从表面看来二人的分歧很明显，是"文化vs存在"的辩论。如卡西尔认为哲学的任务不是像海德格尔那样刻意逃避文化，通过乡愁般返回"朴素"来表达"存在"的真理，而是要面对人的文化世界。但是仔细甄别我们会发现，卡西尔和海德格尔的哲学价值诉求具有诸多相同之处：他们二人都是从康德哲学出发的，所面临的都是共同的时代问题，都不约而同致力于哲学理解范式转换的思考。

在海德格尔看来，"存在"（Sein）本身被换成"存在者"（Seinde），这是西方几千年哲学传统的一个基本错误。因为按着西方哲学的"知识论"传统：文明必须建立在对"存在"本身的概念的把握之上。只有在概念的思维中，我们才有关于存在的真理。但是海德格尔的发问是：为什么人类对自身生存之根的探求，最终要落实到作为概念思维的"理性"上面？海德格尔认为如果仅仅用理性去把握存在，其实正是遗忘了存在。所以对于"存在"的思考应该超出经验知识的范围，而代之以一种更为本源性的思索。也就是说，知识论范围内的理性真理已经不再被察，要在现象学领域的进一步推进即从更为本源的方面去把握"存在"。人不是站在世界之外去"旁观"世界，而是作为参与者"纠缠"在世界万物之中。人"在世界中存在"，所以，当代哲学主流就是回归生活世界。

同样基于这样的价值与意义诉求，卡西尔将康德的理性批判方法扩大了应用范围，即从理性批判延展到了文化批判。卡西尔强调，反思理性的中心目标就是将文化转换成为人的自我意识，达到对人对自身的澄明，以便容纳更丰富、更广阔的人生经验，表达"文化人"在文化世界中的价值与意义。卡西尔认为这"是哲学知识最高目标"。在《人论》书结论部分卡西尔重申："作为一个整体的人类文化，可以被称为人不断自我解放的历程。语言、艺术、宗教、科学，是这一过程中不同阶段。在所有这些阶段中，人都发现并且证实了一种新力量——建设一个人自己的世界、一个理想世界的力量。哲学不可能放弃它对这个理想世界的基本统一性的探索，但并不把这种统一性与单一性混淆起来。"①

卡西尔所构筑的文化世界以"符号"为抓手，辐射了语言、神话、宗教、艺术、科学和历史等人类活动体系的重要领域，进而表明人在创造文化符号世界的同时，客观上也在生产和拓展着人自己可能性空间，印证着人的进步与自我解放。他认为，"人与众不同的标志，既不是他的形而上学本性也不是他的物理本性，而是人的劳作（work），正是这种劳作，正是这种人类活动的体系，规定和定了'人性'的圆周。语言、神话、宗教、艺术、科学、历史，都是这个圆的组成部和各个扇面。"② 我们看到卡西尔哲学所努力的重心就是从共时性的角度依次展开对人类文化诸形式，如神话、宗教、语言、艺术、历史、科学和哲学的研究，并以此揭示了它们在人类生活中的功能和地位，从而论证了卡西尔"文化是人性的圆周"的思想。

---

① 卡西尔：《人论》，上海译文出版社 1985 年版，第 288 页。
② 同上书，第 87 页。

二 《语言与神话》对文化世界的开掘

卡西尔的《语言与神话》写于 1925 年，早于 1944 年他所写的文化哲学代表作《人论》近 20 年。该书试图把哲学研究视角引向语言神话之维，他强调神话思维是集抽象思维与形象思维的统一体，是一切思维模式的源头，以此为基础卡西尔奠定了他的文化哲学观，进而开启了他的文化批判反省的初级阶段。该书所展开的主要观点有：

（一）对于"神话"功能的理解——孕育文化符号

英文中的神话（myth）一词从希腊文的 mythos 一词而来，其原文含义包括"语词""言说""故事"及"虚构故事小说"等；神话产生的基础是人与自然的抗争，是远古时代生产力水平低下条件下人们为争取生存、提高生产能力而产生的认识自然、支配自然的积极要求，是原始人类的认识和愿望的理想化。因此，神话从根本上说来是人的社会生活的意识的凝结，如卡西尔认为"不是自然，而社会才是神话的原型。神话的所有基本主旨都是人的社会生活的投影"[1]。在卡西尔看来，人类文化生存的基本形式起源于神话意识，各种象征都产生于原始神话思维的一些最初形式里。神话思维是一种具象性、情感性的思维，也是一种生命一体化的交感思维和象征性思维。"神话的真正基质不是思维的基质而是情感的基质。"[2] 仅仅靠人的理性并不足以把握住人类所有文化形态共同的本质特征。就神话而言，神话思维本身体现了一种理性能力，"因为它具有一个系统的或概念的形式"，但"又绝不能赋予神话结构以理性的特征"[3]，根本原因就在于神话的感知充满了"感情的质"[4]，反映了人类原生态的真实生活。

就文化起源看，神话比人的逻辑概念具有更悠久的历史，更涵盖了

---

[1] 卡西尔：《人论》，上海译文出版社 1985 年版，第 101 页。
[2] 同上书，第 104 页。
[3] 同上书，第 34 页。
[4] 同上书，第 98 页。

历史的最大纵深，因为"在人类运用逻辑概念思维之前，他借助于清晰的、个别的神话来持存他的经验。这里语言的发展过程似乎也同神话直觉与运思的发展过程并行不悖；如果把语言概念看作确定的事实世界——其组成部分从一开始就以确定的个别轮廓给定于人的心智——的摹本或再现，那么，我们便不能把握语言概念的真正性质及其功能了"①。所以卡西尔强调每一种符号形式最初都必定是从一个共同的神话母体中解脱出来的，"理论的、实践的和审美的意识，语言的和道德的世界，共同体和国家的基本形态——所有这些最初都和神话——宗教的概念过程牢牢地联合在一起。"② 而从功能来看，无论是神话还是语言，都共同为自觉意义上的文化创生奠定了坚实的基础，"神话和语言在思维由瞬息经验向持久概念，由感觉表象向系统表述演变的过程中起着相似的作用，它们各自的功能是互为条件的。它们相互作用，共同为伟大的综合准备土壤。而从这些综合中就涌现出了我们心智的创造物——统一的宇宙视像。"③

显然，卡西尔符号哲学中的不少思想都带有很浓的海德格尔"存在"意义上的本源性特色。卡西尔力图摆脱以现有的理性思维去解读神话，而通过还神话以本来面目去思考神话。这正是现象学"面向事情本身"的要旨所在。也正是在这种现象学方法的运用中，卡西尔对神话所作的思考体现出很浓的"前逻辑"的特色。

（二）关于"语词"与"存在"的关系

一般而言，语词是语言的基本意义单位，语词的意义产生于人对生命经验世界的抽象。正因为如此，卡西尔认为这种抽象对于人来说，同样具有原初性意义。"如果我们不是从客观的而是从主观的角度去看，语词与其指称物之间的同一性就会变得更加明显。在神话思维中，甚至一个人的自我，即他的自身和人格，也是与其名称不可分割地联系着的。这里，名称出来就不单单是一个符号，而是名称的负载者个人属性的一

---

① 卡西尔：《语言与神话》，生活·读书·新知三联书店1988年版，第63页。
② 同上书，第69页。
③ 同上书，第68页。

部分，这一属性必须小心翼翼地加以保护。"① 他因为上帝作为一种精神的"存在"，他是首先思想这个世界而后创造这个世界，而语词则是上帝用来表达思想的手段和创造世界的工具，所以语词的所指必然是人的存在和生命。"一个人的存在和生命如此紧密地与其名称联系着，只要这一名称保持下来，只要还有人提及它，人们就会觉得该名称的负载者仍旧在场，还在直接地活动着。"②

卡西尔认为对语词的这种实体化理解并没有肢解其本质功能，相反，这恰恰是保持语词鲜活生命力、增值语词文化意义的重要方式。"语词的这种实体化对于人类心灵活动的发展来说有着极其重要的意义。因为，它是语言中固有的精神力量得以从中被理解的第一种形式；语词首先必须以神话的方式被设想为一种实体性的存在和力量，而后才能被理解为一种理想的工具，一种心智的求知原则，一种精神实在的建构与发展中的基本功能。"③ 正是语词的这种向实体化的延伸中，语词真切地表达了文化与生命的整体性，或者说，语词固化着心灵与文化的同一性，"信仰独一无二的上帝使人意识到自己的内心同一性。然而，这种同一性唯有在它以外在的形式，凭借语言和神话的具体结构显现其自身时才能被发现；这种同一性先要在语言和神话中得到体现，而后才能为逻辑反思过程重新获得。"④

（三）隐喻是复活生命的力量

卡西尔则将哲学研究引向语言和神话领域，在此基础上他通过重新审视隐喻结构，认为"语言和神话的理智连结点是隐喻"⑤，隐喻思维是神话和语言得以存在的共同基础和前提。

关于隐喻，亚里士多德曾经在他的《诗学》里作了如下理解："用一个表示某物的词借喻他物，这个词便成了隐喻词，其应用范围包括以属喻种、以种喻属，以种喻种和彼此类推。"今天人们对隐喻的理解更多的

---

① 卡西尔：《语言与神话》，生活·读书·新知三联书店 1988 年版，第 73 页。
② 同上书，第 75 页。
③ 同上书，第 83 页。
④ 同上书，第 101 页。
⑤ 同上书，第 102 页。

是指两物、两事或两种关系之间的类比关系，即通过已有的语词成形机制来规定另一些形式指引较不明确的人类经验。隐喻作为一种神奇的语言现象，往往能触动人的生命心灵的深处。卡西尔敏锐地看到了隐喻的这一独到作用，认为语言的根深扎在隐喻的土壤中，隐喻作为一种先于逻辑的文化力量，语言改变了人与世界的存在关系，催生了人的心智。"无论语言和神话在内容上有多么大的差异，同样一种心智概念的形式却在两者中相同地作用着。这就是可称作隐喻式思维的那种形式。"①

卡西尔认为隐喻思维观的突出特征就是"以部分代整体"，整体的每一部分都是整体本身，这一整体的在场性使每一个样本都等于整个的种。这也可以说是隐喻思维的基本原则。"在思维的这一领域内，没有什么抽象的指称：每一个语词都被直接变形为具体的神话形象，变成一尊神或一个鬼。任何一个感觉印象，无论它多么模糊，只要在语言中被固定住保存了下来，就会以这种方式变成神的概念和指称的起点。"②

卡西尔还进一步赋予隐喻语言以诗性的内核，强调人类凭借隐喻思维，从语言与神话相生的角度还审美以人类的整体生命体验特征，"语言复活了全部的生命，但这已不再是被神话束缚着的生命，而是被审美地解放了的生命了。"③ 这就在审美还乡的路上去掉覆盖在非理性思维上的种种束缚，执着于对精神家园的渴望，将隐喻的功用性提到一个新的高度。很显然，卡西尔的这种隐喻象征思维模式，张扬了人的心智一面，因而也成为20世纪西方语言学转向的一个主要标志。

总的来看，卡西尔的文化哲学思考面向了人类的全部文化形式，在他的文化哲学建构中，形而上的人性本质思考与形而下的对具体文化形式的阐释被有机地统一起来。他强调对人的研究必须从人类文化的研究入手，因此一种人的哲学也就必然应该是一种文化哲学。人只有在文化创造中才能成为真正意义上的人，也只有在文化活动中，人才能获得真正的自由；文化不断发展，人的本质也不断地处在制作之中，处在不断地创造文化的辛勤劳作之中。人性实质上是一种无止境的创造性活动。

---

① 卡西尔：《语言与神话》，生活·读书·新知三联书店1988年版，第102页。
② 同上书，第113页。
③ 同上书，第114页。

三 文化哲学与当代哲学研究的深化

文化哲学的研究视野作为一种重要的哲学范式转换，为哲学真正回归人的现实生活世界提供了一个重要的思路，它启示人们现实哲学的发展将不再只是由某种抽象思辨的形式所标示的玄学体系，也不再刻意以科学的名义凌驾于现实生活世界之上，它本质上是与人类文化塔形式展开的昭示人生价值意义的对话，是融汇于人的日常生活之中的一种时代感受和时代意识。只有以人类文化为深厚根基的哲学运思，才会使古老的哲学变得富有生机，才有可能获得真正的生命力。

进一步看，哲学范式转换也是马克思哲学革命的重要标志。马克思向来不主张将哲学从具体的、历史的、活生生的文化现实中分离出去，去追求所谓"彼岸世界的真理"。与之相反，马克思认为在"彼岸世界的真理消逝之后，历史的任务就是确立此岸世界的真理"①。哲学作为包括文化在内的整个客观世界和人类主观生活的观念体系，不应该将自身视为与人类无关的文化现象，反而应该将这些具体的文化现象作为自己的出发点和落脚点。马克思哲学将关注的焦点集中到人的生活世界，注目于现实的人实践及其发展。马克思认为人的实践活动是理解、解释和把握人类世界的根本依据，因为实践是人类存在、发展的根本基础，是整个人类世界的动态的、不断生成和发展着的本体。在《关于费尔巴哈的提纲》中，马克思认为"社会生活在本质上是实践的"②。人首先是一种作为能动感性活动的存在。人类社会的本质是人类实践。人的生产实践创造了人类社会，构成了社会生活的基本领域，是社会发展的决定力量；实践是理解人类社会历史的根本方法。

马克思认为，无论是实践主体还是实践对象，都是一种完整性呈现，因为人不仅通过思维，而且以全部感觉在对象世界中肯定自己。在《1844年经济学哲学手稿》中马克思写道："人以一种全面的方式，就是说，作为一个总体的人，占有自己的全面的本质。人对世界的任何一种

---

① 《马克思恩格斯选集》第1卷，人民出版社1995年版，第2页。
② 同上书，第4页。

人的关系——视觉、听觉、嗅觉、味觉、触觉、思维、直观、感觉、愿望、活动、爱——总之,他的个体的一切器官,正像在形式上直接是社会的器官的那些器官一样,是通过自己的对象性关系,即通过自己同对象的关系而对对象的占有。对人的现实性的占有;这些器官同对象的关系,是人的现实的实现。"①

是实践展开了人的社会生活,也是实践创造了社会生活条件和社会生活方式。人类社会生活中的各种问题以及对社会问题产生的种种理论误解,"都能在人的实践中以及对这个实践的理解中得到合理的解决。"②只有从生产实践出发,才能把握人类社会的本质及其发展过程的规律。人类的实践本质规定了人类社会的发展是自然历史过程和人的能动创造过程的统一。体现了社会历史的客观性和主体性、规律性与能动性的统一,说明了社会历史与自然历史的统一性和差异性。"五官感觉的形成是迄今为止全部世界历史的产物。"③

马克思主义哲学所实现的这种历史性变革,也为"文化"与"哲学"的有机全面的结合奠定了坚实的现实基础。因为在马克思看来,客观的物质世界通过人的"实践"中介的参与,已不再是陌生的、疏远的、与人无关的感性存在,它本身就是人类实践的历史成果,是"人化的自然";而主观的精神世界因此也不再是孤立的、抽象的、与现实文化无关的理性观念、生物本能或"此在"经验,它本身就是社会实践的文化成果,是"自然的人化"。因此可以说,"哲学"与"文化"的亲缘其最深厚的根基在于人类自我完善和自我发展的实践要求。"哲学"表达着人类自我完善的内向追求,"文化"则是人类发展自身拓展自身的外在化表现方式;无论是"哲学"还是"文化",都以关注人的存在为最高使命。人是沟通哲学与文化的主体,以人为根据,"哲学"对人的存在的反思与观照,归根到底是对人类"文化"的反思与观照,因为人是一种文化的存在,而"文化"作为对人的存在的一种外在确证和表述,其在自觉的意义上必然以人的自我意识——"哲学"为尺度和目标。总之,"哲学"与

---

① 马克思:《1844年经济学哲学手稿》,人民出版社2000年版,第85页。
② 《马克思恩格斯选集》第1卷,人民出版社1995年版,第18页。
③ 马克思:《1844年经济学哲学手稿》,人民出版社2000年版,第87页。

"文化"分别构成了人的存在所包含的内在与外在两个相互对应和同构的层面:哲学成为人类文化的内核,而文化则是哲学的载体和表征。而文化哲学所谋求的,就是在"形上"与"形下"的双重观照层面来反映和表达人与世界关系的合理价值追求。

(原载《学海》2010年第4期)

论文化的境界

什么是境界？一般说来，境界就是主体心灵对自然、社会与人生的觉悟程度，其觉悟的程度越高，境界就越高，对宇宙人生事相看得也就越透彻。很显然，谈论境界问题是针对人生的思考而言的。哲学在其根本上说就是人生哲学，所以对境界问题的关注乃是哲学的应有之义。进一步看，文化与境界具有怎样的关联呢？按照卡西尔的说法，人是文化的存在，文化划定了人性的圆周。因此在人所创造的文化世界中，无疑表征着人的境界追求——人的文化世界是否有意义？文化世界是否完整寄托了人的理想？是否印证了人的目的性诉求？等等。

在日常生活中，"境界"一词对于我们每个人说来也许并不陌生。但是，诚如哲学家黑格尔所言"熟知非真知"，静心思考我们发现，"境界"其实是一个"很中国"的词汇。在中国文化语境中，谈"境界"的思想家从古至今并不少见，但是在西方哲学的话语中，"境界"一词似乎很少提及。这由此使笔者想起了 2008 年在北京举行的"全国文化哲学论坛"的主题——"文化哲学研究的中国资源"。新时期以来，中国的文化哲学研究热持续不衰，正在由单纯的西方学术话语研究走向对"中国问题"的日趋关注，这应该说是一个令人欣慰的现象。从这一角度看，将"境界"问题引入文化哲学的视阈，可谓是开拓文化哲学研究中国资源、致力于文化哲学研究中国化的有益尝试。

一 为什么要在文化层面谈"境界"？

在德国文化哲学家卡西尔看来，人是"文化的存在"，人只有在创造文化的劳作（work）中才成为真正意义上的人，获得真正的自由。所以人因其文化而划定了"人性的圆周"①。卡西尔认为除了在一切生物种属中都可以看到的感受器系统和效应器系统外，在人那里还可以发现存在于这两个系统之间的第三个系统——"文化符号系统"。正是这个新的获得物改变了整个人类生活。从这个意义我们可以说，文化就是人与自然相区别，文化是人从芸芸众生脱颖而出的根本保证。文化世界的形成意味着人的"类"意识之觉醒，人不再把自己等同于普通的"物"，而要开启成为"人"的征程，而要在对"文化"的实践中去求索人生的目的、价值与意义。

显然，文化作为划定了"人性圆周"的特定领域，必然有着不同于物质经验世界的"形而上"关怀，即指向人生的目的、价值与意义层面的生命关怀，而这就是引申出了文化的境界问题。笔者以为，从文化角度看"境界"，就是文化的人文关怀，从积极方面来看，文化指一个社会或民族的精神境界。"境界"表达的是在文化的"形而下"与"形而上"的关联性中，凸显人的形而上关怀，这是一个人性的提升过程。生活中，每个人的境界有高低。人生在世，说到底就是一个境界提升的过程。而境界要提升，就需要标示人生的方向，即回答"往什么方向提升"的问题。因此，"境界"内在就标示着方向感，境界是文化的"向上"价值诉求。

哲学意识就是超越意识，哲学的本质就在于超越。从文化哲学的视角来看"境界"问题，则我们会发现，境界彰显着人文性，关注着人的生命完整性。我们知道，人生境界对于人的整体生活质量有着至关重要的影响，人的精神生活的丰富和提高是人的全面发展的本质体现。因此，"境界"正是在文化价值层面对人的主体精神的表达与确证。要而言之，境界指涉着人的文化实践的意义与目的层面，只有对人生境界的不懈追求的文化，才是对主体确证和肯定的文化。从境界的视角看文化，我们就能把握住文化的根本与核心。境界标志着文化的发展质量，表达着主体对于文化的觉悟与感受程度，因此，境界问题说到底是一个价值问题。人生境界与文化成长的关系是相辅相成、相互促进的。当文化拥有了

---

① 卡西尔：《人论》，上海译文出版社1985年版，第87页。

"境界"的关怀，文化的成长才可能是目的性的，文化才不会导致文化的异化而走向违背人性的发展方向。

但是，近代西方理性主义文化的滥觞，使文化的"工具性"意义被放大了，相应地遮蔽了文化的人文教化功能。我们知道，资本的逻辑就是讲求效益的最大化，所以在现实生活中，这种"工具理性"文化实践是通过精确计算功利的方法最有效达至既定目标的理性，人们常常通过确认工具（手段）的有用性从而追求实践的最大功效，并为人的某种功利的实现服务。显然，这是一种以工具崇拜和技术主义为生存目标的价值观，在这种追求中，人们走入了手段的王国而失去了人的目标，文化的"境界"更无从谈起。人类生活不能止于碎片和无序状态，人生需要"安身立命"，需要为生命找到"理由"。从人类文明发展的长河来看，理性主义文化仍然是一种需要被超越的环节。在此意义上，境界追寻为当代文化的健康发展确立了价值坐标。

冯友兰先生曾认为："人与其他动物的不同，在于人做某事时，他了解他在做什么，并且自觉他在做。正是这种觉解，使他正在做的对于他有了意义。他做各种事，有各种意义，各种意义合成一个整体，就构成他的人生境界。"[①] 在冯先生看来，按照中国哲学的传统，哲学的任务不是"智"，而是"慧"，不是增加关于实际的积极的知识，而是提高人的精神境界。据于对人性的这种理解，冯友兰把各种不同的人生境界划分为四个等级，从低到高分别是自然境界、功利境界、道德境界、天地境界。自然境界是人以"本我"为中心的本能的自发性存在，功利境界是人以"自我"为中心、讲求实用与效益的存在，道德境界是人在社会关系中"正其义"，以利他、利社会为核心的存在，天地境界则是人达到"超我"状态，超越世俗、与天地为一体的存在。这种自下而上的境界提升过程真是文化的成长过程，也是人文精神不断彰显的过程。

人创造了文化，文化反过来也在塑造人，人与文化是一种"同构互塑"关系。个体的人生境界主要是在民族文化的大背景下形成的，周围的各种文化环境，其所受的文化教育，会对每个人人生境界的形成产生重要影响。这导致每个人的人生境界常常由于个人生活的文化背景不同

---

① 冯友兰：《中国哲学简史》，北京大学出版社1985年版，第389页。

而有差异性，即每个人因其不同的社会文化和民族文化便会形成不同的人生境界。自觉在学习和弘扬民族文化中反省自己，超越自己，从而提升自己的人生境界，这是一个社会文化健康发展的标志。

正是在对自我与世界的不断超越中，人生的价值才得以实现。所以，谈及境界问题乃是哲学研究的应有之义。但相对而言，西方哲学侧重于外在超越，中国哲学讲求内在超越。原因何在？西方文化是"天人两分"的文化，人生的价值是在人与上帝的张力结构中实现的，所以，"超越"就成了实现人生价值的重要途径。西方哲学讲究超越，因此划定了"此岸世界"与"彼岸世界"。如在康德那里，"绝对命令"作为普遍道德规律和最高行为原则，其根据不可能来自经验世界，而是来自彼岸的"上帝"。这里强调的是一种外在的超越性。而中国文化强调"天人合一"，实现人生价值讲求"内圣外王""反身而诚"，向内用力，讲求内在的超越，主体自觉是关键。

二 中国文化的境界追求

可以说，中国哲学与文化的内在超越品质，成就了中国人的"境界"意识。中国文化是一种以描述和体验为特征的文化，其中蕴含着"物我合一""道器不离""体用不二""和谐共生"等中性智慧。在中国哲学看来，人性是一个"向善"的不断自我实现、不断自我超越过程，伴随这种向善过程的就是人的境界的提升。在中国文化的实践中，境界是一种修为，境界是一种格调，境界更是一种层次。在一定意义上可以说，对"境界"的领悟成了中国人实现自我人生超越的重要标志。中国哲学强调个体的人生理想必须依托于个体的人生境界来实现，即人生理想应以完善最高人生境界为基础才能得以实现。

我们首先以孔子为例。作为儒家学派的创始人，孔子认为个体的生命展示其实是一个文化成长的过程。孔子在总结他一生时说："吾十有五而志于学，三十而立，四十而不惑，五十而知天命，六十而耳顺，七十而从心所欲，不逾矩。"（《论语·为政》）文化成长的最终目标就是养成像文武周公那样的君子人格。在《论语》中我们看到，"君子"与"小人"是一个张力结构，这个张力正是君子所修为的空间。在孔子那里，境界与一个人的理想、志向有着内在的关联性，当主体确定了人生的理想目标之后，必须通过提升修养以确立一种人生志向，并把外在的礼、乐转化为主体的内在需要，自觉地加以运用并有所取舍，才可能自觉地建立起君子人格境界，实现人生的超越。据统计在《论语》中仅"志"字就出现了17次，如"三军可夺帅也，匹夫不可夺志也"（《论语·子罕》），"苟志于仁矣，无恶也"（《论语·里仁》）等。志向是人生境界的表达，孔子曾多次与弟子谈论志向，询问弟子志向，激励弟子树立志向。在《论语·先进》篇中，就曾记录了一次孔子与弟子坐而言志的情形，全文结构完整，人物性格鲜明，语言简洁生动，意蕴悠远不绝——

> 子路、曾皙、冉有、公西华侍坐。子曰："以吾一日长乎尔，毋吾以也。居则曰：'不吾知也！'如或知尔，则何以哉？"
>
> 子路率尔而对曰："千乘之国，摄乎大国之间，加之以师旅，因之以饥馑，由也为之，比及三年，可使有勇，且知方也。"夫子哂之。
>
> "求，尔何如？"对曰："方六七十，如五六十，求也为之，比及三年，可使民足。如其礼乐，以俟君子。"
>
> "赤，尔何如？"对曰："非曰能之，愿学焉。宗庙之事，如会同，端章甫，愿为小相焉。"
>
> "点，尔何如？"鼓瑟希，铿尔，舍瑟而作，对曰："异乎三子者之撰。"
>
> 子曰："何伤乎！亦各言其志也。"
>
> 曰："暮春者，春服既成，冠者五六人，童子六七人，浴乎沂，风乎舞雩，咏而归。"
>
> 夫子喟然叹曰："吾与点也！"
>
> 三子者出，曾皙后。曾皙曰："夫三子者之言何如？"子曰："亦各言其志也已矣。"

孔子要他的弟子们"各言其志"。前三位子路、冉有、公西华都是在讲治国之道，但第四位曾皙却有不一样的回答："阳春三月，可以换上春装的时候，我们五六个青年人，六七个少年人，到沂水里游一游，在舞零台上领略习习的春风,让歌声伴随着我们的归程。"我们从孔子对曾皙问及点评的回答可知,在孔子看来,前三者所言其志向都是在治国的"手段"层面讲的,只有第四位曾皙所讲的志向才指向人生的"目的"关怀,曾点的志向是投身于自然,超然物外,忘世自乐,悠然自适,孔子认为仁者的境界即要与天地万物为一体,悠然从容地融入自然之道,享受着舞雩归咏的乐趣,毫无疑问这是一种自由的、"天人合一"的审美境界,当然也是人生的最高境界。

孔子的人生境界是成为谦谦君子,而孟子的人生境界则是要成为尧舜。在孟子看来"人皆可以为尧舜"(《孟子·告子下》),但是在谈到人与动物的区别时,孟子也曾有一句意味深长的话"人之所以异于禽兽者几希"(《孟子·离娄下》),孟子强调人虽绝大部分同于动物,但却具有"异于禽兽者"的部分。要做好人成为尧舜,关键在于克制同于禽兽的部分而保存发扬那"几希"的"人性"。这样,人就是一种在"尧舜"与"禽兽"之间挣扎的特殊性存在。而"尧舜"与"禽兽"之间,留下了人的境界修为的空间。如何修为呢?孟子提出了著名的"养气说"——"吾善养我浩然之气。"何谓浩然之气?孟子的回答是:"其为气也,至大至刚,以直养而无害,则塞于天地之间。其为气也,配义与道。"(《孟子·公孙丑上》)也就是说,这种至大至刚的浩然之气,是与道义密不可分的。人生境界追求在最高层面上,是具有共同的人类性内涵的,即与人类的普遍价值相关联。"养气"是一个过程,这是一个不断地超越,不断地自我提升的过程。孟子认为人格境界的养成经过了六个基本层次:"可欲之谓善,有诸己之谓信。充实之谓美,充实而光辉之谓大。大而化之之谓圣,圣而不可知之谓神。"(《孟子·尽心下》)意思是说值得你心灵去追求的叫作善,把善在自己身上加以实现叫作信,随时随地都能秉持善行就是美,充满善并且能发出光辉叫作大,光大善并且能使天下人感化叫作圣,圣又高深莫测叫作神。人生的境界在其最高的地方是神圣而不可知的,是实现了与天地同其在、与宇宙同其大的"天人合一"的境界,是达到普遍和无限的终极境界。

在以老子、庄子为代表的道家文化那里,"无为"既是其最基本的精神追求,也是一种最高的精神境界。老子强调"人法地,地法天,天法道,道法自然"(《老子》二十五章),这是《道德经》五千言讲的核心问题。天地万物是由道创生的，而道则要依法于最高的准则"自然"，人要依循地、天、道，便必须也依循"自然"。而这里的"自然"，指的就是"事物之本然"即事物本来的样子。在老子看来，人生最难得的就是能够保持住自己"本来的样子"，守住"本然"之我，才不会迷失方向，不会犯致命的错误。而守住"本然"之我的方法就是"无为"，只有"无为"，事物之"本然"状态才呈现出来。才能真正达于"人道"与"天道"的合一。显然，道家的"无为"绝不是提倡什么也不做和不为，而是要崇尚"天道"，以事物的自然为纲，遵循万事万物的自然规律，其深层次内涵是绝对不能逆道而为，去干预自然之大道。天地创生万物，然"生而不有，为而不恃，长而不宰"（《老子》五十一章）"无为"的精神境界就是"道法自然"的价值取向的直接体现。无为的本质就是顺应自然的变化，使事物保持其天然的本性，不人为造作，达到"无为而无不为"的境界。

老子还指出了"为学"与"为道"的区别："为学日益，为道日损。"（《老子》四十八章）"为学"的目的是获得更多的知识，因此知识积累的越多越丰富越好，而"为道"的目的是提高人的精神境界，境界的提高有待于私欲的减少，所以"为道"需要"无为"，需要恢复人之自然本性，回归生命之本根，达到"与道同体"的自我超越境界。

总之，儒家道家作为中国传统文化的主脉，都讲求超越，以求人生境界的提升。但是其超越的路径则不尽相同。儒家"尚有"，强调刚健有为；道家则"贵无"，主张顺应自然。但路径不同却殊途同归，都很好地诠释了人生的境界追求——通过超越有限而实现无限与永恒，通过超越有形而进入无形，通过超越小我而成就大我。在一定意义上我们可以说，中国传统文化的境界诉求是其最具人性魅力的环节。

三 人生境界与我们的当下生活

不容否认，物质文明与进步是构成现代社会的基础。我们知道自从资本主义登上历史舞台，人类的物质进步便步入了快车道，当今社会经济和科技的迅猛发展，为人的精神生活的发展提供了诸多便利条件。但是随着市场经济在我们生活的推进，文化的实用功能被放大，急剧增长的财富却并没有给人们带来我们所期望的东西：归属感、幸福和尊严，在无形之中文化的超越本性被淡化甚至被遮蔽了。我们在手段和工具层面盲目挥洒着人生，却忽略了追问"什么是我们最想要得到的？"当代中国社会生活的急速变化（如竞争的日益激烈、收入差距的拉大、人际情感的淡漠等），都给人的思想和心理造成了巨大的压力，导致人们物质世界与精神世界的失衡，并陷入价值选择的困境。因此在当下的文化生活背景下，我们谈论境界问题就显得尤为迫切。

人的需求是有层次的，需要实现由物质需求向精神需求的跃升。国学大师王国维在《人间词话》中曾断言：一个人"有境界则自成格调"。当代著名学者张世英也曾认为："个人的精神境界（性格、人格、对世界的态度等）又是在他所属的社会文化、民族文化的影响下形成的，既受自然环境、自然条件的制约，更受文化环境的熏染。要提高个人的精神境界，最重要的是弘扬民族文化。"① 人生需要一种境界，民族复兴更需要一种境界，崇高的人生境界能够使人生更完美，使社会更和谐。

精神富有、境界提升是社会发展的目的指向。人类的社会生活需要葆有一些超越技术、超越物质经验的内容，这也许是人的价值世界何以充满魅力之所在。无论是一个健全的人还是一个健康的社会，都应该自觉地去反思这样一个问题——"什么是我们最想要得到的？"这里，"最想要"标示了人的精神维度，体现了人的超验性指向。精神的、人文的世界是需要我们去坚守的世界，它也许不是物质与技术所能给出充分理由的世界，但也许因为有了这种坚守，人才会在现代社会纷繁的物质诱惑面前保持一份清醒和警觉——在对物质的追寻之中超越物质，以体现人性的尊严与光辉。

反思有利于进步。我们看到改革开放的中国在经济快速发展、物质财富大幅增长的同时，我们的社会生活也出现了一系列矛盾与问题。如我们在发展中也同样出现了普遍重视技术经济而忽略人文精神的现象，精神文化在整个国家经济社会发展当中，往往在不知不觉中被淡化和边缘化，生活中神圣的东西被消解，过度的市场化导向以及利益驱动使社

---

① 张世英：《境界与文化》，《学术月刊》2007年第3期。

会文化实践出现了诸多问题。在社会实践层面表现为发展的"唯物质"倾向——发展缺少文化含量，缺少对于社会公平正义的呼唤，只关注经济的、量的扩张而忽略发展的品质提升；而在个体实践层面的感性欲望的泛化、主体道德人格的迷失和精神价值的消解。由于人文关怀的缺失和物质享受欲的泛滥，进一步衍生出了诸多生态环境问题、社会问题，人的个人生活被碎片化、实用化，缺少恒常的价值关怀。市场经济把欲望刺激得太强烈了，我们过多地关注物质的占有和量的扩张，而忽略了内心的平衡，忽略了生活品质的提升。在追寻物质的过程中，反而失去了人性当中最为珍贵的东西。

人类世界不能成为物质所堆积的、追逐名利的场所，我们的世界更不能完全通过科学技术来"祛魅"，因为当这个世界被祛魅之后，这个世界就会变成机械呆板的死的世界，精神、信仰、理想、灵魂、境界这些本该让我们心生敬畏与虔诚的词汇便没有了存在的价值。我们的社会应该夯实培育精神充实、人性崇高的社会基础，否则我们的社会都被祛魅了，没有神秘性了，生活也就丧失了根本的、目的性的意义。

人生境界的形成和提升离不开日常实践的历练。谋求财富与精神的共同进步需要个体与社会的一起努力。就个体而言，我们既要做一个富有的人，要做一个传达思想方式的人，自觉去追求一种至真、至善、至美的生活；从社会的角度说，我们又要与物质财富的增长同步培育出一种现代人文精神，尤其要关注社会精神产品的生产，使优秀的精神产品真正满足人的精神需要，使中华民族真正成为精神富有的、有创造力的民族，从而自信地立于世界民族之林。

社会发展的本质应着眼于物质丰盈与精神充实的统一，着眼于人的身心和谐与全面发展，切实体现以人为本，真正从人的角度，把人当作目的，丰富人的精神世界、增强人的幸福指数、培育人的终极关怀。人是一种目的性存在，人类不堪忍受无根的生活，总要在纷繁陈杂的经验世界寻找一个生活的理由，即为人生安身立命。重建科学和人文的统一，就是让我们的心灵重新找回心灵的充实和安宁。诚然，幸福作为一种身心和谐的感受，当然是和物质满足有一定关系。但我们不能把手段和目的颠倒了，而要实现心灵的充实与宁静，就需要重建我们的精神家园。丰富中国人的精神世界，构建全社会的人文关怀，应成为我们社会发展的目的性指向,以此来赋予社会发展以恒常的价值与意义,以确保社会发展的全面性与可持续性。

(原载《马克思主义与现实》2015年第2期)

中国精神的民族特征与时代追求

中国精神是生发于中国文明的传统、贯穿于现代中华民族崛起和复兴的历程、具有强大凝聚力和感召力的思想观念，可以概括为："贵和持中，自强不息"，中国精神是实现中华民族伟大复兴的价值基础。中国精神具有民族性和时代性的双重维度。从民族性维度看，中国精神与中华人文传统一脉相承；而从时代性角度看，中国精神则与改革创新的当代使命相衔接。习近平同志曾指出："实现中国梦必须弘扬中国精神。这就是以爱国主义为核心的民族精神，以改革创新为核心的时代精神。这种精神是凝心聚力的兴国之魂、强国之魂。"[①] 爱国主义始终是把中华民族坚强团结在一起的精神力量，改革创新始终是鞭策我们在改革开放中与时俱进的精神力量。在实现"中国梦"这样一个伟大的历史使命的进程当中，中国精神是一个非常重要的历史课题。中国精神的提出实际上也就是在中华民族伟大复兴的"中国梦"实现的历史进程中，必须要展示的全体中华民族的精气神，这是实现"中国梦"所必须要面对和解决的重要问题。

一　中国精神的现实意义

中国精神是生发于中国文明的传统、贯穿于现代中华民族崛起和复兴的历程、具有强大凝聚力和感召力的思想观念。当我们提中国精神的时候，实际上它是一个生成性的、具有历史传承的要素，是从过去经现

---

① 新华网，http://news.xinhuanet.com/politics/2013-03/17/c_115053093.htm。

在走向未来的一种精神,是一种进行时,而不是一个完成时。

中国精神是中国文化软实力的重要体现。要实现中华民族的伟大复兴,文化的复兴是其中的一个重要内容。文化复兴具体要落实到提升中华民族文化软实力和竞争力,在世界文明发展的舞台上展示中国文化上来。从这个意义上讲,中国精神代表着中华民族健康发展的一种方向。人是一种目的性的存在,这是人和动物的一个非常重要的区别。从人的目的性的角度讲,也就是强调人是一种追求意义、为人生规划方向、具有未来的明确的目的性指向的存在。一个人是这样,一个民族同样也是这样。中华民族伟大复兴的宏伟目标,可以说是代表全体中国人共同努力的一个方向。所以"中国精神"的构建,是中华民族复兴内在的、自觉的要求。实现"中国梦","中国精神"自然就体现于其中。

谈中国精神要基于全球化的背景。中国精神并不是仅仅着眼于中国自身的发展,中国今天的发展已经是全人类的、全球化的发展大潮当中的有机组成部分,在全球化时代,地球上任何一个角落所发生的事情,都可能会引起全世界的关注,所以在全球化时代,从理论上来讲,已经不会具有那种纯粹地方的、民族文化建设的、自我封闭的发展了。正因为这样,在实现中华民族伟大复兴的历史进程当中,在实现"中国梦"的进程当中确立的中国精神,必然要体现出时代的、开放的精神。

今天,我们倡导中国精神,其现实意义可以具体表现在四个方面:

第一,识别民族身份。在世界舞台上,中华民族文化、中国人的形象、中国人的气质、中国气象到底是一个什么样的状态?这个问题提醒我们,一个人当把自己关在自己屋里的时候,当在自己私人空间的时候,大可不必强调自己的形象、自己的身份问题。但是今天在全球化的时代,人类进入普遍性的交往了,这时候就要强调中国精神、强调文化身份,因为我们要把中华民族最优秀的、最亮丽的形象呈现给世界。

第二,激发民族的创造性活力。民族的创造性不是无源之水、无本之木。一个民族最深厚的创造力的源泉,是源于这个民族从历史走向未来的内在气质、内在品质、内在的精气神。中国精神是激发民族创新能力的重要抓手,因为所有的创造性都要有原动力,这个原动力是来自于中国精神的。

第三,凝聚社会的道德。中国精神对于培养良好的社会风气、培养民族的凝聚力、培养全民族的文化认同感，从而建构起具有责任和担当的、富有时代精神的社会道德，同样有着不可估量的作用。

第四，构筑民族的信仰。一个人需要信仰，一个民族也要有信仰，信仰是支撑一个人坚定不移走向未来的重要的文化支点，一个有信仰的民族才能够真正赢得未来，所以信仰对于一个人来说非常重要，它关涉人的精神、气质乃至人格的养成，它是人生活实践的终极理由，所指向的是人的意义世界，是对于"什么是我们最想要的"这一根本问题的回答。因此无论是从个人还是民族来讲，培育信仰至关重要。

二 中国精神的民族性

中国精神的民族性指中国精神根植于悠久的民族文化传统中。中国精神是一个具有历史承传的文化之和，是从过去到现在并走向未来的流淌的河流。从动态的角度、从文化的源头来说，中国精神可以从《周易》中所讲的乾卦和坤卦的卦辞中得到很好的诠释：乾卦讲"天行健，君子以自强不息"；坤卦讲"地势坤，君子以厚德载物"。乾坤代表着天地，天地之间就是人，所以天、地、人在中国被称为三才，人类所有的文化故事都是在天、地、人这三个维度当中运行展开的。"自强不息，厚德载物"，浓缩了中华民族精神追求的最集中的本质。

承接着这一思路，从总体价值取向上可将中国精神概括为以下两句话："贵和持中，自强不息"。人生在世，其基本的使命无非有两个：一是为人，二是处事。贵和持中是做人的要求，每个人做人都要贵和持中，贵和持中和坤卦里所讲的厚德载物的道理有相似性，也就是说我们为人要宽容，人和人要和睦相处，不要以一种偏执的情绪去和别人打交道，更不能以一种两极对立、非此即彼的心态去和别人交往；第二句话就是对做事的要求的，要自强不息，即是说一个人要想强大自己，必须坚持再坚持，即使身处逆境也不放弃努力，要通过自身持之以恒的努力和付出，成就一个强大的自己。

所以，把"贵和持中，自强不息"作为中国精神民族性的总体价值取向来概括，这样一种表达基本上可以从传统的角度集中概括中国精神。

孔子在《论语》中曾经讲："礼之用，和为贵"。意思是把礼用来指导我们的社会生活，首当其冲的价值诉求就是"和"，所以"和为贵"，"和"是至关重要的。一个社会秩序呈现出良好状态，"和"不可或缺。"和"这个字最原始的发音是发四声。"和"是什么？有成语叫"一唱一和""随声附和"，这个"和"给我们一个重要启示，它是两种不同声音非常美妙的搭配。这个"和"包含着差异性。今天强调"和"，首先应该容忍不同的意见，容忍不同的声音，比如建设和谐社会，它是一种包容着差异性的社会，有差异性，和谐社会才会丰富多彩，否则就是铁板一块，和谐社会应该讲求文化在实践过程当中的异质性，它不是一个自里向外的同质性过程，同质性即从本质上是相同的，如果同质就没有活力了。中国古代思想家们也有类似的表达，"和实生物，同则不继。"（国语·郑语）意思是说如果完全相同的话，就没有继承、没有生长了。为什么"和实生物"呢？因为"和"本身包含着差异性。孔子讲"君子和而不同，小人同而不和"，这个"和"实际上就包含着差异性。唯有存在差异性，我和你不一样，我们才能产生彼此的相互欣赏，才能够在相互欣赏、相互交流当中求同存异，达到一个真正意义上的文化认同，这是强调"和"的作用。

"中"就是强调要秉持中性的、中道的、中庸的智慧，防止过犹不及。什么事情都不要追求极端化的状态，这种两极对立的状态不利于事物的发展，要防止过犹不及的状态。"中"是华夏民族的重要生存智慧，它提醒我们做任何事情都不要走极端，而应该执两用中、允执厥中，追求中庸、中道、中和的人生。所以，"中"是中国传统文化当中重要的价值资源，至于说"中国"的"中"，不完全是一个地理性的概念，更多的是一种文化品质，它是中国人为人处事、行言立事的一种生活态度。这是我们把握"中"的一个重要特点。"贵和持中"就是人与人相处之道、人与社会相处之道以及民族和民族相互对话、相互交流之道。

"自强不息"的道理大家把握起来更为容易，更为明确。中华民族是以吃苦耐劳、坚韧不拔著称于世的。对中华民族，世界各个民族都有一种鲜明的感受，就是中国人吃苦耐劳，我们的先辈走西口、闯关东、下南洋，乃至于漂洋过海，远走他乡，但不管走到何地，总能在相对恶劣的环境下打拼出一片生存的空间来，这和中华民族自强不息的精神气质有着最直接的关联。不光历史这样，回想一下改革开放三十多年来所取得的巨大历史成就，同样和我们自强不息的民族品质有着最直接的关系。

我们如果对中国精神的民族特征做进一步的阐释，可以把"贵和持中"进一步表达为中国人的中性智慧、中道品质。

所谓中性智慧，就是中国精神民族特征的一个重要方面。中性智慧，就是前面强调的中庸、中道、中和的品质。这可以结合一些文化原典，对这种判定做相关的论证。孔子曾经讲过这样一段话："中庸之为德也，其至矣乎！民鲜久矣！"（论语·雍也）在孔子心目中，中庸作为一种道德，是非常至高无上的道德品质。一个人如果涵养着中庸的品质，对于做人来讲是非常重要的前提。但是孔子接着又做了第二种感叹，"民鲜久矣"。很可惜老百姓已经很久不具备这种道德了。孔子为什么发出这种感慨呢？回顾历史，孔子所处的年代世风日下、礼崩乐坏，正处在一个激烈的社会转型时期，周礼被崛起的诸侯破坏殆尽，整个社会风气变得越来越坏了。诸侯并起直接导致了犯上作乱，君不君、臣不臣，整个社会秩序受到了挑战，所以孔子感叹社会风气的败坏，才感叹"民鲜久矣"。孔子的历史使命由此也确立起来了，就是要重新找回社会应有的秩序，就是克己复礼。而中庸作为一种道德急需在社会得到传扬、得到呼唤，因此这也是孔子整个思想构建当中非常重要的目的追求。

孔子这种中性智慧所表达的理想，可以从人格理想与审美理想两个方面讨论。

首先，孔子心目当中的人格理想。在《论语·雍也》中，孔子讲过这样一段话："质胜文则野，文胜质则史。文质彬彬，然后君子。"这里讲的"质"与"文"说的是如何做人，即一个人的"本色"和"角色"。"质"就是本色，"文"就是角色。当我们讨论一个人的人格的时候，无非是要从一个人的本色和角色两个角度来看这个人。孔子认为如果一个人的本色胜过了角色，这就走到了一个极端，就显得很粗野，不文明，没有教养，"质胜文则野"；反观另外一种做人的状态就是"文胜质"，就是你的角色胜过了本色，甚至人们在你的日常行为中都看不到你的本色了，这同样不好，这又走到另一个极端了，即"文胜质则史"。什么叫"史"？"史"就是太迂腐，太匠气，不懂得变通，所以孔子认为这两种极端都不是做人的理想状态，孔子从一种中性的、中道的视野出发，提出了第三种做人的理想"文质彬彬"。"彬彬"就是恰如其分、恰到好处，

"文质彬彬"的意思就是把本色和角色调整得恰到好处的时候，在本色和角色当中保持一种平衡和张力的时候，你就成为君子了。所以君子之风是什么？是"文质彬彬"，也就是该本色的时候本色，该角色的时候角色，即"到什么山上唱什么歌"，要随着社会交往环境的变化，调整自己与人打交道的心态。

从文质彬彬的角度要求，社会要想和谐，地位低的普通人应该高调地去活，要自尊自爱自强，反过来自认为有身份、有地位的人，你应该低调一点去活，不要刻意去强化你和别人的不同，这样的话相互宽容、相互理解，社会才能够慢慢培育出比较和谐的、相互可以交流的局面。

孔子将其心目中的审美理想表述为："乐而不淫，哀而不伤。"（论语·雍也）文学艺术作品无疑是可以表现快乐的，因为所有的文学艺术都是抒情的，但是孔子认为表现快乐而不过分，"淫"在这里面就是过分的意思。同样，孔子说文学艺术作品也可以表现哀愁，但是同样要有一个尺度，即不伤感，表现快乐而不过分，表现哀愁而不伤感。因此，要把握一个很好的尺度，在哀和乐之间、喜和悲之间找到一个很好的张力，就是感情的表达抒发要适度、含蓄。孔子所讲的乐而不淫、哀而不伤，这种审美原则深刻地影响了中国整个文学艺术，是中国美学精神的集中表达。这种美学精神，有的学者把它概括为"中和"之美，其实还是"贵和持中"的具体表达。我国著名学者朱自清先生曾认为中国文化是"月亮文化"，仔细想想"月亮文化"的特点就是含蓄、阴柔、适度。阴柔之美是中国美学的常态的审美精神，考察一下中国的文学艺术，就会发现以月亮为题材的文学艺术特别多。"梨花院落溶溶月，柳絮池塘淡淡风"，中国古代的诗词歌赋以月亮作为题材的可以说是汗牛充栋。不光诗词，中国的音乐也是这样，《二泉映月》《春江花月夜》《彩云追月》《平湖秋月》等，以月亮作为审美对象的作品非常多。总而言之，中国的审美精神还是强调、应和、暗和了孔子所讲的哀而不伤，因此中国的审美原则最后造就了中国人含蓄、适度、平和，追求阴柔之美的审美情怀。孔子给我们划定的乐而不淫、哀而不伤的理想，对中国文化的影响是深远的，它是一种中和之美，是中性智慧表达的一种特殊形式。

我们从孔子的人格理想和审美理想这两个角度看到了其所倡导的中性智慧、中道原则的独特而重要的作用，从而也看到了"贵和持中"作为中国精神传统民族特征的表达。培育中性智慧的核心就在于克服两极对立的思维方式，从改革开放的时代性角度来看，要培养这种中性智慧，特别是在当今社会生活中，可以从三个角度进一步做这方面的发挥和延伸。

第一，天与人的和谐。天人和谐重点是要很好地解决在大的社会发展、经济发展背景下，生态环境的保护问题，真正做到人与自然的和谐统一。生态文明建设也是党的十八大提出的重要的历史课题。现在五位一体的发展模式，政治、经济、文化、社会、生态，把人与自然的和谐摆到了非常重要的位置。

第二，人与人的和睦相处。在和谐的社会中，人与人之间应该有一个和睦相处、非常友善的社会氛围。人与人之间的和睦相处，每个社会成员应该多一点换位思考、多一点感恩意识，是营造一个良好的社会环境的重要举措。所谓换位思考，从最基本点来讲就是心里要有别人，孔子曾经讲过一句话"己所不欲，勿施于人"，这就是一种换位思考，自己不想要的不要强加于别人。无论是普通人还是领导干部，都要学会换位思考，不要以为你所思所想都是最英明的，一些地方干部往往都是以高屋建瓴的心态在做事情，好像老百姓都很愚昧。其实毛主席早就讲过，群众是真正的英雄，而我们自己往往是幼稚可笑的，所以换位思考很重要。

第三，人与物的均调。人与物的均调，重点强调的是社会的公平、正义、公正。这也是下一步中国社会发展必须认真去消化和解决的问题。改革开放三十多年以来中国的经济发展，经济"蛋糕"做得很大，但是老百姓现在最关注的不是"蛋糕"的大小，而是"蛋糕"如何去分。社会要创造公正的氛围，就要让全体中国人民共享改革的成果，让权力在阳光下运行等。人与物均调，就是社会发展过程当中，不能允许社会的不公正出现，少数人占有多数财富，而多数人占有少数财富，因为社会主义一个非常重要的标志就是社会公正。天人和谐、人与人和睦、人与物均调，都是在培育中性智慧当中需要认真去消化的一些课题。

从时代性的角度来看自强不息的价值，可以从三个方面进一步强化：一是要培育中华民族的忧患意识，二是要培育每个人在社会生活中脚踏实地的实践风格，三是要培育持之以恒的心态。一个有忧患意识的民族才能够赢得真正的未来，所以忧患意识从古至今都是中华民族非常重要的精神气质，《诗经·小雅·小旻》当中也有这样的话，要"战战兢兢、如临深渊、如履薄冰"，这就是忧患意识。所有伟大的理想都要通过脚踏实地的努力才能够实现，做事情不能眼高手低，一个人这样，一个民族也是这样，再好的决策都要脚踏实地去实施，这也是自强不息的应有之意。另外，还要持之以恒，无论是决策的可持续性，还是整个社会实践的可持续性，中华民族伟大复兴这个"中国梦"需要我们以持之以恒的心态，一代一代地去努力。

三 中国精神的时代性

如果说民族精神是一种文化基础，着重对历史的承传，那么时代精神则是一种精神引导，它侧重的是对未来的拓展。从这个意义上讲，时代精神作为民族精神面向未来的导引，显得至关重要。恩格斯曾经讲过："每一个时代的理论思维，从而我们时代的理论思维，都是一种历史的产物，它在不同的时代具有完全不同的形式，同时具有完全不同的内容。"[①] 就是说我们今天谈到精神，就是强调中国精神要有时代性。

什么是时代精神？简要来说时代精神就是在新的历史条件下所形成和发展起来的、体现民族特质、顺应历史潮流的思想观念和价值取向。而这一视角集中到一点，就是改革创新。强调中国精神的时代性，要集中围绕改革创新这一价值诉求展开，主要应把握以下内涵：

（一）改革创新是中国共产党人的当代追求

中国精神的时代性，核心内容就是这些年来党和国家领导人所反复强调的改革创新。改革创新是中国人当代精神追求和思想特征最突出的标志，只有改革创新，中华民族的伟大复兴、"中国梦"才能够真正得以实现。党的十八大的召开，进一步强化了改革创新的重要性，吹响了新时期改革创新的号角。在不同的场合，党和国家领导人反复强调改革创新的重要意义，推进社会进一步发展，"改革不停步，开放不止步""改

[①]《马克思恩格斯选集》第4卷，人民出版社1995年版，第84—87页。

革是最大的红利""以更大的政治勇气和智慧不失时机地深化重要领域的改革"。习近平同志就任党的总书记之后，国内调研的第一站就是到深圳，这也同样具有标志性的意义。邓小平同志的南方讲话吹响了中国改革开放的号角，"胆子要更大一些，步子要更快一些"①，回过头来看这段历史，如果没有小平同志的南巡，中国的改革恐怕不会取得今天这样伟大的历史成就。

（二）改革创新是中国精神的时代表达

首先，改革创新是发展生产力的必然要求。中国经济的发展需要改革创新，生产力的发展同样需要改革创新，中国经济质量的提升、中国未来经济的转型，同样需要我们开拓改革的视野，培育创新意识。对于中国的企业来说，面临着企业转型的艰巨历史课题。企业转型要从量的扩张走向质的提升，要创建民族品牌，要进一步把民族品牌推向世界，要在世界舞台上看到更多的中国知名品牌立于世界品牌之林，这些都需要培养创新精神。所以，创新是一个民族进步的灵魂，是一个民族生生不息向前发展的不竭动力，意义也就在于此。其次，改革创新是建设创新型国家的迫切需要。自主创新能力已经提升为国家的整体战略，在这样一个建设创新型国家的时代背景下，创新意识的培育很重要，要把创新意识渗透于社会的各个层面，需要我们有条不紊地做很多具体的工作。最后，改革创新是建设美丽中国的不竭动力。美丽中国不仅仅是一种图景，更是最后需要认真去实现的目标，是我们所期盼的生活现实。美丽中国同样需要改革创新。因此，改革创新的确成了中国社会健康发展的生命攸关的历史课题。

（三）改革创新是全体中国人的价值共识

改革创新作为一种价值诉求，现如今已成为中国全社会每个公民的共识。首先，改革实践是一个全民参与的过程。改革是全方位的，中国下一步深化改革，我们更要唤起全民的参与意识。其次，改革的成果由全民共享。全民参与和全民共享是相辅相成的，只有让全国人民共享改

---

① 《十三大以来重要文献选编》（下卷），人民出版社1993年版，第2067页。

革成果，改革的成果惠及全体公民，才能从心底里面激发全民参与改革的热情，让每个人都感到改革和我是息息相关的。最后，不断破除改革阻力。中国社会发展的重要工作，就是政治体制改革的问题，政治体制改革至关重要，因为经济体制改革的成果如果不通过政治体制改革惠及全体中国百姓，就会造成很不利的社会局面，在一些人的心目当中就感觉到改革和我没有关系。政治体制改革直接关系到中国社会发展的健康、成败问题。在价值层面上讲，也要从这个角度做一些深层的思考。

政治体制改革的核心问题就是社会的公平正义问题。而老百姓对社会公平期待的最基本的层面，首当其冲就是起点的公平，即要给每个人一种公平的发展环境和发展机会，要破除特权阶层，因为特权阶层直接破坏了游戏规则。只有起点公平了，我们的社会才会有真正意义上的公正。中国下一步深化改革，会触及一些既得利益集团的利益，这些力量有可能成为中国进一步深化改革的阻力。因为这些既得利益者的影响高于社会普通人的影响力，所以改革可能面临更大的阻力。所以，应该看到政治改革所可能面临的严峻形势。中国下一步的改革进入了深水区，不管怎么样，只有不断坚持改革，才能够真正拥有未来。改革走到今天，中国社会面临各种各样的矛盾，只有不断的改革，才能够真正有效地化解这些矛盾，在改革的前行当中破解难题，这也是大家的共识。从整体来讲，改革创新作为中国精神的时代要求，必须要坚持这样的基本价值。

从创新的角度讲，创新驱动发展，创新赢得未来。在十八大报告中，有很多围绕着创新的论述，比如要"实施创新驱动发展战略""要坚持走中国特色自主创新道路，以全球视野谋划和推动创新，提高原始创新、集成创新和引进消化吸收再创新能力，更加注意协同创新""着力激发各类市场主体发展的新活力""着力增强创新驱动发展的新动力""着力构建现代产业发展的新体系""着力培育开放型经济发展的新优势"① 等，这是社会经济领域里面所强调的创新。这种创新可以集中表达为要从发展量的扩张走向质的提升，要提升品质，真正赢得优势。从中华民族真正实现伟大复兴历史使命的高度来看待创新，全社会应该培养一种创新

---

① 胡锦涛：《坚定不移沿着中国特色社会主义道路前进为全面建成小康社会而奋斗——在中国共产党第十八次全国代表大会上的报告》，人民出版社2012年版，第21页。

精神，在创新的时代呼唤面前，应该容忍失败、鼓励冒险，还应该进一步强调要胆子更大一点、步子更快一点，因为只有创新才能够驱动发展，只有在发展过程当中，一系列社会问题才能够得到有效的解决。

以上是从民族特征、时代要求两个角度我们对中国精神所做的基本解读。中国精神代表的是全体国人的共同心愿，共同的价值诉求。中国精神是以爱国主义为核心的民族精神和以改革创新为核心的时代精神的有机结合。总而言之，中国精神是一个生成性的概念，而不是一个完成的概念。在未来的社会发展过程当中，我们每一个中国人都肩负着实现中华民族伟大复兴的历史使命。正因为如此，在实现中华民族伟大复兴的过程当中，中国精神是实现中华民族伟大复兴的价值基础，真正要实现中国精神的自觉，培育起这种精神，中华民族伟大复兴的中国梦的历史实践才会形成自觉的、持之以恒的精神动力。

（原载《中国特色社会主义研究》2014年第2期）

建设"文化中国"的几点思考

"文化中国"是中国着眼于和谐社会建设、提升国际竞争力以及全民族人文素养所实施的文化发展战略。"文化中国"作为建设社会主义文化强国的远景,是一个正在"生成"的、面向未来的、在全球文化的交互激荡中逐步形成的过程。建设"文化中国"的价值诉求具体体现在:要注意开掘新文化创造的生命力,加强中华民族文化传统的自觉认同,注重公民健康人格和现代人文素养的生成,坚守全社会民主公正信念,培育现代生态文明观念。

文化是一个民族进步的灵魂,文化软实力是一个国家的精神纽带。回首20世纪以来的百年中国的文化发展,可谓经历了太多的辛酸与坎坷,中国文化在世界的影响越来越被边缘化,与上下五千年文明古国的悠久历史不相匹配。中国30多年的改革开放,相对于我们在经济上所取得的举世瞩目的成就,文化的发展却不尽如人意,距离党中央提出的"文化大发展大繁荣"战略目标还很远。尤其是随着全球化浪潮的不断推进,国与国的竞争日趋呈现为文化品牌、文化产业的竞争。在这一背景下,如何提升我国在世界舞台上的文化形象、打造"文化中国",以期赢得真正的文化竞争力,立足于世界民族之林,便成了中国发展进程中下一个30年国人的共同期盼。2012年召开的中国共产党第十八次全国代表大会,更明确提出了扎实推进社会主义文化强国建设,提出全面建成小康社会,实现中华民族伟大复兴,必须推动社会主义文化大发展大繁荣,兴起社会主义文化建设新高潮,提高国家文化软实力。这是中国社会发展的文化自觉的重要标志,也为未来"文化中国"的历史实践明确了方向。

一 提出"文化中国"的时代语境

"文化中国"是指在全球化语境下,着眼于和谐社会的建构与发展、中华文化的国际竞争力的打造以及全民族现代人文素养的提升所实施的中国文化发展战略。"文化中国"是中国特色社会主义现代化历史实践的核心发展目标。一个民族的文化影响力是最深远最恒久的影响力,不同的文明形态是区别不同民族的最本质的东西,是民族性格的最本质的体现,自觉把建设"文化中国"作为今后我国社会发展的重要战略目标,用"文化"向世界说明中国、展示中国坦然和自信的文化气度,这是历史赋予我们的不容回避的艰巨使命。显然,今天我们提出建设"文化中国",是基于30余年中国改革开放与现代化发展的经验与教训而做出的战略选择。我们已经走过了"摸着石头过河"的发展阶段,中国的改革已经进入深水区,需要我们站在时代的高度,通盘审视未来的中国经济、政治与文化的发展。提出建设"文化中国",标志着中国社会发展正在进一步走向自觉,当然这也昭示着未来中国文化的发展自觉。

1. "文化中国"是对"唯经济论"思维模式的纠偏。

回首30余年中国的发展我们看到,"以经济建设为中心"似乎成了我们不变的主题,"文化搭台,经济唱戏"更成了唱响神州大地的耳熟能详的口号。改革开放以来,我国主要侧重于经济领域的改革和发展,并期望以经济改革为突破口进而带动全社会的改革,这种改革模式的确带来了中国物质财富的快速增长,我们取得的经济成就举世瞩目。但相对而言,中国政治领域、社会领域和文化领域的改革,我们则没有更多时间和精力去关注。我们总是在关注GDP总量、工业总产值、人均收入水平等。不容否认,在各级政府的实际决策中,确有把经济发展这个手段异化为最终目的的倾向,使经济增长手段掩盖了社会协调发展的目的本身。但经济总量的提升并不能等同于质的飞跃,经济增长更不能简单等同于社会发展。严酷的现实已经表明,如果没有社会、政治、文化等多维发展的协调,经济发展很有可能成为少数富人的盛宴,大多数人在充当廉价劳动力的同时并不能提高自身的幸福感,社会公正遭遇着空前的挑战,所以我们提出建设"文化中国",就是首先要纠正这种不问社会发展方向的"唯经济论"思维定式,在价值层面去自觉追问:中国社会发展的最终目的是什么?具体说是要把以人为本的社会发展观落到实处,着眼于每个国民身心发展现状的改善,着眼于如何切实增进民生福祉,提升全民族的文化素质,让全体中国人共享改革发展的成果,让全体国民活得更有尊严更有意义。文化不是经济发展中的配角,更不是发展的手段,而是社会发展在精神境界层面所追求的目标。拥有自觉的文化价值导向将赋予社会发展以一种人性的、目的性的关怀,为破浪前行的"中国航船"提供一种动力源。

2. 在全球化时代发展的今天,中国的文化影响力与经济发展不相匹配。

在当今的世界舞台上我们看到,一个民族的文化影响力是最恒久最深厚的影响力,文化更是一个民族进步的灵魂。但严酷的现实是,当代中国文化在全球的影响力与我们的经济发展不相匹配,据中国科学院中国现代化研究中心发布的《中国现代化报告2009——文化现代化研究》的研究分析,中国的文化影响力指数在全世界排名仅为第7位。我们暂且不论现有的文化排名是否借了中国经济发展的光,托了中国传统文化的福,单从排名先后来看,中国文化影响力指数与中国经济迅猛发展的前景以及中国发展理念和模式日益扩大的影响是很不协调的。中国是一个文化资源大国,却是一个文化产业小国,30多年来,我们的文化产业出口一直处于逆差状态,中国的文化产业才刚刚起步,缺乏国际竞争力,我们少有文化精品产生世界性影响。在社会科学和文学艺术等方面我们还缺少原创性的、富有震撼力的成就。总之,相对于中国经济的迅猛发展,中国的文化软实力建设任重道远。长此以往我们不难想象,外来文化不仅会大举占领中国文化消费市场,更将直接影响到国家的文化安全。

3. 我国的文化发展形势严峻,文化生态环境亟待优化。

从文化哲学角度来看,"文化生态环境"是指由构成文化系统的各种内、外在要素及其相互作用所形成的生态关系。文化生态是一个比自然生态更为复杂的系统,它主要包括人的思想道德素养、科学文化素质、历史文化传统、外来文化以及文化创新等要素。建设"文化中国"尤其需要培育良好的文化生态环境,但环顾当代中国的文化发展现实我们却看到文化生态的失衡——民族传统文化常常被"戏说",原生态的民族文化亟待拯救，高雅文化、精英文化市场日渐萎缩，感性娱乐文化则大行其道。在市场杠杆的驱动下，我们更多地彰显了文化的娱乐、实用与经济功能，而对文化的最核心层面即人文价值诉求、人的心灵建构等方面的关切不够。文化低俗化倾向日趋严重，无底线娱乐狂欢正在毁掉我们的大众文化，在娱乐化消费中制造着人们对历史的轻浮态度，而缺乏严肃与敬畏之情。我们应该清醒地认识到，现代化的最终目的是实现社会的全面进步和人的全面发展。"文化中国"的提出要求人们在追求经济利益的同时体现人文关怀。文化的发展不仅为市场经济提供了合理的价值观念，文化建设同时规范着市场经济的运行秩序。文化发展需要激浊扬清，为子孙后代负责，为民族文化的未来负责。

二 "文化中国"告诉我们什么？

的确，培育"文化中国"、以文化的方式向世界说明中国，这是一个大题目，甚至说是一个系统工程。改革开放以来，向世界传递中国的文化价值，展示中国的文化形象，这已经成为我们对外文化交流的重要议题。我国领导人讲到中国的和平发展道路时也一致强调，当代中国的发展与中国的历史文化传统是一脉相承的。1997年11月江泽民同志在哈佛大学发表的演讲和2006年4月胡锦涛同志在耶鲁大学的演讲的主旨，都是阐述中国优良的历史文化传统。我们知道中国的传统人文价值就是"和而不同""和为贵""己所不欲，勿施于人"，这也是中国未来和平发展战略抉择的文化之魂。找到了中国文化的价值之源，我们未来文化实践才拥有了目标与方向。

笔者认为，我们这里对于"文化中国"的理解，应体现以下三个方面的价值关切：

1. "文化中国"不是简单的向后看或历史怀旧，而是指向中国发展未来的，所以要培育"文化中国"的现代视野。

我们如果把中国文化放在近一个世纪以来社会生活变化的总体环境背景中加以定位，则会看到文化中国在现实实践展开中，呈现出了两种不尽相同的心态。一种是向后看，这是一种未能很好融入全球化文化浪潮而表现出的文化偏执反应，它拒绝全球化、拒绝现代文明，以一种非此即彼的思维定式去面对外来文化——认为中国文化都是好的，外来文化尤其是西方文化都是坏的。这种贴标签式的文化态度不利于中国文化与世界的交流。另一种是向前看，这种观点主张以民族传统文化为出发点，取其精华去其糟粕，整合现代新文化，使中国文化在民族性与时代性、传统与现代、本土化与全球化的二元张力中发展前行。当然，"文化中国"的目的指向无疑是后者。我们要立足现实、面向世界、着眼未来对中国文化的发展给予关注。重要的不是我们的文化过去如何辉煌，而是未来如何赢得发展的优势。对此我们必须保持清醒的认识，在世界舞台上，这30多年我们的文化影响力与经济的发展并不匹配。中国是一个文化资源大国，却是一个文化产业小国。在世界文化交流中，中国确确实实存在着严重的"赤字"，在现代文化产品的创造与输出方面，我们才刚刚起步，没有任何值得炫耀的资本。因此，在"文化中国"面向未来的形象塑造方面，我们还要沉下心来，踏踏实实地进行努力，注意审视、发掘和转化民族传统文化中的优秀成分，以对中华民族精神的弘扬和培育为导向，以文化创新为途径，构建中国特色的现代先进文化。

2．"文化中国"是一个正在"生成"的过程，不是已经"完成"的静态风景。

文化是一条河，是一条从"过去"经"现在"流向"未来"的河，文化总是在传统与现代之间的张力之中发展前行的。文化不能仅仅理解为是一个实体性概念，不能为其确立一个固定不变的准则，以便把所有涉及的东西都装入其中。这种做法将文化看作静止的、封闭的东西。"文化中国"作为今后中华民族文化发展的重要价值诉求，需要我们在不断地反省、建构中去实现。人是一种向未来敞开的、未完成的存在，人类的自由创造本性恰恰根源于人的未完成性，人要在不断地实践和劳作中实现自己的目的。"文化中国"的建构正是基于中华民族的未来发展，需要在已完成的现实文化层面上寻求新的超越。在这个意义上，文化中国不是为了抓住自己过往的优秀文化传统不放，更不是将已经取得的文化成果拿过来孤芳自赏，而是一种指向未来的、致力于文化不断完善的创造性实践。这需要我们从"生成"的视角，对既有的文化发展成果进行不断的反省、矫正甚至批判，以保持文化发展的旺盛的生命力。文化创造活动总是具体的历史展开过程，文化的血脉不断在动态的"生成"中穿梭前行。每一代人的文化活动客观上总是在传递着前人的经验和教训，人在这种潜移默化的文化传递当中，调整、修正着固有的思维定势，并为文化传统增添新的要素，这样，作为一个有限的存在者便会在无限的文化传统之中生生不息，获得"类存在"的价值。把握"文化中国"动态生成性，将有助于我们在世界文化多元化的总格局下，在经济全球化、各民族相互依存、相互交流、不断加速的现代化过程中，去自觉培育适应现代社会发展所需要的、富于创造力的和谐文化。

3. "文化中国"是在全球文化的交互激荡中逐渐形成的。

全球化是我们这个时代的基本生活图景。在一定意义上我们可以说，30多年中国改革开放的过程也是中国逐步融入全球化的过程。在全球化时代，地球上任何一个角落所发生的事情顷刻间都可能引起全世界各国的共同关注，地球已经成为相互影响的文化村落。世界各国不但在政治、经济上互相依存，而且文化的发展也越来越相互影响。人类的文化发展历史表明，任何文化形态只有在与作为"他者"的交流甚至碰撞中，才会激活自身文化的基因，保持旺盛的生命力。在这一大背景下考量"文化中国"的发展，首先需要我们以宽容的心态海纳百川，迎接八面来风，在与各种外来文化的交流中，尊重文化的差异性和多样性，恪守"和而不同"的原则，善于吸收全世界各国的优秀文化与文明；同时也要增强文化自信心，找准自我文化发展方向，弘扬自身文化特色，努力向全世界展示中华民族文化的独特魅力。

三 建构"文化中国"的着力点

建构"文化中国"既是一个艰深的历史课题，更是时代赋予我们的光荣使命。让我们感到欣慰的是，而今举国上下对于建设"文化中国"的必要性和紧迫性已经形成基本共识：建设"文化中国"关乎中华民族的伟大复兴，关乎中国现代化发展的成败。着眼于这一发展战略高度，我们要对建构"文化中国"的着力点保持清醒的认识。

1. 注重开掘新文化创造的生命力。

一个伟大的民族应该具有广阔的文化生命力，中华民族之所以能在漫长的历史长河中培育和发展博大精深的中华文化，根本原因就在于中华民族有着旺盛的文化生命力。文化的发展是有方向性和目的性的，文化的生命力说到底根源于传统与未来的张力，也就是说，一方面，开掘文化生命力不能忽略了文化的根——民族的传统。与传统对接并对传统的自觉认同，文化生命才能找到源头活水；另一方面，我们还要善于在继承前人文化创造的基础上，面向未来不断进行新的文化创造。我们不仅要继承和发扬前人的文化成果以充实自己，而且要勇于在新的时代条件下进行新的文化创造。文化创造需要更加开放的社会环境以及更加自由的思想空间，只有如此，思想才有创意，才可能激发更多的创造灵感。文化的生命力就其根本来说是指向未来的，开掘新文化创造的生命力还要注意关注当下百姓民生，真正融入生活的文化才有生命力，在对时代生活的感受中，文化才愈加变得开放、包容，才得以绵延发展。

2. 加强对中华民族文化传统的自觉认同。

民族文化认同一般是指对本民族长期历史发展中所形成的优秀文化传统的理性认知和感情依附，并在此基础之上对其自觉地坚守和维护。一个民族要想自立于世界民族之林，前提是要善于认同民族文化传统。一个民族向前发展的核心内容及恒久动力恰恰是来自本民族成员对该民族内在文化精神以及个性的文化认同。只有在民族文化自觉认同的前提下，不同文化形态间才会达成有效的理解与沟通，形成彼此的相互依赖与尊重。中华传统文化作为中华民族理性和智慧的积淀，启迪着一代又一代中国人，规范着中华儿女的生存和发展。中国文化传统所强调的"天人合一""贵和持中""自强不息"等思想不但为世界文明做出了卓越的贡献，而且也是我们今天进行文化建设、文化发展的根基与源泉。

今天我们呼唤文化自觉，首当其冲的应是对中华民族文化传统的自觉认同，我们要心怀敬畏之心去反思传统文化，重估其人文价值。费孝通先生曾经指出："文化自觉是一个艰巨的过程，首先要认识自己的文化，理解所接触到的多种文化，才有条件在这个已经在形成中的多元文化的世界里确立自己的位置，经过自主的适应，和其他文化一起，取长补短，共同建立一个有共同认可的基本秩序和一套各种文化能和平共处，各舒所长，联手发展的共处守则。"[①] 的确，自觉的文化认同肩负着对自

[①] 费孝通：《反思·对话·文化自觉》，《北京大学学报》（哲学社会科学版）1997 年第 3 期。

身民族文化传统的自觉反思和对新文化的主动建构的双重历史责任。

3. 注重公民健康人格、现代人文素养的生成。

文化的本质是人化，"文化中国"建构的重要目标就是培育公民的健康人格、提升全体国人的人文素养。近代德国宗教改革思想家马丁·路德曾认为：一个国家的繁荣，不取决于它的国库之殷实，不取决于它的城堡之坚固，也不取决于它的公共设施之华丽；文化建设而在于它的公民的文明素养，即人们所受的教育、人们的远见卓识和品格的高下，这才是真正的力量之所在。的确，今天的中国在国库殷实、财政收入增长、经济大踏步发展的同时，应切实关注人的发展与进步，着力提升公民的文明素养。一个民族的整体素质提升了，国家的文化影响力才能得以展现，强大的国家形象才能得以产生，才会赢得世人的尊重。一个人不能只热衷于物质的占有、沉湎于感官快乐。具有健康人格的人应该是具有创造力的、超越自我的人，这应当包括正确的自我意识、乐观向上的生活态度、和谐的人际关系、庄严的道德感、使命感和社会责任感以及开放的文化视野。在此意义上，文化中国的价值内涵体现在公民健康人格和人文素养的生成，只有通过全社会的人文教化，才能使人们步入一个道德、情感和智慧融合一致的生活境界，进而为"文化中国"的建设奠定坚实的基础。

4. 坚守全社会民主、公正信念。

社会公正是一个现代社会的基本价值取向，是现代制度设计与安排的基本依据。我们今天建设社会主义和谐社会，应该把社会公正作为社会主义制度的基础性的、首要的价值。公平正义的根本点，就是保证不同社会群体都能拥有并享受相同的权利。在具体的改革与社会建设中，要确保每个社会成员的基本权利与机会的平等，按照其贡献进行分配以及社会调剂（社会再分配），并妥善处理社会转型期出现的利益冲突。目前我国的改革进入关键时期，各种社会矛盾愈加突出，贫富差距和两极分化正日渐拉大，腐败现象层出不穷，群体性事件时有发生，弱势群体分外焦虑，这应该引起全社会的高度关注。现实改革的实践表明，如果公正信念缺失，社会公信力降低，政治监督机制不健全，就会直接动摇人们对于改革和社会建设的信心，涣散社会的凝聚力，危害中国社会的建设。通过切实的政治改革，使每个公民依照公平正义原则，共享中国改革发展的成果，充分拥有创造财富的机会，切实保障其社会参与的权利。由此观之，全社会民主公正信念的坚守正是迈向"文化中国"的内在价值诉求。

5. 培育现代生态文明观念。

现代生态文明一般是指以人与自然和谐共生、良性循环、持续发展为基本宗旨的文化观念形态。现代大工业文明凸显了人类改造自然、征服自然的能力，但无形中也加剧了人与自然的紧张对立，甚至受伤的自然开始报复人类，使现代文明受到新的挑战，重新找回人与自然的和谐关系势在必行。回望中华传统文化我们看到，其中蕴含着深厚的生态文明资源，尤其倡导人与天地自然和谐相融，强调"天人不二""天人合一"，认为"天地有大美而不言"，因此要"道法自然"，这种生态观念对于我们今天仍具有重要的借鉴意义。建设"文化中国"必须自觉蕴含生态文明的价值维度，增强现代生态文明发展的自觉性。我国在全面建设小康社会奋斗目标的新要求中，第一次明确提出了"建设生态文明"的发展目标，要走全面、协调、可持续发展道路，这表明了国人生态文明观念的增强与自觉。今天我们建设现代生态文明，必须加快转变经济发展方式，我们不能走只追求"量"的扩张而忽略了"质"的提升的发展模式，这最终会导致有增长而无发展。因此，我们必须自觉培育现代生态文明观念，倡导文明健康的生活方式，让建设生态文明成为全社会的自觉行动。

总之，"文化中国"作为凝聚中华民族的重要纽带，作为中国向世界表达自身形象的重要载体，应该成为未来中国社会发展的重要实践目标。建设"文化中国"，表达中国文化的风范、气度，是我们每一个当代中国人义不容辞的历史责任。相信在不久的将来，"文化中国"将会成为我们展现给世界的一道亮丽的风景线。

（原载《中国特色社会主义研究》2012 年第 6 期）

下 编

当代中国社会发展问题省思

发展哲学与中国的现代化

发展研究步入哲学的殿堂，是令人欣慰的。本来，哲学作为时代精神的精华，理应走在时代的前列，为世界文化与社会的发展做一种超前性的预测与分析，以展示哲学思维的独特魅力。但遗憾的是，对发展问题的自觉却首先是经济学家、未来学家和社会学家，历数20世纪以来对发展研究做出重要贡献的思想家，如爱德华·科尼什、罗马俱乐部成员、托夫勒、弗朗索瓦·佩鲁、艾森斯塔等，他们大都是经济学家和社会学家。从我国的情况看，反思二十多年来的改革实践历程，人们也深感缺少一种行之有效的社会发展理论的指导。哲学界也一再提倡马克思主义哲学的中国化和时代化，但是却始终没有寻觅到哲学与中国现实的最佳结合点。在这种情况下，哲学指导现实社会发展的功能无疑是微乎其微的。

发展哲学的研究为我国哲学的进一步深化提供了契机。如果说面对时代而言是哲学思考的本性，那么发展哲学恰恰是通过追踪时代、探索中国改革与现代化的道路而体现自己的理论品格的，就这个意义而言，我们所从事的发展哲学研究应该是具有中国特色的，它应该为当代中国社会发展与转型提供一种行之有效的理论参照；同时，我们所从事的发展哲学研究又应是面向世界的，它应该是世界一体化发展理论的组成部分，因此应该在改革开放的时代背景下，借鉴国外发展理论研究的先进成果，扩大视野，进行比较综合，以更好地把握和预测世界发展的走向。

从哲学的角度研究发展问题，它较之其他学科应该有哪些独特之处呢？这也许是发展哲学研究中一个首先应进行思考的问题。笔者认为，发展哲学较之其他学科所致力的研究目标，更应该注意研究社会发展的价值与意义层面，即对发展的深度、广度和规模，甚至发展的副作用等问题都要进行一种全方位的人文思考，通过这种对发展问题研究的意义与方向的澄清，去阐扬一种关注人类命运与未来的"伦理的真理"。这诚如马克思所讲的，哲学的发展始终同人类实践的发展紧密联系，哲学与社会意识的其他形式之不同点在于，它是以思想理论的形式更为集中地表达着一定时代的客观本质和发展趋势。因此在对发展问题的研究中，哲学必须面对中国走向现代化这样一种社会发展现实，以一种批判的、建设性的方式去表达有关中国未来发展的合理认识与要求。从这个意义上我们可以说，对于发展研究，哲学家们必须拥有他们独特的现实时空和理论时空，他们对发展问题的思考有着其他学科所不容替代的意义。从这样一种要求出发，我们认为哲学研究发展问题应注意两点：其一，与具体实证科学（如社会学、经济学等）的研究方法不同，哲学视野下的发展研究应该多关注一些人类未来发展的形而上学问题，如发展与生存环境、经济增长与社会文化进步、发展与人的未来等；其二，应淡化一下发展哲学研究中的体系建构热。众所周知，一门学科的成熟应该是该领域缜密研究探索的结果，而不是凭空的先在预设，这一点对发展哲学说来更是如此。一种有建树的发展理论的提出应该是在脚踏实地的科学探索之后形成的，而不是相反。哲学对于整个发展问题的看法同时就是人们理解和把握现实与时代的钥匙，而这种现实品格的获得只能是扎扎实实面对现实与时代的理论思考。

面对时代，面对当代中国改革与现代化建设实践去研究发展问题，哲学所要思考和解决的问题很多，但其中最核心的问题笔者认为有以下几点。

一　自觉澄清发展的文化价值内涵

随着发展理论研究的深入，人们越来越感到，那种把发展仅仅视为经济指标增长的观点，是十分肤浅的，必须赋予发展理论以人类特有的时代文化内涵。从这个意义上看，发展越来越被看作社会灵魂的一种觉醒。21世纪的帷幕的开启标志着人类第三个千年的开始，我们这个星球的社会生活将会发生怎样的变化？全球社会的政治、经济、文化、科学技术和价值观念等发展前景如何？这些问题都不是某种单一的发展模式所能解决和回答得了的，尤其是西方发达国家所走过的现代化发展道路也向发展中国家昭示：社会现代化的根本内涵绝不仅仅是生产的发展和技术的进步，而究其本质说来应该是文化的现代化，是人的主体精神的现代化。

在这个问题上，法国的弗朗索瓦·佩鲁教授提出了十分深刻的见解。他认为在理解发展这一概念时，必须注意坚持两个基本的前提："1. 经济现象和经济制度的存在依赖于文化价值；并且，2. 企图把共同的经济目标同它们的文化环境分开，最终会以失败告终，尽管有最为机灵巧妙的智力技艺。如果脱离了它的文化基础，任何经济概念都不可能得到彻底的深入思考。"[①]

在我们改革的实践中，如何明确发展的根本价值目标，把经济的增长与人及社会的进步紧密联系起来，这已成为改革能否成功的关键问题。我们必须将人的发展与进步视为发展的最高目的，在一系列政策和策略的制定上，必须摒弃那种一味追求产值和利润指标，而忽视精神文明建设的短期行为。诚然，这种发展的文化价值是很难实施一种客观量度的，但是它却像一只看不见的手体现于发展过程的始终，"如果新的发展研究不能深入到人们的思想深处，那么，对于这种研究以及由这种研究所要求的总体调整的思考将会是肤浅的，并且是很难达到目的的。"[②]

自觉澄清发展及发展研究的文化价值内涵，将使发展有一个明确的价值定向，社会的进步也才会是真实而有成效的。

二 注意研究新技术革命与发展的关系

科学技术革命是社会发展与进步的强有力杠杆，这一点已随着时间的推移得到越来越明显的体现。仅从第二次世界大战结束以来，科学技术的一系列进步强烈地改变着我们世界的面貌：1946年电子计算机在美国问世，同年电视机在英国大批量投入生产，1957年苏联发射了

[①] 弗朗索瓦·佩鲁：《新发展观》，华夏出版社1987年版，第165页。
[②] 同上书，第169页。

第一颗人造地球卫星。自从 1965 年人类使用第一颗国际通讯卫星以来，上述三项伟大发明开始联为一体，人类迎来了信息一体化的"地球村"时代。地球村的出现打破了传统的时空观念，使人与外界乃至整个世界的联系更为紧密，人类变得更加相互了解了，并且有了较为接近的行为尺度。

但是人们在亲身感受到科技革命给人类带来文明与进步的同时，也同样亲身感受到了科学技术带给人的负效应。这也就是说，科学技术作为一种中性存在，它的意义与价值的发挥完全取决于人的文化态度。爱因斯坦这位科学巨人曾目睹过第一次世界大战，1931 年在他撰写的《科学与幸福》一文中不无痛苦地问道："这种光辉的科学得到应用后虽然节约了劳力并使生活更加轻松，但为什么给我们带来的幸福却是那样少？"

20 世纪是理性反思的世纪，为了人类的真正幸福，人们在从不同的角度检讨着理性。面对 21 世纪，我们认为人类对理性的反思必须上升到更深的层面，必须更加自觉的将科学理性精神置于人类文化进步的宏观格局之中，由此而引发的一系列发展问题就是：科学技术的进步是否意味着社会的发展？技术力量与政治力量、科学与道德之间的分裂状态何时才能结束？如何保证科学技术合理有效地用之于人类健康发展的和平目的？

由此反观一下我们对科学的态度，我们往往很少具体地去探求科学技术本身对整个社会发展乃至对人的影响，很少去细致研究科学与人的价值关系如何，而热衷于科学技术的盲目推广和引进，在一种具有强烈功利色彩的感情冲动下，把科学技术的作用摆到一种不科学的地位，甚至在一些人的观念中形成了一种现代"科技图腾"。这种对科学技术的盲从至少导致两种后果：其一是表现为它与"创造适应"的严重脱节。其二是任何国家的现代化的外部条件即物质技术基础，必须与其社会的内发力量即人的思维方式、价值取向的更新相协调，而正是在这方面，我们尚缺少把既定的科学技术目标合理地转化成为全体公民自觉行动的有效机制。事实表明，对于科学技术的纯实用主义、功利主义态度既可能使科学技术偏离人类理想追求的轨道，也可能使科学技术价值本身遭到冷落——当某种短期目标让人感到有更大利益可图的时候。当前社会中出现的重技术应用轻技术研究的现象也许就说明了这一点。

着眼于中国改革与现代化的合理发展，我们认为应该加强科学技术的评价研究，使科学技术的发展同人的发展完善相协调。人们在利用科学技术实现自己目的性追求的同时，切勿使这种技术力量独立出来，偏离甚至扭曲人类原来的目标，并消极地影响人类的物质生活与精神生活，即避免"技术主义"与人文主义的对立，我们应该弘扬科学中的人文精神。

三 注意探索未来世界发展的一体化、国际化和普遍化与发展民族个性的关系

改革开放后的中国客观上已步入世界文化发展的总体格局，面对21世纪，人类必须统一考虑世界的未来发展问题，形成协调一致的发展战略。人类只有一个地球，现代大工业文明的发展在地理时空上打破了传统的农业文明模式，它所产生的正负价值往往都不只局限于一个国家和一个民族的范围，而往往具有世界性影响。我们可以说，未来世界各民族的发展进步都将程度不同地受制于这种大的世界环境。另外从文化哲学的角度来说，在不同民族文化群体的相对独立的进化中，较先进民族的文化范式对于其他民族的文化发展往往具有规范意义。先进文化同化落后文化，尽管可能有时前者会受到后者的抵抗，但从历史的角度看，这是一种必然的趋势，因为人类毕竟向往文明与进步。由此所导致的世界发展可能是一体化、普遍化与国际化的发展。纵观当代社会的各种进步，无论是人类生活方式的变化、全球信息的一体化、经济技术的划时代进步，还是不同文化间的相互融合与认同、全球协调发展战略的努力，都表明了这一点。

与这种文化发展的一体化趋势相伴随的，则是一些全球性问题的产生。所谓全球性问题，是指这些问题的产生不但关涉全人类的利益，而且也只有全世界各国的通力合作才有可能抑制并解决，如环境污染、生态破坏、资源匮乏、人口爆炸、核战危险等。这些问题如被忽视，后果也将是全球性的。仅以人口问题为例，20世纪初中国人口多达3亿，印度人口近2亿，西方工业化国家开始认为这对他们是十分有益的事——意味着广大的消费市场和廉价的劳动力。但时至今日，世界人口已经超

过60亿,如果照此增长率,再过一百年世界人口将达到200亿,地球上有限的资源怎能容得下如此众多的人口?因此控制人口就不仅仅是某一国家的事,而是一个全球性问题。

由农业文明步入工业文明,最后实现民族政治、经济、文化的现代化,这也许是每个发展中国家必须要走的发展道路。拒绝人类文明的民族将永远是狭隘愚昧的民族,以一种开放的文化心态,迎接八面来风,优化民族的文化机体,进而重铸民族的现代文化,这是后发展国家的一个不容回避的历史课题。但是,我们强调文化发展的普遍化一体化,绝非一种放弃民族个性的趋同。任何真正的发展都应是有个性的发展,如何在这种世界文化发展的一体化潮流中,保持和发扬本民族特有的优秀文化传统,创造一种民族文化面向未来的再生机制,而使本民族文化以其独特的魅力立于世界民族之林,仍然是每个国家尤其是发展中国家十分严峻的历史课题。从世界文化融合与交流的特点看,越是具有民族性的文化便越具有世界性价值。发展不是同化,发展的应有之义是富有个性的进步。在中国的现代化进程中,也许更应该注意研究一下民族文化发展的个性问题。我们在设计民族文化发展战略时,既要勇于同自己的文化糟粕告别而义无反顾地走向明天,同时也要致力于中华民族文化的现代重建。

四 注意协调与优化人同自然的关系

自然环境保护问题既是一个现实问题,同时也是一个发展哲学问题。因为人是自然的一部分,人类的一切活动都应该在人与自然的协调统一中展开。但是近代工业文明的突飞猛进发展破坏了人与自然的和谐,这一方面极大地促进了生产力的发展,另一方面人与自然的矛盾也从此变得尖锐和突出了,受伤的自然开始报复人类,甚至危及人类的恒常幸福。英国当代著名学者戴维·埃伦弗尔德认为,人类对自然的敌视态度,从根本上说来是根源于人的"人类中心论"观念,人道主义作为一种"现代宗教",它片面相信人的至高无上性,但是这种思想却产生了严重的后果,甚至危及了人类赖以生存的环境。作者在他的名著《人道主义僭妄》中意味深长地写道:"我的时代太先进了,缺少足够的宁静。我悲哀,因为它让我想起了大海，一个孕育了人类的大海，一个渗入我们每一个细胞的大海。我悲哀，因为它还让我想起了我们时代的任何东西都多多少少感染上了僭妄的态度。我们玷污了一切事物，有许多是永远地被玷污了，甚至最边远的亚马逊丛林，高山上的空气和孕育我们生命的永恒的大海也在劫难逃。"① 重新寻找人与自然的和谐，这将决定人的未来。

其实，对于这一问题，恩格斯在一百多年前就曾告诫人们："我们不要过分陶醉于我们对自然界的胜利。对于每一次这样的胜利，自然界都报复了我们。每一次胜利，在第一步都确实取得了我们预期的结果，但是在第二步和第三步却有了完全不同的、出乎预料的影响，常常把第一个结果又取消了。"② 当今人类由于忽视优化自然环境所造成的后果，印证了恩格斯对人们的提醒。

近年来，全球性的自然环境保护组织开始制定保护规章，如著名的人与生物圈计划、全球防制战略、环境保护战略等，但是仅有计划还不够，还需要各个国家共同采取措施，保证切实有效的贯彻落实。目前在我国，由于生态自然环境的破坏，每年给国家造成的损失是触目惊心的。仅以水污染为例，全国平均每年排放废水 310 亿吨，其中工业废水占 77%，废水排出的有毒物质达 13 万吨左右，大部分废水未经处理就直接排放到江河湖海中，在全国 27 条主要河流中，有 15 条受到比较严重的污染，有的河段甚至成了鱼虾绝迹的"死水"。水污染是这样，其他生态问题如森林资源的乱砍滥伐、耕地减少、草原沙漠化、大气污染、噪音污染、旱涝灾害等，都到了非解决不可的地步，都不同程度地危及了人的生存。这一系列问题如不引起我们的高度重视，必将造成严重的后果。因此当务之急就是树立健全的生态环境意识，视自然为人类的家园。

五 致力于社会发展与个性完善的统一

社会的进步说到底是作为历史行进主体的人的进步，社会发展说到底是为一切人的发展和人的全面发展。这一点在马克思和恩格斯等经典

---

① 戴维·埃伦弗尔德：《人道主义僭妄》，国际文化出版公司 1988 年版，第 229 页。
② 《马克思恩格斯选集》第 20 卷，人民出版社 1973 年版，第 519 页。

作家那里说得十分明确。马克思说:"丰富的人同时也是需要人的十分完满的生命表现的人,是他自身的实现在自己身上表现为内在的必然性即需要的人。"① 在《共产党宣言》中,马克思恩格斯说得更为明确:在未来的共产主义社会里,每个人的自由发展是一切人自由发展的前提和条件。在马克思看来,致力于造就富有个性的人并使他们得到全面发展,这是共产主义社会发展的重要使命。

在当代世界文化发展中,人的个性、人的价值和尊严有了空前程度的发展,然而正像许多思想家所分析的,在现代社会发展中,仍然存留着可能使人的个性受到压抑的客观因素,这种因素主要表现为两方面:一方面是政治的因素。由于民主制度的不完善,可能给专制权力的滋生创造机会,从而使每个公民所拥有的民主权利受到侵害;另一方面是来自技术的因素。现代化的大工业,由于其高度的集约化流水线作业,呆板机械的操作程序也容易使人的生机受到危害,使人沦为"单向度的人"和被异化的人;而避免这种情况出现的最有效途径就是培养人们的主体自觉意识,使每个人意识到自己生存的价值和尊严,并以这种自觉去同摧残人压抑人的个性的不正常环境和气氛抗争。

应该承认,社会主义制度的建立,为最大限度地保障每个公民的生存权利和个性发展创造了必要的条件,我们相信随着我国社会主义民主和法制的进一步发展与完善,人的个性必将会得到进一步的发展和提高。因此从社会发展的角度说来,我们尤其应该把弘扬人的个性意识、促进人的全面发展作为衡量社会进步的最高指标。

诚然,人的全面发展是一个历史性课题,我们不能期望在短时期内就能达到目标。从社会的角度看,应该采取一系列行之有效的措施(如加强智力投资,提高公民文化素质,鼓励公民对社会的参与和变革等)去有计划有步骤地予以落实。但每个人是真正实现全面发展的主体,每个人在设计自己生活道路的时候,首先应该考虑如何完满地发挥自己的天性和潜能,这如马克思所讲的:人不是由于有某种逃避某种事物的消极力量,而是由于有表现本身的真正个性的积极力量才得到自由。因此,面对时代,每个人应该自觉的从人类文明发展的成就中汲取营养,从物

---

① 马克思:《1844年经济学哲学手稿》,人民出版社1979年版,第82页。

质与精神方面完满地发展自己的天性和潜能，进而在现实生活中去创造一种真正满足自己生命本质需要的生活，即实现自身的思维方式、价值取向、道德情操和审美情趣的全面更新，以充分展示人生的意义。

上面我们着重从五个方面探讨了发展哲学研究与中国现代化建设的关系。必须指出，发展哲学作为一种面向社会面对时代的理论，它的思考触角必将随着时代的发展而发展，随着中国社会改革的深化而深化。因此发展哲学研究应该永远拥有一种开放的态势，去反思捕捉时代的重大主题。正如同人类社会的发展无法简单设定最终解一样，发展哲学的理论也不是一成不变的，它将在追踪社会生活、指导社会生活的过程中凸显自身的意义与价值。

（原载《天津社会科学》1991年第6期）

中国走向现代化的三重文化背景

一　问题的提出

20世纪初，德国思想家马克斯·韦伯曾把近代以来世界性的现代化进程理解为社会与文化趋向理性化的过程。按照他的理解，西方资本主义现代化是与西方的新教伦理的文化背景相联系的，而中国社会的基本结构与儒教伦理则是排斥和阻碍现代化进程的兴起的。然而，距韦伯提出的这一文化命题仅仅半个世纪，以日本和"四小龙"（中国台湾、韩国、香港、新加坡）为代表，东亚刮起了一股"工业化旋风"，其经济的持续高速增长为世界瞩目，被称为继欧洲和北美之后的第三次现代化发展浪潮。从70年代以来，全世界开始注意到东亚文化的独特性格与传统。

东亚工业化崛起的事实，对于我们拓宽对现代化内涵的理解，无疑是具有启示意义的。从表面上看，东亚的崛起反证了韦伯的理论，然而笔者认为，这不是问题的实质所在。因为无论是东方还是西方，文化形态的不同并没有妨碍不同民族对现代化核心内涵的认同，现代化毕竟是我们时代不可逆转的世界性历史进程。在我看来，透过韦伯的理论和东亚的经验去寻找一些共性的东西，对于我们的现代化思考也许更为重要。这种共性的东西至少表现在两个方面：

第一，现代化本质上应是一种文化的生长，任何一个民族的现代化，均有赖于对自己民族文化传统和人类先进文化进行创造性的综合，因之切不可在绝对意义上认同西方现代化模式的示范意义，真正的现代化不是模仿，而是富有意义的文化创造。

第二，现代化是一个社会整体性概念，在现代化历史进程的背后，折射着社会全部文化层面的价值转换，无论是工具理性层面、政治制度层面，还是主体价值层面，都将经历一种重新的文化整合。

纵观世界现代化的第一次高潮，都伴随着文化的反思与重建。同样，伴随着中国改革开放的历史步伐，我们的文化研究也一直没有中断。道理很明确，中国的现代化进程作为世界现代化历史潮流的组成部分，有赖于世界文明的背景参照，同时也有赖于我们对自身的民族文化传统进行富有现代意义的弘扬，有赖于我们对20世纪以来人类的实践精神和发展意识的积极吸收。

无论是从现代化的基点反思文化，还是从文化的背景考察现代化，二者的价值取向是一致的。诚然，人们也许不情愿受文化背景的限制，面向未来，人类渴望自身的创造力拥有无限的自由与活力，但人类毕竟是一种历史的存在，人类的发展是立足现实而由过去向未来延伸的过程。20世纪人类信息的一体化，使我们的地球再也没有文化孤岛，每一个民族和国家走向现代化的历史进程，都将是一种文化选择与文化开放的过程，因而这一进程在其客观性上都将与全世界的文化发展息息相关。我们的任何一种发展战略的制定，都必须从我们既定的现实文化背景出发。

从这一角度看，中国走向现代化的文化背景有三个最基本的层面，这就是西方工业文明背景下的科学理性精神、以检讨理性为核心的20世纪文化精神和我们农业文明背景下的民族传统文化。从某种意义上说，中国的改革与现代化能否成功，关键在于我们对这三重文化背景进行创造性的扬弃与转换。

二 文化背景的内涵分析

我们这里的考察侧重各文化形态的精神实质，目的在于把握其中的核心文化价值取向。

1. 西方近代理性文明。

众所周知，西方近代理性精神肇端于文艺复兴，这是一种与资本主义生产关系相适应的文化精神。从时间跨度上看，近代理性文明从文艺复兴一直延续到19世纪末。它的中心任务就是实现农业文明向工业文明的转变，并促进生产力的发展和科学技术的进步，进而实现人的价值与尊严。

总体说来，西方近代理性文明由下列基本的文化因素所构成：

第一，理性至上。理性精神弥漫于西方整个近代，恩格斯曾称这是一个"用理性审判一切的时代"。理性启蒙揭掉了中世纪宗教神学的面纱，还给人类以理性思考的权利。经过17—18世纪思想家的努力，理性获得了彻底独立，笛卡儿的"我思故我在"命题被合理的理解为：人的理性思维是判定一切事物的最后根据，无论是自然领域还是社会领域，都应诉诸理性的权威，到了19世纪，人类对理性的崇拜达到登峰造极的地步。

第二，人性至善。人类在走出宗教神学的樊篱之后，把肯定自我现实存在的合理性作为人生的核心追求。与基督教义的人性本恶（有罪）说相对立，近代文明高扬个体存在的价值，肯定人的现实幸福，无论是人的精神体验还是肉体快乐，都被视为人性之常。在近代思想家看来，禁欲主义恰恰是最不道德的，人应该在现实自然与生活中弘扬自己的至善天性。

第三，人与自然的对立意识。工业文明改变了人与自然的和谐关系，工业实践在本质上是一种持续的创造性实践，资本主义发展要求与科学理性精神的结合被赋予了一种现实的合理性，培根的"知识就是力量"就是这种合理性内涵的生动表达。面向自然、认识自然、驾驭自然，这是人的权利。在这一价值标准面前，自然被置于与人对立的位置之上，成为被动的改造对象，是人们生产物质财富的源泉，人们千方百计地通过改造自然，从自然界攫取更多的财富。在近代思想家看来，既然自然被征服、被打败，这既从现实的角度印证了人类理性的权威，同时也表明人理所当然地成为自然的主人和主宰。

第四，商品经济。建立在等价交换原则基础之上的商品经济关系，是近代社会经济生活的最根本特征。商品经济的前提是承认商品所有者的所有权和商品中所包含的价值量，前者是以商品所有者为本位，后者以商品为本位。等价交换就是在承认两个本位利益的前提下进行的。商品经济极大地推动了近代工业文明的进程，由商品经济所导致的市场观念、利润观念、效率和效益观念、竞争观念等，有力地推进了现代化的发展。

第五，个人主义。理性精神的弘扬，商品经济的存在与发展，必然产生平等、自由的观念，必然导致个人价值的被突出和夸大。以历史的眼光看，个性的自我意识在由潜在到现实的实现过程中，快乐与幸福是不可或缺的环节之一，所以不能简单地被否定。另外从社会进步的角度看，丰富的个性意识是一个社会得以健康发展的前提与基础。

上述诸种文化因素，共同支撑了近代人类理性文明，极大地促进了社会生产力的发展，这种历史的合理性是应该予以肯定的。

2. 20世纪文化意识。

如果我们回首20世纪的文明进程，也许是令人感慨万千的。从现实层面看，科学技术在20世纪进一步呈加速度发展态势，信息的一体化加剧了全世界不同民族、不同文化圈的文化交流与融合，两次世界大战也给人类心灵留下了难以抹去的创伤，发展中国家告别农业文明走向现代化的发展意识越来越走向自觉……这一切现实均表明了：历史是带着悖论进入20世纪的。正是在这种文化的冲突中，20世纪的文化才逐步走向自觉。大体说来，20世纪人类文化发展有这样几个突出的特征：

其一，检讨反思理性。20世纪文化发展在表现形态上可能是各异的，但是在对理性反思的总体价值取向上却是一致的。也许正因为人的理性能力在科技领域的进一步展开，为人们检讨理性提供了可能。20世纪科学技术对人类生存与发展的否定（战争危险、环境污染、技术异化）因素，使人感受到了理性的非至上性。人们越来越感到，人类的文明活动不可以被完全视为一种纯理性的知识化现象，用爱因斯坦的话说："科学只能断定是什么，而不能断定应该怎样"。非理性主义、人文思潮的兴起，从检讨人类理性的角度说，是有一定的合理价值的。

其二，人与自然的协调与统一。人类工业文明对自然的征服与破坏，使受伤的自然开始对人类进行报复，这种报复教育了人。努力协调人与自然的关系，以达成人与自然的共同进化，这是兴起于20世纪诸多学科的重要主题，如生态伦理学、核伦理学、文化哲学的兴起，便倾注了这样的努力。在这样的视野下，大自然不只是人类征服改造的对象，同时还是人的母体和家园，当代人类应该在全新的文化视野上去展示人与其生存环境的统一魅力。

其三，注重精神文化价值。20世纪人类深切感到，人类的前景与未来问题并不是技术和科学所能包容的，当代人类生存危机的背后不啻说是人类的精神危机。人类只有在主体精神层面变革自身的生存态度和价值观念，注意矫正文化发展方向，才有光明的前途可言。另外，对理性的检讨使人类懂得，人类的精神世界是一个丰富多彩的价值创造世界，除了理性的运思之外，审美鉴赏、情感体验、道德评价等，均是不可缺少的，这些不同层面的精神活动，共同表征着人类主体丰富的自由本性。

其四，全球意识的培养。在20世纪，文化的交往与融合，缩小了各个国家和民族间的文化距离，世界已变成"地球村"，这种文化的一体化趋势改变着人类以往的存在方式。在今天，地球任何一个角落的重大事件，都可能影响全世界。尤其不容忽视的是，20世纪科学技术的空前进步，已经使生产力运用的后果不仅影响到一个阶级、一个民族和一个国家的利益，而且影响到整个人类，形成一系列全球性问题。如能源匮乏、环境污染、生态失衡、人口爆炸、粮食危机、核战危险等，这些问题只有全人类的通力合作才能解决。而问题解决的前提有赖于全球意识的培养。人类只有一个地球、人类做着同一个梦，这些观念将日益深入人心，全人类的和平、发展与进步已成为即将步入21世纪人类的共同努力目标。

3. 中国传统文化。

中国传统文化是体大虑周、博大精深的系统，五千年的文明史，中华民族创造了著称于世的文化。它以儒家思想为主脉，融道家、禅宗等各家之说于一体，兼容并蓄、源远流长。从历史进程看，中国传统文化基本上是农业文明的社会意识，孕育儒家文化的土壤是一种农业型的自然经济和家国一体的宗法制社会，程式化的生产活动和凝固化的经济结构，造就了中国传统文化的特有品质，在处理社会人际关系上突出强调以"仁"为核心的纲常伦理和宗教名分。家国一体的社会经济结构和伦理至上的儒家文化相互作用，使中国长期滞留在农业文明和封建社会里，一直到明末清初，中国才出现资本主义经济的萌芽。

从时代的角度看，中国传统文化的内涵是精华与糟粕并存的。其精华部分主要有：

（1）自强不息的进取精神。虽然历史上中国少数思想家提出无为、主静（如老庄）的理论，但总体而言，刚健有为、自强不息的进取精神一直居主导地位。《易传》有"天行健，君子以自强不息"的明训，孔子提倡"发愤忘食、乐以忘忧"的人生追求，孟子崇尚"富贵不能淫、贫贱不能移、威武不能屈"的大丈夫气概。正是在这种精神鼓舞下，中国人对真理孜孜以求，对外敌侵略拼死抵抗，铸造出知难而进、吃苦耐劳、自力更生的民族性格。

（2）修养德性和人际协调。儒家文化是伦理文化，主张道德至上论，宣扬以仁让为贵、以孝悌为尚、以忠敬为美的人生理想。在古代思想家们看来，天是道德之天，人是道德之人，甚至一草一木也得道而生，有德之品性。在这种道德辐射下，主张"仁者爱人""以和为贵"，讲究"老吾老以及人之老，幼吾幼以及人之幼"的和谐人际关系。

（3）集体本位和天下为公。与西方文化的个人本位不同，中国传统文化以家庭为中心，以集体为本位，讲究"贵群"。在个体、局部与集体、整体发生冲突时，主张牺牲前者保全后者，这就是通常所说的"天下为公"。天下兴亡、匹夫有责，爱国是每个人义不容辞的义务。

（4）"天人合一"的自然意识。农业文明造就了国人有机的、生态的自然观，强调"以德配天"，"尽心、知性而知天"，特别强调人与自然的和谐。在进一步的发扬中，"天人合一"意识既是世界观、发展观，又是方法论，乃至于人生的最高境界追求就是天人和谐。

中国传统文化的缺陷与糟粕也十分明显，主要表现在：①直觉模糊思维，不利于科学的发展和人对自然的理性认知；②专制主义集权政体，导致了民主传统的缺乏；③平均主义，妨碍了社会的发展与进步；④因循守旧，拘泥道统，不利于人的个性的觉醒。

三 价值的甄别与选择

背景制约着选择，上面三种文化形态是中国走向现代化必须面对的背景。只有立足现代化的高度冷静地分析三种文化形态对当代中国社会发展的作用，我们的选择才是积极的、富有建设性的。

从农业文明到工业文明，再到后工业文明，这在西方发达国家的历史发展中，本来是一个历时递进的过程，然而对于20世纪后期走向现代化的发展中国家说来，这种历时递进的文化形态却变成了共时共存的，这也可以说是世界一体化给发展中国家带来的特殊历史馈赠。而这种发展背景的改变又客观上决定了发展中国家的现代化进程将是独特的，它不可能完全重演西方发达国家的现代化发展模式。从这一角度说，中国所提出的"建设有中国特色的社会主义现代化"的理论是具有现实意义的。

而从文化自身发展的规律看，每一种文化的发展本质上都是富有个性和特殊性的。过去我们往往用一种机械决定论观点考察文化。然而实际上文化是一个综合有机体，历史和文化的发展是社会文化各组成部分相互作用、渗透、协同和整合的总体过程，某一部分的差异都有可能导致文化发展样式的差异，而且各种文化因素的作用也是经常转换的。这就要求我们在对历史文化作历时性研究的同时，更要重视和加强对文化综合体的共时性研究，以便弄清文化整体结构和系统内部的有机状态。各民族文化发展的事实也表明了，任何一种文化类型——哪怕是最先进、最强大的文化类型都无法最终将自己的模式强加于其他文化头上，它们可以毁坏和扭曲落后文化或邻近文化，但往往很难使这些文化丧失其个性。

现代世界已经呈现出了两种令人瞩目的图景：其一是属于人类的统一文化或大文化的前景规划，其二是立足于不同民族文化未来的多极化发展趋势。这两种图景实际表达的正是当代社会发展道路一致性与多样化的矛盾现实，但由此引人深思的问题在于：这种统一的世界文化图景究竟是抹杀了人类多样发展可能性的单一性呢？还是充分表达了民族发展个性的文化整合呢？

回答当然是后者。然而这一历史趋势有赖于全世界各民族共同的文化努力。东亚日本等国的工业化的成功实践已向世人证明，西方国家经典现代化范式同样是可以超越的，是可以进行创造性的发展的。但前提是必须树立健全的民族文化自觉意识，并在此基础上通过对既定文化背景（包括自身传统）价值选择，制定出符合本民族国情的现代化发展战略。

中国自 20 世纪 80 年代初开启的改革开放，极大地推动了中国的现代化进程，促进了科学技术、经济与社会生活的发展与进步，其成就是十分显著的。但同时也不容否认，中国的现代化进程还举步维艰，困难重重，这其中突出的问题是我们尚未建立起适合中国国情的现代化社会发展战略，尚未完全形成与社会整体变革相适应的文化——心理环境。在我们的社会生活中，在每个社会主体身上，既含有传统文化的因素，又受着现代意识的影响，但是这些性质相异的因素并没有得到有机的结合，而仅是并存于一体，这一切都标识着我们走向现代化的文化环境尚未完全成熟。

  正确的选择取决于我们对现实的正确把握。认清了我们当下面临的文化背景和发展中的问题，将有助于我们科学地确定发展的节奏和价值取向。既然现代化在本质上是一个有机生长的社会整体性概念，则我们在进行有关现代化的价值选择时，必须将中国走向现代化的进程作为一个系统工程，以此来决定我们对所面临的文化背景的价值取舍。这种视角在其具体展开上则是：我们必须把20世纪的人类文化精神作为现代化设计的最基本的文化参照，并以此为基点，对西方近代科学理性精神和中国传统文化的合理内涵进行创造性的借鉴与吸收，尤其要注意对后两种文化形态的缺陷与不足进行自觉的反思与批判。在这一总体原则下，我认为中国现代化的价值选择有下列一些基本内容：

  首先，树立合理的科技进步意识。

  无论人们对"现代化"内涵的理解有多大差异，有一点不容置疑：工业化是现代化的基础，没有工业文明所推动的经济的持续增长，则现代化也无从谈起。而科学技术是工业化的动力，当代世界经济的发展趋势启示我们，越是后发展国家，越应注重科技投入以促使经济高速发展。20世纪50年代以来，世界科学技术迅猛发展、日新月异。最近30年世界的科技发明和发现相当于过去两千年取得成果的总和。世界经济竞争越来越体现为物化在商品中科技水平的竞争，科学技术转化为生产力和经济效益的周期越来越短，18世纪为100年，19世纪为50年，二战后为7年。近年来，在微型计算机等领域仅隔6个月左右就有一代新产品问世。科技在经济增长中的比重越来越大，20世纪初是5%至20%，到了20世纪70年代超过50%，20世纪80年代在发达资本主义国家的经济增长中科技作用已达到60%至80%。很显然，科学技术的进步，关系到社会生产力的提高，关系到经济发展的速度，关系到综合国力的强弱。一句话，关系到一个国家今天的地位和明天的前途。从这一角度看，邓小平同志提出的"科学技术是第一生产力"的著名论点，不啻是我国现阶段经济发展的一个最明智、最有效的战略方针。

但是，20世纪的科学技术发展，其背景毕竟不同于19世纪以前，西方思想家们对科学理性精神的分析与检讨，我们应引以为戒。正如我们前面在概括20世纪人类精神时所指出的，注意协调人与自然的关系是我们时代科学发展首先要遵循的准则，也是科技进步之合理性的第一要义。如果说近代文明强调人与自然的对立，由于生产力方式与规模的局限尚未充分展示其对自然破坏的恶果的话，那么在20世纪科学技术充分发展的今天，人类决策的某一种疏忽，很可能给我们的环境造成难以弥补的损失。所以，我们必须注意转变近代那种视自然为纯粹的改造对象、视科学技术为纯粹工具与手段的观念，把科学、技术及经济的进步，同社会的进步和人类生存环境的改善有机联系起来，以避免西方近代社会所出现的由于技术与自然、社会的尖锐对立所导致的人的理性的危机。

科学理性必须与人类的价值联系起来，我们时代的科学精神不能再以崇尚实证、崇尚理性和注重功用、攫取财富为标志和重心，而要以探索人的生命本体，探索人对于环境的需求和适应能力，探索人的全面发展的可能性为重心。

其次，培育健康的社会运行机制。

科技进步与经济发展，有赖于健康的社会运作机制的保障。按照现代系统理论，社会有机体作为一个由若干社会因素通过相互作用协合而成的动态自组织系统，其进化发展的动力来源于无数相互交错的力量综合而成的合力。在我国的社会发展中人们深切感到，来自传统文化氛围中的诸多因素与我们改革开放的现代化实践是相左的，我们在对中国传统文化的反思中，必须把克服传统文化对现代化的阻力作为最核心的工作。

中国的社会发展实践表明，社会主义生产关系的确立并不意味着可以完全实现人的自由自觉的活动了，相反，传统的力量不会自觉消失，它通过一切个人遗传的社会心理构型，以一种让人看不见、摸不着的形式韧性地抵消着社会的进步。当传统的力量与人们对社会主义模式的教条僵化理解相关联时，便会形成阻抑社会进步的陈旧体制，在这种旧体制中往往浓缩了传统文化中最根深蒂固的东西。诸多本属于陈旧落后的甚至是属于封建的社会意识，被我们当作社会主义社会的特征而肯定下来，诸如平均主义、小农意识、自然经济、官僚主义等。要真正实现对这种旧的社会运行机制的变革，必须通过政治体制改革。从这个意义说，政治体制改革不但是社会经济发展的急切呼唤，而且更重要的是中国现代化历史进程的必然要求。

真正的现代化应该是社会的全面进步，我们强调现代化概念的整体性，意义即在于此。良好的社会运行机制的形成，有赖于社会的每个成员政治和文化素质的现代化转换，有赖于社会的民主与法制制度的完备，有赖于面向世界树立一种开放的文化视野。应该说，这一历史课题的实现，尚需要我们的艰巨努力，不容盲目乐观。环顾我们的现实社会生活，重集中而不讲民主、重人治而忽视法制、社会公仆变成社会主人，乃至行政腐化、违法乱纪、党风不正等现象并不罕见，这些弊端造成了国家权力与社会利益的严重脱节，从而极大挫伤和削弱了公民的主人翁责任感、政治民主意识以及生产积极性。这些现象的形成与中国传统文化中的消极因素有重要的关联。因此在我们的政治体制改革中，必须注意检讨这一点，从而真正实现社会运行机制的科学化、现代化和民主化。

再次，个性培养与人的全面发展。

人的发现是与整个近代以来的历史联系在一起的，然而近代文化发展的片面性导致了个人价值取向的片面性。建立在功利主义原则之上的个人利己主义，加剧了人与社会的矛盾，人与人变得陌生了。正因为如此，确立个体存在的应有价值、加强人与人之间的精神联系，这成为20世纪人类精神的重要追求。在这方面中国传统文化中的一些合理内涵对当代人类是有借鉴意义的，这一点也是西方思想家关注东亚工业化进程与儒家伦理的联系的原因。日本学者堺屋太一指出：日本工业社会不同于根植于个人主义之上的西方工业社会的主要之点，就是它具有"比重视物质生活更重教育的历史传统"，"勤劳哲学"（既要勤劳又要清贫）、"精诚团结"等。显而易见，这些特征与儒家文化确有重要关联。的确，在中国传统文化中，那些优秀的品质如刚健有为、互助友爱、注重实际、身体力行等，可以为我们塑造现代人格所吸收和发扬，但是应注意，这些品质必须与人的个性完善相结合，而个性意识却同时又是我们的传统文化中所忽略的，这一点又有赖于世界人类文化的参照。

现代化的核心是人的现代化，马克思曾认为："人不是由于有某种逃避某种事物的消极力量，而是由于有表现本身的真正个性的积极力量才得到自由。"[①] 考察20世纪的人类精神我们看到，个体生命存在的意义与价值问题被提到十分突出的位置上来，更是20世纪人文主义思潮的重要主题。因此我们的现代化设计不应忽略这一人类现实，而应把个体的人格塑造、个人自我意识的培养作为现代化实践的重要内容。从根本上说，物质文明的发展同人自身的发展是一致的，人类的社会关系本身正是人的主动创造的结果，其中必然包含着人的能动创造和主体自由选择。只有那种具有自觉意识的、抱有一定的社会理想和人生理想的人及其主体性活动，才赋予人的社会历史以真正的意义。

人的全面发展是个性完善所趋向的目标、也是社会生活走向现代化的一种终极关怀。这一点也是马克思所特别强调的：每个人的自由发展是一切人自由发展的前提和条件。人的全面发展的实现有赖于个体和社会两方面的共同努力，就个体本身而言，他在创造历史、设计自己生活道路的时候，首先应该考虑如何完满地发挥自己的天性和潜能问题。每个人应该从人类文明发展的成就中努力吸收营养，尤其是能够吸收体现时代精神的文化，进而在现实生活中去创造一种真正满足其生命本质需要的生活，即实现自身的思维方式、价值取向、道德情操和审美情趣的全面更新，并充分展示人生的意义。就社会方面而言，既然人的全面发展是社会现代化的终极价值取向，那么，社会就应尽最大可能为个体的发展创造条件，使全体公民关心、参与现代化，自觉意识到自己的社会权利与义务。社会关心每个人，每个人也关心社会，并因之在一种充满生机的和谐关系中达于个人与社会的统一。

（原载《东岳论丛》1993年第3期）

[①] 《马克思恩格斯全集》第2卷，人民出版社1957年版，第167页。

论社会发展中的文化含量

一 发展理念的提出

"发展"范畴从一定意义上说是人们研讨20世纪社会问题所使用的特有概念。"发展"的这一独特视野，表明了它的鲜明的人文性。

沿着这一思路，笔者认为，研究发展问题，必须跳出传统的经典进化论的思维范式，在把握20世纪社会文化发展背景的前提下，去具体厘定我们所使用的范畴、方法和命题的价值内涵，以增强问题研究的可操作性和社会进步意义。

众所周知，依经典进化论的发展观来看，社会发展是一个由低级到高级、由简单到复杂的必然过程，这种发展观有两个最为明显的特征：其一是未来的乐观主义态度，认为人类社会的发展与进步是自然而然的，尤其是经济的高速发展会给人类带来光明的前途，发达国家的现代化模式对于发展中国家的发展说来具有无可争议的示范意义；其二是强调了科学理性对社会发展的主导作用，"知识就是力量"，科学技术是社会发展的加速器，尤其是19世纪西方工业文明的巨大成就，从一个侧面为这种理论做了佐证。

一直到20世纪50年代，这种经典进化论的发展观仍具有很大的影响。然而一系列社会现实问题的出现，促使人们对这种传统发展观的价值取向提出怀疑，这集中表现在两个方面：

首先，是来自发达国家工业化本身所带来的问题，工业化进程对生态平衡的破坏、对生存环境的污染、对文化传统的侵蚀，使人们开始对工业文明的迷信发生怀疑。尤其是经过两次世界大战，人们更是目睹了：

正是人类最先进的科学技术给人们自己带来了深重的灾难，流行于西方的法兰克福学派、存在主义以及罗马俱乐部的一系列报告，便是这种时代背景的文化表达。

其次，从发展中国家的情况来看，20世纪60年代以来，主张以改变不发达国家的国民经济结构为前提的发展观念受到人们的重视，原因是近几十年来，世界处在贫富两个极端的国家之间的差距越来越大，发展中国家的经济结构在本质上没有得到改变，而且不发达国家和发展中国家在推动和保持进步方面遇到了极大的困难。这种现实的差距和不平等如不改变，则第三世界国家的经济发展是难以取得根本性成果的。正因为如此，从20世纪70年代中期以来，建立国际经济、政治新秩序的呼声和要求日趋强烈，同时发展中国家也开始寻找适合本民族的社会发展模式。

显然，无论是对于发达国家，还是对于发展中国家说来，发展问题都是20世纪下半叶乃至21世纪的重大时代课题。同时，发展研究从单一的经济学视野拓展为社会学、哲学、历史学、文化学、未来学、生态学等诸多学科的全方位关注，这也表明了发展问题对于我们时代具有不容忽视的现实意义。既然已经走出了经典进化论的发展框架，人们必须面对时代对发展问题有一种全新的思考视角。

二 社会发展的文化观照

关于"社会发展的文化含量"命题的提出，正是立足于传统的经典进化论发展观向现代发展观的转变这一文化背景之上的。

既然面对现代化的社会发展并非只有一个模式，既然我们这个时代是一个不同民族文化大融合的时代，那么，这种客观现实要求每一民族、国家和现实的发展都应是富有个性和特色的。这样文化的交流与融合才是富有意义的。由此引发的问题是：社会发展的个性和特色究竟是由什么决定的？人类应该怎样去谋求一种富有生机的发展？

对此问题很多学者曾从不同角度做了探讨，荷兰著名经济学家、诺贝尔奖获得者让·廷伯根认为，每个国家在现时代要想获得有成效的发展必须具备三个基本条件：其一，在规划和建设未来方面利用自己的力量；其二，根据满足每个人的基本需要来确定发展的方向；其三，确立与环境的健康关系。① 廷伯根的这一论点，明显地突破了狭隘经济学的发展视野，而从发展的自主性、个体需要的培养和人与自然关系的协调诸方面确定了发展的内涵，这是具有重要意义的。而法国经济学家弗朗索瓦·佩鲁则更为明确地强调了文化价值对社会发展的意义，在他看来，任何发展目标和模式都是和文化环境紧密相关的，这一点对于经济现象说来更为如此，"企图把共同的经济目标同他们的文化环境分开，最终会以失败告终，尽管有最为巧妙的智力技艺。如果脱离了它的文化基础，任何一个经济概念都不能得到彻底的深入思考。"② 他还尤为深刻地指出："如果新的发展研究不能深入人们的思想最深处，那么，对于这种研究以及由这种研究所要求的总体调整的思考将会是肤浅的，并且是很难达到目的的。"③

令人注意的是，经济学家、社会学家们的这些论点，与20世纪思想家和哲学家的一系列有关社会发展的论点是十分吻合的。施宾格勒、海德格尔、卢卡奇、马尔库塞、弗洛姆等人从不同的哲学视角都强调了这样一种思想倾向：生存于现代社会中的人，与其说是苦于缺少知识和科学真理，不如说是苦于不善于利用科学技术成果造福于人，不了解人的本性，未能洞察人的内心生活的奥秘。结果人失去了他的存在之根，在技术与文化的冲突下沦为"单向度的人"，社会的真正发展也无从谈起。

上述观点都表明了这样一种价值意向：真正的发展与文化的增长是紧密联系的，现代化的根本内涵应是人的现代化，应是人的文化生活的有机协调发展，现代人的日常事务（政治的、经济的、技术的）必须与他的精神追求具有内在的一致性。

由此我们也许能够理解，当代中国社会在告别了保守封闭的发展模式而改革开放、步入世界性的现代化发展格局时，对文化的反思与重建成了一个必须认真进行对待的热点问题。无论是对于中西方文化的比较研究，还是对于中华民族传统文化的冷峻思考，其核心的价值取向都在

---

① 参见让·廷伯根《重建国际秩序》，纽约，1976年版，第28页。
② 弗朗索瓦·佩鲁：《新发展观》，华夏出版社1987年版，第165页。
③ 同上书，第169页。

于使中国的发展与现代化获得一种真正的价值与意义。

在这里，我们有必要从文化哲学角度，将文化对社会的影响作用做一简单论述。

文化价值作为社会机体的内在尺度，在很大程度上主导着社会发展的方向。文化自觉是一个社会健全发展的重要前提，如果一个社会的文化完全是无意识的，那么整个文化就会在长期的自我封闭和自我压抑中退化甚至衰落。健全文化意识的生长固然是由多方面因素促成的，但是社会条件因素也十分重要，一般说来，一个社会的开放程度和文化交流程度越正常和健全，则人们越能拓宽自己的文化视野，获得更多的文化信息，从而更有效的在文化比较中对自己旧有文化的不合理性进行鉴别和改造，以增加新文化的内涵。反过来，健全的文化发展会给社会的发展进步带来更为巨大的推动力。回顾人类社会的发展历史，我们便感到，在那些刷新世界面貌、改变人类生存方式的种种神奇力量中，文化的力量是至关重要的，尤其是越面对今天，文化的意义也越明显，以至于我们可以说，我们的世界是一个文化的世界，文化标志着人类的发展水平和文明程度。

尤其是步入 20 世纪以来，人类文化的发展更是日新月异。历数 20 世纪的伟大成就：核能投入生产，人类进入太空，电视机和电脑进入家庭、第三产业兴起……这一个个划时代的文化事件在人类手中诞生，极大地拓宽了人类对文化内涵的理解。20 世纪的人类深切感到，文化作为人所创造的客观事实，对人的作用是双重的：人类在感受到文化的恩泽与进步的同时，也切实体验到了文化对人的否定性作用，且不说两次世界大战给人类带来的伤痛，仅就当今全球性问题的出现——环境污染、生态失衡、人口爆炸、粮食危机等，也不断迫使人们去冷静思考：为什么人的文化在不断更新，而社会的危机和冲突却又不断产生呢？

恩格斯曾经说过，人是这个世界上唯一没有实现自己目的的存在物。也许正因为人类的这种未完成性，构成了文化和社会进步的动力。而人的文化发展的意义价值恰恰是在这种向目的的行进中展开的，其中必然伴有文化的肯定性价值和否定性价值。而文化否定性价值的真正克服，有赖于作为历史行进主体的人类的真正文化自觉。从这个角度说，文化哲学的兴起预示着这种文化自觉的开始，而社会发展问题的思考必然内在地属于文化哲学的视野之内。

三 发展的社会文化诉求

社会在发展，文化也在变化。人类在谋求一种文化与社会的协调发展，人类在渴望一种真正有意义的文化增长。而对 21 世纪，我们的社会与文化能否实现一种真正的跨世纪转换？

对此有的人抱乐观主义态度，而有人则持悲观主义态度。应该说，无论是对未来的乐观还是悲观态度，都立足一定的思考基点，表达了一定的历史合理性，这诚如西方一句谚语所言的："乐观主义者说瓶子的一半是满的，悲观主义者说瓶子的另一半是空的"，这些观点都是面对人所创造的诸种文化成果——物质层的、制度层的、精神层的成果的深沉思考。但是无论如何，人类都要谋求社会的发展与文化的进步，在我们的实践过程中注意匡正我们的失误，协调人与对象世界的关系，扩大社会发展的文化价值含量，这是时代向人类提出的课题。

对这一课题的反思可以从多角度展开，其中一些主要的内容有：

首先，让我们对大自然多一点"接受"与"培养"的态度，以使有生命的地球永远伴随人类。

呼唤人与自然关系的协调是我们时代首当其冲的文化课题。世界的工业化进程给自然造成的破坏是触目惊心的，这种破坏集中表现在三个方面：（1）对自然的犯罪性破坏。最明显的表现形式是破坏自然环境，例如，烧毁成千上万亩的大片森林，将油船上的废弃物扔进大海，将石油加工和化学工业的废物排放到江河湖海中，不顾各种卫生法规而将有害气体排入大气等；（2）对自然的"合法"破坏。法律容许在一定的、似乎是对自然界无危险的限度内破坏自然界，对自然界的合法破坏是由经济上的合理性决定的，而改变合理性的观念是困难的，这意味着人类的价值观念要发生变革，有时对自然界的合法破坏并不是直接的，而是间接的。例如法律并未禁止建造排放量越来越大的油轮，然而要是载油量为 50 万—100 万吨的超级油轮沉没了，这将是全球性的灾难，再如目前激光装置的功率在加大，可眼下法律还没有考虑到强大的激光作用于大气所产生的后果；（3）对自然的必然排挤。地球上的人口在迅速增长，这需要建成新的城市、新的工厂、新的道路……技术世界需要新的地盘，它只能向自然索取，舍此别无他途。我们这里有一个资料：在地球全部陆地中，城市、生产企业、道路占总额的3.2%，耕地和园林占10%，牧场占23.2%，水库、河流、湖泊占2.4%，上述总计为40%。这个数字看起来并不高，然而剩下的土地中，冰川和沙漠占15%，森林占30%，荒漠、沼泽和冻土带占16%，由此可见，土地已被分割殆尽。可耕地的面积已不再增加，全球森林面积以每年百分之一的速度减少，这种速度是灾难性的。

大自然是人类存在的母体和家园，人类对自然的种种破坏，实质上是在撼动自己的存在之根。很难想象在一个没有阳光、海洋、森林、蓝天、绿地的世界里，人类的生活是一种什么景象。的确，在人与自然的对象性关系中，人是能动的因素，但唯因如此，人类的完善与发展需要其自身具有一种清醒的反省态度。进一步说，人类应该能动地认识到，人的社会进步必须建立在与自然世界的和谐之上。

总结人与自然关系的进化历史，大体经历了三个阶段：

第一阶段：神话—宗教态度。这种态度是工业文明前的特征，是与低生产力水平相一致的。这种态度总体上肯定了人与自然的和谐关系，强调人是自然的一部分，但这种态度与科学精神是相左的。

第二阶段：知识—技术态度。这是近代人类文明的主导特征，人与自然的对立关系被凸显出来，"知识就是力量"，人所面对的自然是"物化自然"。

第三阶段：认同—回归的态度。这是20世纪以来人类文化自觉的标志，中心在于强调现代文明背景下的人与自然的新和谐、在于人与自然的共同进化。

在今天，人类的技术发展水平达到了空前的程度，人类只要通力合作，完全可以抑制日趋恶化的自然环境。有的学者提出，面对21世纪，我们的口号不应该是"保护治理环境"，而更应该是"不破坏、不污染环境"，这是十分深刻的。为了有生命的地球，让我们在致力于社会的发展中，自觉树立一种接受自然、培养自然的文化态度。

其次，必须注意加强走向现代化进程中的价值导向。

实现现代化是20世纪的一股世界性大潮。在我国，实现社会主义的现代化更是亿万中国人孜孜以求的理想。在向现代化的进军中，人们正在逐步认识和深化"现代化"的本质内涵，尤其是认识到现代化的最关键环节是人的现代化。诚如英格尔斯所言："如果一个国家的民族缺乏一种能赋予这些制度（指现代化的制度——引者）以真实生命力的广泛的现代心理基础，如果执行和运用这些现代制度的人，自身还没有从心理、思想、态度和行为方式上都经历一个向现代化的转变，则失败和畸型发展的悲剧是不可避免的。"[①] 可见，注意加强走向现代化进程中的价值导向，这是保证我国现代化建设稳步发展的重要课题。

从文化背景来看，中国的现代化发展面对着三重文化背景，这就是西方的近代文化、西方现代文化和中国的传统文化，面对这三重文化背景，价值甄别工作十分重要。如何在走向工业化文明的进程中不失去中国文化的基本精神，又使亿万中国人萌生一种走向未来的现代意识，这的确是一个艰深的历史课程。不容忽视的是，文化价值导向的紊乱可能客观上阻抑我们的现代化步伐，许多本来是西方文明发展糟粕的东西，我们也贴上现代化的标签引进来，特别是在弘扬民族文化的声浪中，诸多封建、迷信和腐朽的东西死灰复燃，污染着我们的社会环境。

从公民的日常生活层面看，物质文化与精神文化的失衡现象十分明显，在我国很多大中城市，随着物质生活水平的提高，并没有相应地带来文化生活水平的提高。统计资料显示，近年来城市家庭的文化支出（如图书、报纸、杂志等）费用呈下降趋势，远不及衣着、饮食等方面的增长幅度。由此联想近年来的文化市场萎缩，出书难、卖书难、知识贬值等现象不绝于耳目，也就不足为怪了。在公民的闲暇时间中，较低层次的时间消费（如纸牌、麻将等）近年有上升趋势，看电视成了居民最主要的业余消遣方式。应该说，这对于现代文化所提倡多样化、丰富多彩的价值取向说来，尚有很大距离。

真正的现代文化的实现有赖于每个人的自觉。全社会应该着力引导每个公民去加强走向现代化的文化体验，尤其是要注意用现代科学、艺术和哲学精神来变革现实生活空间，让我们的生活环境多一些文化色彩，多一些现代人文精神。

---

① 英格尔斯：《人的现代化》前言，四川人民出版社1985年版，第4页。

再次，提倡一种大教育观念，把提高全民族的文化素质作为一项长期的战略任务来抓。

社会学家们把教育称为"创造未来的原点"，是十分有道理的，然而现实生活中也许并不是每个人都能真正了解教育的内涵。尤其是面对21世纪，如何使每个公民在知识和理性、情感与意志、兴趣与爱好等诸方面得到正常的培育，这在某种意义上决定了我们的文化选择是否真正拥有未来。

未来社会的任何一种机遇的选择与把握，都取决于人类自己的能力，取决于人的情感、智力、思维方式乃至生活方式，而这一切又与每个人的受教育程度密切相关。放眼21世纪，我们真诚地呼唤我们的社会教育能真正实现一种跨世纪转换，使我们的教育成为面向人的全面发展的人的终身教育和全社会教育，使中华民族的文化素质真正实现现代化。

人的文化素质的提高是社会文化含量的最根本内容，面对未来，我们的社会教育可以下几个方面来实施民族文化素质的提高：第一，弥合学校与社会的鸿沟。面对未来，我们必须改变那种狭义的教育时空观念，加强学校、家庭的一体化教育。信息的社会化实际上将促成一种社会文化场，人格的培养越来越有赖于全社会的一体化教育。因此，社会必须积极创造适合人的发展的教育环境，通过学校与社会的有机联系培养公民健康向上的社会积极性，使他们自然地进入一个道德、智慧和情感融合一致的世界。第二，弥合教育期与非教育期的鸿沟。人的一生应不断地受教育和学习，现代科技文化的日新月异，标志着21世纪将是一个学习化社会，人们必须不断更新自己的知识结构。延伸学校教育至学校后教育，延伸青少年教育至中年教育乃至老年教育，从而在时间上展示一种新型的大教育体系。第三，弥合自然科学与人文科学的鸿沟。科学精神与人文精神的融合是20世纪文化发展的重要特征，从个体角度说，人们要求从工业化的附庸地位中解放出来，全面发展人的个性。把一个人在体力、智力、情欲、伦理各方面的因素综合起来，使他成为完善的人，这就是对未来教育目的的广义界说。走向21世纪的人应该是在各个方面得到全面发展的人。

自觉加强对社会发展文化含量的研究，是发展问题研究中一个不容忽视的课题，既然文化构成人与社会的基本内涵，则文化的尺度对于社会进步说就不是可有可无的,让我们的生活空间永远洋溢着面向未来的开放的人类文化精神。

(原载《浙江学刊》1992年第6期)

个体的文化价值世界论要

文化是在满足人类需要的生存实践中形成的,作为人类生存实践的产物,文化必须从属于人的生存需要以及满足这种需要的实践。人的生存需要为现代文化的发展提供了内在的驱动力,同时又是现代文化发展的目标所在。个体的现代文化生成是通过个体自我意识的确证、个性自由的追求和现代文化的体认等环节实现的。随着文化的进步、个性的觉醒以及人的自我意识的增强,人的日常生活价值开始凸显。日常生活作为人类的家园和诞生地,滋生着每个人未来文化成长的各种潜能,陶冶着人的情操。但由于传统习俗的影响,当代中国公民的日常生活要想真正步入健康、文明、向上的现代生活,尚需来一场深刻的日常生活观念变革。

就人类文化发展的目的指向说来,无论是社会的进步,还是人与自然关系的协调优化,最终总要落实到个体的自由自觉和全面发展上来。所以马克思特别强调:"每个人的自由发展是一切人自由发展的条件。"[①]。当代文化哲学的广阔视野,为关注和思考个体存在的价值和意义问题提供了全方位视角,诸如个体需要、个体实践、个性与个性自由、个人价值、人的自由全面发展等。文化作为人类特有的进化和发展方式,个体的需要及相应的自由自觉的实践构成了其发展的最核心动力。

一 个体的现代文化生成

文化说到底是在满足人类需要的生存实践中形成的,作为人类生存

---

① 《马克思恩格斯选集》第1卷,人民出版社1995年版,第294页。

实践的产物，文化必须从属于人的生存需要以及满足这种需要的实践。然而进一步看，"任何人类历史的第一个前提无疑是有生命的个人的存在。"① 个体作为社会的细胞，是人类的基本存在方式。个体以其需要为动力，在现实生存实践中逐渐展示自身的主体性与社会性品格。而个体的主体性与社会化过程，同时也是一种文化的生成过程。

我们先来考察个体的需要。我们知道，个人作为生命的特殊形态，首先是一种自然存在物。有机体是具有活力（生命力）的各构成部分或要素相互关联、协调的统一体。人作为这些要素的统一体所以具有活力和生命力，是因为这些要素在相互作用过程中具有新陈代谢的整体功能，"生命是蛋白质的存在方式，这个存在方式的本质契机在于和他周围的外部自然界的不断地物质交换。"② 新陈代谢过程就是有机体对外界物质资料的摄取，经过同化作用使其转化为自身的建构和发展的物质和能量。在一般的意义上说，需要就是由有机体的存在方式决定的摄取外界物质资料的一种趋向。但是与其他动物直接利用自然界的既有生存资料的摄取方式不同，人是通过能动的变革自然来摄取生存资料的。在这一过程的发生和发展中，文化便开始生成，无论是人的社会关系的产生、人与人关系的形成，无一不在根本点上与个体的生存、欲望和追求相联系。而人的需要的丰富性、全面性是与人满足需要的方式相联系的，人的需要总体说来都是人的实践活动的产物，人创造了人的需要及其发展。"人类的正常生存，在他们刚刚从狭义的动物中分化出来的时候，还是完全没有的，人类的正常生存只是经过以后的历史的发展创造出来的。"③ 人的需要的内容和方式在不同的历史阶段上具有不同的表现形式，因为"我们的需要和享受是以社会的尺度……去衡量的"④。需要的内容和满足方式是受人类社会的发展水平制约的。

"人猿相揖别，只几个石头磨过，小儿时节。"⑤ 人类历史发展到今天，文化的发展与进步是划时代的。与这种现代文化发展相对应，现时

---

① 《马克思恩格斯全集》第3卷，人民出版社1956年版，第23页。
② ［德］恩格斯：《自然辩证法》，人民出版社1984年版，第284页。
③ 同上书，第26页。
④ 《马克思恩格斯全集》第6卷，人民出版社1961年版，第492页。
⑤ 毛泽东：《贺新郎·读史》。

代人的需要较之从前也不可同日而语，因为人类已经实现的需要客观上构成了人的文化创造能力内化于个体的机体中，从而为个体新的文化超越与追求注入了活力。可以说，人作为自然界进化阶梯上最高层次的存在物，机体内凝聚着亿万年生命演化的积极成果，积淀着人类自身百万年来文明进程的精华，二者的结合使人身上潜藏着种种创造潜能。在现时代文化发展中，个体发挥其创造能力的需要，则集中表现为追求具有自主性的、独立性的、富有创造性的活动，追求一种与个人的兴趣、能力相一致的有利于表现自身创造能力的活动，这也就是马克思所预示的，只有在生产力有了巨大的发展，人成为自然、社会和自身的主人，才进入"作为目的本身的人类能力的发展"的社会。① 发展与创造才成为个体活动的动力。

现时代的个体文化生成同样也是与其生存密切相关的，人的生存需要既为现代文化的发展提供了内在的驱动力，同时又是现代文化发展的目标所在。与过去相比，现时代人的生存需要集中表现为以占有文化为手段的主体的自我发展与自我完善。时代越进步，个体文化规定性也就越丰富，现代人是一种文化的存在，对现代文化的接受、体认和创造构成了现代人格的基本生活态度和实践方式。具体说来，主体的现代文化生成是通过主体自我意识的确证、个体自由的追求和现代文化的体认这些环节实现的：

1. 主体自我意识的确证。

自我意识是主体的本质规定之一，一般说来，人的主体性地位是在与客体的对象性关系中得以确证的，这种对象性关系总体说来是一种实践关系，"通过人的实践活动把其他存在物变成对象，而把人自己变为存在的主体，这是构成人的主体性的基础。"② 人的实践行为的展开过程即是主体自我意识的确立过程。在马克思看来，人的自我意识就是人对自身的反思与确证，通过这种反思达到对自己区别于他物的性质、地位、作用以及由此形成的与他物关系的意识。

进一步看，主体自我意识的确立的意义不仅仅是认识论的，更重要

---

① 《马克思恩格斯全集》第25卷（下），人民出版社1974年版，第927页。
② 高清海主编：《马克思主义哲学基础》（下册），人民出版社1987年版，第29页。

的是价值论的。因为人的文化实践、人的价值创造等活动，都要以主体自我意识为前提和根据。马克思强调"有意识的生命活动把人同动物的生命活动直接区别开来"①。以人的自我意识为前提，人才开始了真正的社会生活和文化生活。

主体自我意识是一个随着人的实践的展开而逐步深化的过程，20世纪人类的自我意识水平与19世纪以前是不能简单等同的，时代的发展与变迁，文化的进步，总要体现到人的自我意识中来。举例说来，19世纪以前人的主体自我意识的鲜明标志就是努力通过科学理性精神，来确证自己在自然界的主人，强调人是宇宙自然的最高存在物，进而最终确证"人是目的"这一信念；20世纪的人则通过自我反省意识到协调人与对象的关系，致力于人与自然的共同进化才是最高目的，人的任何实践行为都应该以此为最高价值取向。这种价值观的转变体现了人的主体自我意识的深化。而就个体而言，现代人以时代文化实践为背景，在对主体自我意识的确证中特别凸显了个人生活意义的内涵，强调个体对现实文化的积极介入与参与，从中获得自己对人生的最真切理解。个体的生命价值、个人的自我价值、个人的社会价值、自我的社会角色、个人的情感价值、个人的日常生活价值，等等，这些问题日益成为哲学和文化研究的热点问题。现代社会的文化发展一方面加剧了个体间的矛盾与冲突，另一方面透过这种冲突我们感受到了个体价值的被强调和重视，随着个体的主体自我意识自觉，人们会在更高的文化层次上达成社会的协调，并促成有个性的文化发展。如果说，人类个体的早期智力发展和身心水平一开始就受制于自己的活动的话，那么越往后，主体能力的发展则越依赖各种文化实践活动的扩大、丰富和深化。实践是自我意识发展的动力，指向于客观世界的实践活动不仅使对象世界发生属人的逆转，成为主体化的世界，同时亦使人自身发生着改变，从而造成新的力量、新的观念、新的交往方式、新的需要，在实践中人的自我意识达到了拓展和深化，而发展深化了的自我意识又将主导着主体进行新的自我提高、自我超越和自我实现。

2. 个性自由的价值追求。

个性化是当代文化发展的特征和趋势之一。而真正有个性的文化是

---

① 马克思：《1884年经济学哲学手稿》，人民出版社1979年版，第50页。

由有个性的人创造的。心理学一般把个性概念解释为个人的心理面貌，即指一个人区别于他人的气质和性格。而从哲学的角度说，个性表征着一个人区别于他人的整个面貌和个人在社会关系中的主体性状，它包括个体的心理面貌、精神面貌、行为模式和社会性质等。马克思在揭示人的个性内涵时，特别强调个性发展的历史性，认为："人的依赖关系（起初完全是自然发生的），是最初的社会形态，在这种形态下，人的生产能力只是在狭窄的范围内和孤立的地点上发展着。以物的依赖性为基础的人的独立性，是第二大形态，在这种形态下，才形成普遍的社会物质变换，全面的关系，多方面的需求以及全面的能力的体系。建立在个人全面发展和他们共同的社会生产能力成为他们的社会财富这一基础上的自由个性，是第三个阶段。"① 显然，真正的个性的形成是以社会文化及生产力的高度发展为前提的，人的个性表征着历史的发展和社会的进步。

在前资本主义社会的以"人身依附关系"为特征的社会条件下，个人基本上是无个性的，个性发展也就无从谈起。资本主义生产关系条件下的个性独立是以"物的依赖性"为基础的，这在现实上也导致个性解放的畸型和片面。当代西方的思想家如克尔凯郭尔、马尔库塞等曾经对大工业文明导致人的个性的压抑进行过尖锐的批判，认为真正的个性自由的实现必须以扬弃"人身依附关系""物的依赖性"为前提，这有赖于社会经济文化的高度发展，进而使每个社会成员都有平等的机会来发展自身。

当代中国的改革开放客观上为人的个性发展创造了条件。首先，改革开放使民族文化的发展拥有了世界文化的背景参照，在文化的普遍性交往中，人的个性意识逐步觉醒，个人开始发现自身的价值而能动地发展自己。尤其是随着大众文化的普及，人与人之间的血缘、地域和等级界限被打破，个体开始摆脱对群体的依赖性而显示出自我的鲜明个性特征。其次，社会主义市场经济的推进，为每个人创造了越来越多的机会，不同的个人在不同的社会文化领域发展着不同的能力，"人不是在某一种规定性上再生产自己，而是生产出他的全面性；不是力求停留在某种已

---

① 《马克思恩格斯全集》第46卷（上），人民出版社1979年版，第104页。

经变成的东西上，而是处在变易的绝对运动之中。"① 文化的多元化发展从不同层面开拓了个人的认识视野，使人的精神潜能得以最大限度地开掘，进而丰富和发展自己的个性。

另外，健全的个性发展的顺利实现，有赖于社会的保障，社会作为每个个体共同利益的体现者，应该在提倡社会共性（主导价值趋向）的同时，又要注意鼓励每个人的个性追求。一个生机勃勃的社会，必定是能够展现人的个性的丰富性的社会。一个社会要充分地调动人们的积极性，使人们自由自主地发挥其创造精神，就既要发展其共性，又要发展其个性。没有共性的发展，主体的能动性就会失去范导，积极性的社会意义也就得不到保证；而如果没有个性的充分发展，人的潜能就得不到挖掘，每个人就无法贡献自己一份独到的价值能动性和积极性就要落空。所以，全社会应该努力为个性的优化与健康发展创造条件。

3. 现代人类文化的体认。

20 世纪以来，人类文化的发展在其精神实质上展示了与以往时代的不同特性，生活在现时代的每个人，只有积极地参与现实的人类文化实践，并在时代文化的氛围中不断地矫正自己、完善自己，才能真正拥有现代意识并成为一个现代人。

对现代文化的体认是以对现代文化发展特色和趋势的把握和了解为前提的，当今时代的文化发展突出呈现出三个方面的特征：

其一，从主体占有文化转向文化包围主体。传统文化基本上属于精英文化，少数精英文化人是知识的拥有者，由他们来"传道、授业、解惑"，多数人则处于文化接受者的地位。然而在当代，人类信息无处不在，无时不在，乃至于文化成了人的生存方式，每个个体都处于现实各种文化的包围之中。在一定意义上可以说，文化主宰了我们的生活的一切领域，人们不能拒绝文化，现代人本质上是一种文化的存在。

其二，从区域文化转向全球文化。信息一体化的直接结果就是"地球文化村落"的形成，全世界成为一个密集的信息整体，传统视野中的文化封闭已经不再可能，每个地区、每个民族的文化发展都必须以世界文化为背景参照。就个体而言，一个人只要自觉地介入现代文化的氛围，

---

① 《马克思恩格斯全集》第 46 卷（上），人民出版社 1979 年版，第 486 页。

他就可以与整个世界同在，他就会超越狭隘的地域意识或民族意识，达到一种文化发展的全球意识。

其三，从自信文化走向反省文化。传统文化在人类对科学理性精神的崇拜下，是一种以人类为中心的文化，这种文化加剧了人与自然的对立，因为在以人为中心的价值取向下，对象自然仅仅成了对人有用与否的工具，这预示着人的实践能力越强，对自然的破坏性也就越大。面对人类现实文化实践的一系列后果，20世纪文化开始了自觉的反省，这种反省一方面是重新检讨人的实践意识，重新厘定当代人类的价值取向，另一方面是以接受和培养的态度达成与自然的和谐。

面对20世纪人类文化的深刻变革，现时生活中的每个人都不可能置身其外，因为每个人都是时代的创造者，每个人客观上都为时代所拥有，因此必须对现时代的文化发展趋势和特色有一种自觉的体认。这里，主体自我意识的确立以及人的个性自由的培养无疑为文化的价值认同创造了前提条件，这也就意味着，对现实文化的价值认同并不是一种被动的接受，而是积极主动的参与。每一个个人在对当代文化的认同中，同时进行积极的反省与参与工作，只有这样，全社会的文化发展才能够永远处于生动活泼的状态之中，反过来也才能给个体的文化生成提供优良的环境。

二　日常生活价值的凸显

日常生活是个人的基本存在世界，在人的文化生成与发展完善过程中，日常生活占有十分重要的地位。按照阿格妮丝·赫勒的理解，日常生活是指"那些同时使社会再生产成为可能的个体再生产元素的集合"[1]。这也就是说，日常生活作为个体再生产领域是社会再生产的前提和基础，任何时代的社会生活与文化发展都不能脱离日常生活这一根基。

一般说来，日常生活总是在个人的直接环境中发生的，每个人从出生，直接面对并感受到的就是他的日常生活世界。因而对于个体的生成而言，日常生活世界具有原初性和自然而然性。随着个体的文化生成，

---

[1] 阿格妮丝·赫勒：《日常生活》，衣俊卿译，重庆出版社1990年版，第3页。

日常生活逐渐被视为社会生活的背景,其价值和意义也往往被人们忽略和淡化。唯因如此,对"日常生活"的研究和观照曾几何时一直是文化哲学研究的空白点。在我国,由于众所周知的原因,个体的生活世界常常被理解和把握为社会的政治生活、经济生活和社会实践,人们往往在片面的层面上去理解马克思的这句话:"人的本质并不是单个人所固有的抽象物。在其现实性上,它是一切社会关系的总和。"① 似乎唯有人的社会生活才是体现人的本质的唯一价值尺度,但其实在马克思的视野中,人的日常生活一直是被作为重要的问题来思考的,它是人类生活实践的原初形式,"任何人类历史的第一个前提无疑是有生命的个人的存在。"② 随着文化的进步和个性的觉醒,以及人的自我意识的增强,对人的日常生活的价值探寻开始引起人们的注意,人们开始感到,正是人的日常生活代表了人类最具体、最真实的生命活动,日常生活作为人类的家园和诞生地,滋生着每个人未来文化成长的各种潜能,陶冶着人的情操。

日常生活作为个体再生产领域的表征,在其内涵上主要指:第一,衣食住行、饮食男女等以个体的肉体生命延续为宗旨的日常生活资料的获取与消费活动;第二,婚丧嫁娶、礼尚往来等以日常语言为媒介、以血缘和天然情感为基础的交往活动;第三,伴随着各种日常活动的日常观念活动。很显然,日常生活所指涉的这些领域,具有未分化的、自在的和自发的特征。也就是说,日常生活并非像人的社会生活实践那样,具有自觉的组织和计划目标,它往往是行为个体基于本能需求,在直接环境中(家庭、邻里和社区)展开的活动,因此是自在和自发的。另外,传统和习惯对人的日常生活具有重要的维系作用,也就是说,一代又一代人沿袭下来的日常生活习惯、常识和习俗,往往成为后人自然而然的继承物,人们一般很少对之提出疑问和思考。因此在人类文化生活的变迁过程中,日常生活往往表现为最稳定的部分。

日常生活在其表现方式上一般是通过"闲暇时间"的行为体现的,这里的闲暇时间即指维持人们生存所必需的劳动工作时间以外的时间。生产首先是一种方式,因而人的工作和劳动是社会生活的基本形式。而

---

① 《马克思恩格斯选集》第1卷,第18页。
② 同上。

闲暇时间是真正属于个人的时间，它一般无确定的内容，完全由个人的兴趣、爱好和环境所决定。它一般可分为三类：（1）满足个人生理心理健康发展需要、恢复和发展体力脑力、提高个人的素质和品格；（2）满足家庭需要、夫妻生活、照顾老人、养育子女等；（3）满足社会交往需要、参加社会交往活动、承担社会义务等。马克思曾经对于闲暇时间进行过仔细地研究，他认为闲暇时间是满足绝对需求所需要的劳动时间留下的从事其他活动的剩余时间，是劳动者用于消费品和利用于从事自由活动的时间，是为全体社会成员本身发展所需要的时间。在这里，马克思十分明确地肯定了闲暇时间对个体完善和发展的特殊意义。这也表明，闲暇时间的生活在其外延长上即是我们这里所讨论的日常生活。

在我国，随着改革开放和社会主义现代化建设的发展，人的文化素质和个性人格逐渐得到重视和强调，相应地，日常生活这一关涉全体社会成员身心文化发展的文化课题也开始受到关注。可以预测，随着生产力水平的发展和必要劳动时间的缩短，人们的闲暇时间将进一步增加，相应地人的日常生活层面也将逐步扩大，这标识着对日常生活问题的研究将具有非常重要的现实文化意义。然而冷静地反观现实，似乎不容我们过于乐观，在现实人们的日常生活层面，尚有诸多内容是与现代文明发展相脱节的。

首先，从日常生活主体的文化心理结构层面看，传统和习俗还在发挥着重要的作用，中国正处于由农业文明走向现代工业文明的社会转型期，农民依旧占人口的绝大多数，对土地的依附和人身依附使很多人仍局限于狭窄的生活天地中，被束缚在自然的和血缘的关系之中，人们日常交往中的从众心理、等级观念、因循守旧、家族意识等，还具有很大的市场，这些现象表明传统的思维方式和活动方式还具有极大的惰性和顽固性，而这种惰性和顽固性，对人们现代意识的萌生是具有很大阻力作用的。

其次，从日常生活主体的消费层面看，在一些人的消费行为中，金钱和闲暇时间大都被原始的感官欲望所支配，大吃大喝、聚众赌博、封建迷信，可谓无奇不有、奢华无度，各种畸型消费已经成为十分严重的社会问题。物质生活的改善并没有相应导致主体文化素质的提高。从文化消费层面看，与原始的感官满足相对应，众多人满足于感性文化消费之中，所阅读的书多以感官刺激为目的，武打凶杀、诲淫诲盗、宫廷秘闻、匪警传奇等书刊杂志充斥于大众传播市场。事实表明，追求低级的物质满足与沉溺于低级的精神享受是一对孪生兄弟，物质上沉湎于食与性的感官需要层次，精神上也必然沉湎于平面肤浅的感性刺激层面上。

再次，从日常生活主体的交往层面看，也表现出一系列与现代生活相悖离的东西。一方面，传统的生活方式制约着人们的交往范围，人们在交往过程中，由于家庭、生活习惯、传统、个人经历等种种原因，产生羞怯心理、嫉妒心理、攀比心理、自卑心理，猜疑心理等心理障碍从而妨碍人的现代交往生活向更广阔的层次发展。另一方面，在人们的交往行为中，各种陈旧习俗和封建意识常常渗透于其中，导致一系列不正常不健康的交往现象的发生，如请客送礼、行贿受贿、溜须拍马、讨好上级、阿谀奉承等，这些现象正严重地败坏着我们的社会风气，污染着正常的社会交往环境。

凡此种种表明，当代中国公民的日常生活要想真正步入健康、文明、向上的现代化生活，尚需人们来一场深刻的日常生活观念变革。通过这种变革，从根本上消除传统习俗中封建落后的日常生活观念，使每个人真正告别传统日常生活的视界，通过主体的自由自觉的、富有创造性的生活实践，去重新建构与时代精神相协调的日常生活，从而凸现人们日常生活的现代价值。着眼于此，我们认为现代日常生活价值的重建应该重点从以下几个方面进行：第一，注重对日常生活的价值检讨；第二，努力促成人的日常生活的多样化；第三，重视家庭精神文化的建设。

对于当代人类现代化背景下的日常生活价值的研究，是一个有待开拓和深化的领域，可以这样说，通过对日常生活价值的研究，既可以使我们对现时代文化精神的体认达到一个新的层次，又可以使我们的文化哲学思考更加贴近现实人生。

(原载《江海学刊》1994 年第 5 期)

论可持续发展的人文本质及其人文对策

走可持续发展之路,实现经济、社会和生态的可持续发展,这是当代人类总结自工业革命以来片面经济增长发展模式的经验教训所得出的正确结论,也是在中国这样一个人口众多、资源短缺的东方大国实现现代化的唯一正确选择。正因如此,可持续发展问题正成为当前社会发展理论研究中关注的焦点。可持续发展是一个涉及和包容经济、社会、自然与文化诸领域的复合系统和复合概念,对它的理论建构和实践创造也应从多种角度、多个环节与层次上具体展开。我们认为,作为复合概念和复合系统的可持续发展具有经济、社会、生态与文化诸方面的具体质的规定性及其实践要求。目前人们对可持续发展在经济社会和生态方面的本质规定与实践对策已进行了相当深入的研究,但相比之下对其在人文本质、人文对策这种核心层面的认识还是相当模糊和欠缺的。实际上,可持续发展的最深刻、最核心的价值诉求在于它内含的人文本质;实现可持续发展的具体对策系统中,最具根本性和主导价值的是人文对策。深入研究可持续发展的人文本质及其相应的人文对策,对于我们深刻、完整地理解可持续发展的基本精神和意义,积极稳妥地推进可持续发展战略的顺利实施,是极有价值、极为必要的。

一 人文精神与社会发展的内在关联

众所周知,对人文精神问题的关注是进入20世纪90年代以来我国理论界研究的热点,因为人文精神所论及的主题容摄了形而上的终极关怀和形而下的现实关注,因而它已经超出了狭义的学理争论,而深切表达了当代中国社会文化生活的价值追求。引人注目的是，可持续发展问题的提出在时间跨度上与人文精神讨论几乎是同时展开的，这使我们有理由将两者做一统观，探讨一下它们之间的内在关联。

我们认为，从人文精神的内涵来看，它是人类文化创造的价值和理想，是指向人的主体生命层面的终极关怀，是人的现实社会文化生活的内在灵魂，也是支撑特定民族文化生生不息向前发展的核心动力[①]。而可持续发展同以往的社会发展模式的最深刻的差异在于它真正以人类的生存质量和发展效益为根本的出发点、归宿点和根本的价值目标与价值尺度，它的发生发展过程和实践运行效果都体现着一种深刻的人文本质与人文规律，蕴含着内在的人文需求与人文条件，昭示着人文价值理性和弘扬着人文精神主旋律。

第一，可持续发展思想的形成以人的主体意识觉醒为先导。

可持续发展思想的产生是人类总体发展观上的一场革命性变革，这一思想革命的诞生可以说是人的主体意识日益觉醒的结果。众所周知，近代科技的产生和工业革命的形成极大地提高了人类的认识与实践能力，也极大地激发了人类"征服"自然的雄心和向自然索取的欲望。然而实践的后果竟事与愿违，当人类庆贺自己"征服"了自然、生活消费水平急剧提高的同时，却又猛然发现自身已濒临毁灭的边缘：人口爆炸，资源枯竭，荒漠化，臭氧洞……严酷的异化现实终于使人类逐渐醒悟到，人类是唯一能够改变地球面貌的主体，也几乎可以说是只适应地球环境条件、只能永久在地球既定条件下生活的主体。既然如此，那么地球上既定的资源与环境条件也就客观必然地构成了人类的生命之本和生存家园。如果人类以牺牲自己的生存环境为代价来满足一时一地的消费需要，那就无异于饮鸩止渴、自寻绝路。传统的工业文明所以必须被扬弃和取代，根本原因就在于它是一种使资源环境不能持续利用的粗放型增长方式，而资源环境的不可持续也就意味着人类生存的不可持续，这是断然不能允许的。没有这种主体生存意义的觉醒，仍然沉醉于"征服"自然、掠夺自然的狭隘"人类中心主义"情结中"其乐无穷"，是不可能形成自觉的可持续发展的思想与行为的。

[①] 邹广文：《人文精神及其当代价值定位》，《哲学研究》1996年第4期。

主体意识觉醒是形成可持续发展思想的先导力量和前提条件，其基本内容和要求就是要强化主体生态意识，使人们深刻认识到，良好的资源环境条件是人类生存的基本前提和人类生命系统的有机构成部分，资源存量和环境质量将越来越成为决定人的生活质量与发展潜力的关键因素。因此，应牢固树立起珍惜资源、保护环境的思想观念；强化主体责任意识，使每个人的思想行为同代内人类和代际人类的利益联系起来，以地球资源环境条件的硬约束来确定自己的活动方式，而不以损害同代人的利益和后代人的发展潜力为代价来满足自己的需要；强化主体参与意识，使人们充分认识到地球是人类共有的生存家园，每个人都有充分的权利和义务全面参与到节约资源、维护生态平衡、美化地球家园的具体社会实践中去。

第二，可持续发展战略的确立以人的价值观念更新为核心。

价值观念是人类文化的内核和人的具体活动的根本指南，古往今来，人类对不同发展模式的选择与实施都是以一定的价值观念作为依据和条件的。可持续发展思想由观念形态向实践效应的转化，其中介环节就是必须确定相应的具体实施战略，而确立可持续发展战略的一个核心层面的问题就是必须更新传统价值观念，其中最首要的是更新自然价值观。人永远是从属和受制于自然的活态生命体，深刻地认识自然的规律及属性，全面地理解自然对人的价值功能体系，这是处理好人与自然的关系、实现人与自然协调发展的基本条件。自然作为人类生存的外部物质环境条件的总和，对人类具有全面系统性的巨大价值，这些价值包括"孕育人类的价值""供给人类各种资源的价值""自然环境的审美价值""休息娱乐价值""科学研究的价值""稳定生态系统的价值"以及"未被发现或未开发的价值"[①]。所谓更新自然价值观，一是要充分认识自然对人的多方面的必需的宝贵价值功能，彻底破除以自然为敌、仅将自然作为资源掠夺对象的狭隘人类中心主义心态，树立起人与自然系统共生共荣的观念，以及理解自然、尊重自然、美化自然的行为态度，致力于重建人类与自然的朋友和伙伴关系。二是要更新人生价值观念。传统畸形的工业经济形态和放任的市场机制将人异化为片面的"经济人"，造成人们

[①] 王国聘：《自然环境的巨大价值》，《森林与人类》1995 年第 2 期。

普遍把索取和享受作为自己生活的中心、目的及其价值的实现方式,由此而引发了对自然资源的肆意掠夺和物欲主义泛滥,将经济、社会和生态推到了不可持续的边缘。为了扭转这种危机局面,必须确立起一种崭新的创造、奉献和自我实现型的人生价值观,即将创造价值、奉献社会、造福人类、实现自我理想作为人生的最高追求目标和境界,这是实现可持续发展的一个重要条件。三是要更新消费价值观。消费是生产活动的起始点和归宿点,对于整个经济系统运行具有重大的拉动与调节作用。更新消费价值观就是破除长期盛行的奢侈型物质消费主义价值观,树立起一种可持续型的消费方式,做到在物质消费上文明、节俭、适度和有利于生态环境保护,逐步将消费的重心和目标转移到生态消费与文化消费上来。

第三,可持续发展目标的实现以人的活动方式转型为关键。

可持续发展的基本内容是包括可持续经济、可持续社会和可持续生态三方面的协调统一,它所追求实现的基本目标主要是经济的集约型增长、资源的永续利用、环境的有效保护和社会公平、社会进步与人的生活质量的全面提高。要实现可持续发展的上述基本目标,人的活动方式的转型可以说是一个至关重要的条件,其核心内容就是要树立与可持续发展相适应的思维方式、生产方式和生活方式。从思维方式上说,就是要打破传统的个人至上、团体本位的狭隘功利主义思维方式,树立起以地球人类作为一个利益和命运共同体的思维方式,打破近代以来形成的虐待自然、毁坏生物多样性的极端人类中心主义思维方式,树立起人与自然共生共荣、和谐相处的思维方式;从生活方式上说,要彻底革新工业经济时代形成的高物耗、高污染、低效益的粗放型生产方式,建立起低投入、高产出、清洁化、高效益的集约型生产方式;从生活方式上说,则要摒弃高消费、奢侈性、物质化的生活方式,树立起物质消费适度、文化消费主导、追求人生质量的生活方式。

第四,可持续发展进程的推进以人的智力资源开发为动力。

可持续发展的一个基本内容和要求是节约物质资源、清洁生产、集约运营和知识管理,推动和实现这一进程的基本动力与依托就是人的智力资源的高度开发。其原因是因为物质资源要靠智力资源来开发、配置、盘活和高效利用;生产工艺要靠智力资源来升级换代;环境质量和生态效益要靠智力资源来提高；关于经济的领导决策、制度设计、组织管理要靠智力资源改进和创新。没有智力资源的大规模开发和运用，则无论是经济可持续发展还是生态与社会的可持续发展都是不可能实现的。从社会可资利用的各种资源系统的功能结构来看，智力资源堪称是可持续发展的核心和主导性资源，它可以在很大程度上替代物质资源、减少物质资源的消耗，从而实现有限物质资源的效益最佳化。由此看来，要实现可持续发展就必须把人力资源作为最优先的开发领域。

第五，可持续发展事业的成就以人的全面发展为旨归。

可持续发展同以往片面追求经济增长因而不可持续的传统工业经济发展方式的一个根本区别就在于：它是一种真正以人为本、追求全面协调发展的崭新经济社会形态。它不仅要求将经济活动限定在确保生态平衡的阈值以内，而且要求把社会进步和人自身的全面发展作为经济增长的根本出发点和目的。人的全面发展既是可持续发展的根本目的，又是实现可持续发展的基本条件，为此就必须切实做到，在实施可持续发展战略的过程中，满足人的需要与追求、关怀人的生存和处境、充盈人的价值和幸福、促进人的自由与发展。离开了人的全面发展，可持续发展就既失去了方向和价值合理性，也失去了其实现的基本条件。

二　可持续发展实践的人文诉求

可持续发展所蕴含的人文本质和人文条件要求我们在实践中运用经济、政治和生态手段的同时，还必须注意运用人文对策、以人文的方式来推动可持续发展战略的具体实施。我们这里所说的"人文"主要指那些非科技类的人文文化的通称，包括人文精神、人文规范、人文科学、人文教育、人文资源等内容。运用人文对策、以人文方式来实施可持续发展的基本内容和要求可以概括为以下几个基本方面。

1. 弘扬人文精神。可持续发展具有深刻而丰富的人文内涵，弘扬人文精神是顺应和推动可持续发展的本质要求。"事实证明，缺乏人文精神的经济发展，使人们在利益的角逐中不再受到自制、理性、公正、博爱等精神的约束，只有对金钱的赤裸裸的追求。这样的发展就算是暂时获得了效益，但充其量只是一种残缺的发展。"① 人文精神是人类文化的实质与精髓，它的基本规定就是理性与至善精神、正义与人道精神、仁爱与崇高精神以及自由与解放精神，其最实质的是关爱人生、伦理至善的精神。人文精神在人类文明历史长河的进程中既是一以贯之的，又总是不断发展的。而在当代中国对于实现可持续发展这一基本目标来说，弘扬人文精神最关键的是弘扬追求人类代内代际公平、全球利益协调的人类主体精神；弘扬自由自觉、奋斗进取、创造奉献的个体主体精神以及尊重自然、珍爱生命、恪尽职责、伦理至善的道德精神。没有这种人文精神的建构和弘扬，可持续发展也就失去了理念内核与实践主旨。

2. 确立人文目标。可持续发展是一种全面、整体的发展，它的发展目标既包括经济目标、生态目标，又包括社会目标和人文目标。人文目标是反映人自身生存与发展状况的具体项目和指标，这种人文指标既是其他非人文性指标的延伸和补充，又是其他各种非人文性指标的实现依据和条件，一个国家或组织是否确立起了这种人文目标，对于其发展有着内在的决定性作用。关于人文目标问题，联合国开发计划署多年来一直公布各国人文发展报告，试图根据人均收入、预期寿命、教育程度诸项指标来衡量生活水平。这几项指标比较直观、具体，便于测量，对于克服传统的单纯经济增长发展观起到了很大作用。但这几项人文指标过于微观、具体，其宏观概括性和理论指导性是远远不够的，应予以拓展和提升。为了全面地实现可持续发展，首先需要在国家乃至全球层面制定出关于人的生存质量、发展水平、文化进步、道德建设的目标体系；其次，各级地方政府、每一社会组织都应根据本系统、本部门持续、全面发展的客观需要确立自己相应具体的人文发展目标。如果建立健全了国家的总体人文发展目标体系，并且督促各个社会组织都确立和追求人文发展目标、承担人文发展任务，则将为可持续发展提供有力的导向、调节和保障作用，否则就有可能流于形式。

3. 健全人文规范。人文精神、人文目标要靠人文规范来体现和实现。人文规范即文化制度、文化惯例和文化尺度，它作为人们的活动和相互

---

① 何清涟：《现代化的陷阱——当代中国的经济社会问题》，今日中国出版社1998年版，第375页。

关系的文化规定、文化要求和文化准则的统一体，一方面是人文精神、人文目标的具体展示和制度化推广，另一方面又对人的文化行为和社会实践具有制导和调控作用。正由于人文规范处于人文精神和人文实践的关键的中介地位上，因而我们要推动社会的精神文明进步和可持续发展战略，就需要大力加强人文规范建设。现代社会的人文规范是一个纵横交错的网络系统，各种不同的人文规范之间存在着相互渗透和交叉的作用。相对于促进可持续发展这一根本目标来说，健全社会道德规范堪称是健全人文规范的关键一环，它具体包括四个层次的内容：一是健全社会公德规范，就是在全社会范围内建立健全讲究卫生、保护环境、热爱自然、珍惜生命、节约资源、遵守秩序的公共制度；二是健全职业道德规范，目的在于促使每个社会组织特别是企业自觉承担起节约资源与环境保护责任，使每个从业人员爱岗敬业、创新挖潜、厉行节约；三是健全家庭道德规范，做到科学生活、合理消费、注重质量、提高文化档次；四是健全个人道德规范，敦促每个人树立良好的环境保护意识和卫生节俭习惯，增强可持续发展的责任感。健全人文规范还应革新人文评价体系，主要就是在人文价值导向上，把坚持集体主义方向、发扬爱国主义精神和承担国际主义义务有机结合起来。在人文评价原则上，坚持和贯彻时代精神与可持续发展要求相顺同的互惠互利的功利原则、效率优先且顾及和保证公平的公正原则、尊重人权和发展个性的主体创造原则；在人文评价标准上，坚持历史尺度和伦理尺度的统一，确立起有利于生产力发展、有利于社会协调和生态保护、有利于精神文明进步、有利于人的生活质量提高和全面发展的诸项标准在内的完整统一的评价系统；在人文评价主体上，则要充分考虑到可持续发展的全人类本质和全民参与要求，以广大人民群众的生态需要的满足和生态权益的保护为根本的立足点、判据和舆论主导，注意调节和克服局部利益主体的自私心理。

4. 发展人文学科。人文学科即"关于人的价值和精神表现的科学。包括：现代与古代语言学、文学、哲学、考古学、艺术史、艺术理论，以及具有人文主义内容和运用人文主义方法的其他社会科学，等等"[①]。人文学科的价值功能在于洞悉价值真谛、创造文化意义、提升人生质量

---

① 黄楠森主编：《人学词典》，中国国际广播出版社1990年版，第517页。

和构筑理想的人文世界，它对于实现可持续发展具有重大的作用。其原因是当代生态危机实质上是人类文化的危机，要摆脱生态危机、走出不可持续的困境，必须彻底反思人类长期以来所奉行的实践方式、思维方式、价值观念和人文精神，确立起一种全新的合理的生活方式、合道德的生产方式、合公平的社会发展方式以及合美感的改造自然方式，而能够提供这种"合理""道德""公平""美感"之类的形而上层次的价值真理的只能是人文科学。人文学科的基本理论、知识、方法，对于实现生活方式的合理化、生产方式的道德化、社会发展方式的公平化，以及人与自然关系的审美化具有不可或缺、不可替代的关键性的价值定向、精神内控和理性规范作用。如果让生活、生产、社会活动失去了人文科学的指导和人文目标的定向，其结果必然会使人类物欲泛滥，失却神圣、崇高和理想信念，从而跌入不可持续的深渊。人文学科对于经济与社会发展具有重大和根本性的价值定向和人文控制作用，它在人类学科体系中应处于一种核心与灵魂的地位上，这本应是一个不争的事实。但自近代以来由于人类片面追求眼前实利、醉心于"征服"自然、盲从科学主义思潮，将看似无用、实则大用的人文科学排挤到了边缘，使其备受冷落，也使我们付出了极其惨重的代价。为了恢复已被严重破坏了的生态环境，重建人类与自然的和谐关系，实现经济、社会与生态的持续发展，必须大力弘扬人文精神主旋律，确立人文学科的主导地位，切实有效地使经济增长与社会运行承载人文目标，接受人文调控和促进人文发展。

  人文学科是中国传统科学文化的主体与核心，在中国有着极其丰富的历史遗产，这使人们往往不自觉地陷入一个误区：一讲重视和发展人文学科就去重新整理、解释传统经典，以为现代社会所需要的人文精神、人文知识、人文方法都是"古已有之"。必须清醒地认识到，传统的人文知识属于过去自然农业经济时代的产物，正像"儒学作为一个整体已经过时，提倡它的复兴是不能解决问题的"[①]。靠主要阐发传统人文知识的办法是不可能满足当代经济与社会发展的现实需要的。实际上真正为当前的经济与社会发展所需要的现代人文科学知识在中国是极为短缺的，要解决这一矛盾必须大力发展人文学科，其中一个重要举措就是在国家

[①] 张岱年：《儒学作为一个整体已经过时》，《文摘报》1996年8月15日。

知识创新体系中加入足够的人文知识内容，这是实现可持续发展的客观要求。

5. 普及人文教育。实现可持续发展需要人们具有良好的道德意识和审美情趣，具有合理的生活方式和文明习惯，即具有良好的人文素质。而良好的人文素质要靠良好的人文教育来培养，没有良好的人文教育则人的人文素质就无从保证。近些年来，由于受市场大潮和应试教育的影响，我国的人文教育受到很大削弱，严重影响了人的人文素质的提高，这构成了实现可持续发展目标的一大制约因素。加强人文教育当前必须加大对人文教育的投入力度，切实保证人文教育的各种现实需要；实现人文教育主体的多元化，即一方面使各级各类学校与专职教师都必须承担一定的人文教育任务，另一方面各个社区和组织也要担负适当的人文教育责任；实现人文教育目标的优质化，即通过对教育对象人格模式的合理设计与教化，使其切实具有适应社会需要、能够开拓创新的健康心理素质和良好人格模式；实现人文教育层次的协调化，应注意打好基础，使人的人文素质发展能够由底层到高层循序渐进；实现人文教育内容的现代化，用当代最先进的人文知识、人文方法、人文手段来教育武装对象，使人们具备现代社会所需要的人文修养和人文能力；实现人文教育形式的多样化，使学校教育、家庭教育、社会教育相配合，灌输式教育与自主式教育相补充；实现人文教育建制的社会化，逐步做到人文教育资源的社会化配置、人文教育设施的社会化开放和人文教育行为的社会化调控。

6. 开发人文资源。人文资源即人类文化资源，它既有别于实体性的自然物质资源，也有别于主体性的由体力、智力、能力诸因素组成的人力资源，它是人类世代所创造、积累的各种器物文化、规范文化和精神文化的总和。人文文化对于经济与社会发展具有巨大的和不可替代的价值。其中的精神文化可以转化为当代人的价值观念、思维方式、经营理念和生存智慧；规范文化可以影响消费结构和社会风气；而那些人工器物文化则可以直接为人们提供就业机会、创造经济效益。由于人文资源具有普遍再生、价值共享和环境成本低廉的突出特点，因而开发人文资源可以带来高效低耗、保护生态环境的发展效应。在当代中国现实国情条件下实施可持续发展战略，可以开发利用的人文资源是十分丰富的，这些人文资源首先来源于中国绵延五千年的传统文化。中华民族在五千年文明历史发展中创造、积累了十分丰富的文化遗产，其中有大量优秀成果可资利用，比较明显的如"天人合一"的思维方式、"天下为公"的社会理想、以义制利的道德观念、勤俭持家的生活方式就是与可持续发展要求相吻合的；中国大地上的许许多多的文物古迹大都具有很高的经济开发效益和人文教育价值。人文资源开发可以部分地替代自然资源开发或者减缓物质资源消耗，这是实现可持续发展的一项重要的政策选择。

7. 加强人文调控。现代人类文化是一个内容繁多、形式多样的庞大系统，为了使其向着有利于可持续发展的方向发展，确实起到促进可持续发展的作用，需要运用各种物质、精神和制度的手段对社会的人文系统进行管理和调控。优化人文调控的比较有效的形式，其一是规划调控。人文文化建设是整个社会精神文明建设中的核心部分，涉及社会的各个领域和层面。为了形成有利于可持续发展的文化环境和文化机制，应制定总体战略规划，确定文化建设的基本目标、任务和方针政策，使文化发展有规章制度、有措施保证。其二是媒介调控。在现代社会中，大众传播媒介对于人们的价值观念、思维方式、生活方式等具有巨大的影响，为了顺利实施可持续发展战略，需要加强对各种传播媒介的领导和控制，使其切实肩负起"以科学的理论武装人、以正确的舆论引导人、以高尚的精神塑造人、以优秀的作品鼓舞人"的社会重任。其三是组织调控。人文文化建设单靠政府推动是远远不够的，还应通过各种组织形式建立起人文控制的网络体系，使每一个社会组织既是一个工作场所，又是一个人文教化场所。其四是政策调控。实施可持续发展战略一方面需要制定一系列专门的文化管理政策，另一方面，其他各项经济政策、政治政策等也要充分体现可持续发展的价值导向和道德原则。其五是法律调控。在目前我国的生态环境继续恶化、公众的环境意识还不够强的情况下，通过引入法律手段和实现文化的法制化，可以大大增强人文调控能力，有效地遏制人们的反生态意识和非环保行为。

8. 营造人文社会。人文社会是人与自然矛盾真正解决的社会，因而也是一个真正属人的社会。人文社会就其本质来说，"它是人向作为社会的即合乎人的本性的人的自身的复归"，是自然主义与人本主义真正统一①。满足人的需要、尊重人的权益、保障人的自由、促进人的发展是它的基本特征。营造人文社会与实现可持续发展是互为条件、互为目的的。一方面，营造人文社会有助于解决人与自然的矛盾、消除经济异化，从而有助于可持续发展目标的实现；另一方面，实现可持续发展的根本目的也正是为了建立理想的人文社会，促进人的自由解放和全面发展，两者是一致的。营造人文社会就是要提高社会的文化含量、品位和精神文明程度，使整个社会做到文明生产、文明经营、文明生活、文明消费、文明娱乐、文明活动。从精神文化对物质文化的定向、主导、支配和支持作用来看，营造人文化的社会形态无疑是实现可持续发展的重要内容和条件。

（本文系与山东大学哲学与社会发展学院王忠武教授合作完成，原载《天津社会科学》2000 年第 4 期）

---

① 马克思：《1844 年经济学哲学手稿》，人民出版社 1979 年版，第 73 页。

以健康的文化观引领社会生活

文化作为一个民族进步的灵魂，集中体现了人类的创造性本质。判定一个社会发展的质量如何，最终要落实到文化层面上来。随着我国经济的快速发展和国际影响力日益增强，如何以科学发展观来引领和谐社会建设，提升国民的人文素养，增强文化软实力，便成为未来中国社会健康发展必须认真面对的问题。进一步说，我们应当确立怎样的与科学发展观相适应的文化观，并以此来引领时代精神？

我们这里所讲的文化观，是指在文化哲学层面所确立的人类文化实践的自觉意识，它是判定一种文化好与不好的基本价值尺度，是引领社会大众文化风气的恒常意义追求。一种文化观的确立，意味着要对当下文化现实进行自觉地认识与反思，进而对文化进行能动的价值构建。

培育正确的文化观是构建和谐社会以及发展和谐文化的重要前提，是中华民族文化自觉的重要标志。社会发展的标志是社会的全面进步，文化是经济发展的"驱动器"，文化建设，直接关系到科学发展观的贯彻和落实，关系到人民群众精神文化需求的实现与满足，更关系到中国特色社会主义的理想目标能否落到实处。

就当代中国而言，对文化观的理解乃是科学发展观的文化陈述。文化包罗万象，具有多样性发展特点，因此，体现在文化价值层面的文化观，常常具有多样性差异性。一个民族、一个社会要想健康发展，除了倡导"和而不同"的文化多样性成长之外，还应从民族可持续生存与发展的要求出发，自觉为社会培育一种主流文化价值观，以推进文化繁荣，满足人民群众的文化需求。中国经过30多年的改革开放历史实践，正在逐渐探索形成社会主义核心价值体系，应该说这为我们确立健康自觉的文化观奠定了坚实的基础。但是我们需要在此基础上对于文化观做进一步的思考，因为着眼于全球化时代中国发展的文化观，应该在自觉保持遵循人类文化生存的普遍规律和中国文化建设现实境遇之间的平衡张力的前提下，培育直面当代中国文化发展问题的宏观视野，并将未来中国文化发展战略作为一个国家性命题来进行通盘考量和系统梳理，以切实实现民族文化由传统向现代的转型，增强民族文化的生存力、发展力和创新力，推动中国文化的可持续发展。

基于人的二重性生存境遇，笔者认为当代中国的文化观建构必须蕴含经验与超验、理性与价值、历史与未来的双重关切。

第一，致力于技术和精神的平衡。技术理性对人类社会生活的全面渗透，在给人类带来物质财富巨大增长的同时，也使人的社会生活愈加技术化，人不再是历史、传统和文化的存在，人的精神世界被肢解，成为精神荒原的流浪者。这一情形在中国的市场经济实践中也有所凸显，在实际工作中，人们在对文化的功能与价值的理解上，只重视其作为推进社会发展的手段的一面，忽视其作为社会发展目的的一面，在片面追求GDP的发展思路下，对于文化只关乎实用而忽略精神，只注重当下而轻视长远。从而导致技术与精神的失衡。社会主义文化建设应着眼于人的全面发展，着眼于健全人格的塑造。我们强调以人为本，就是要从人的角度，把人当作目的，切实丰富人的精神世界、增强人的幸福指数、强化人的终极关怀。

第二，善待自然，培育现代生态文明。倡导一种敬畏自然、善待自然的文化观念将是人类文明持续发展的基础。我国继物质文明、精神文明、政治文明之后，又提出"生态文明"发展理念，并且把它写入党的十七大报告之中，将人与自然的关系纳入社会发展目标中统筹考虑，这应成为我们对子孙后代负责的庄重承诺。着眼于人与自然的协调统一，我们应摒除对自然的狭隘功利态度，把大自然视为人类存在的母体和生命的家园，以一种向自然的认同与回归的态度，去培育人与自然的全新关系，自觉充当维护自然稳定与和谐的调节者，建构起以人与自然的和谐共生、良性循环、持续繁荣为基本价值诉求的生态型文化体系。

第三，保持对民族文化传统的自觉认同。人是一种历史的存在，人不堪忍受无根的生活，人只有在对于存在之根的不断眷顾中，才能积聚起走向未来的勇气。民族文化传统是民族群体的灵魂，是文化记忆的密码，是一个民族提高精神品位的保障。因此，对于民族文化传统合理价值的自觉呵护与坚守，对任何一个民族而言都是伟大而严峻的文化任务，是一种优秀的品质。在全球化的发展时代，我们必须增强民族文化自信心，用开放的眼光和理性的态度去反省我们的文化。中国传统文化有着强大的生命力，它既深刻地影响着我们的民族，也影响着世界，中国文化的许多成分具有世界性的意义。越是中西方文化碰撞交融的时代，我们越是有必要认真研究我们的传统文化，发展自己的民族文化，保持对于中华人文精神的自觉认同。只有这样，我们才有可能有效参与国际文化的交流与对话，展示中华文化的风采。

第四，自觉倡导社会公平与正义。公平正义是保证一个社会健康发展的前提性因素，也可说是一个社会文化价值诉求的核心。公平正义的根本，就是保证不同群体都能享受相同的权利。公平正义作为评判社会善恶的首要标准，深刻反映和体现了人类社会进步和发展的核心价值，也是我们建设和谐社会的首要价值。只有社会充满着公平正义，我们改革和发展的成果才能够惠及广大人民群众，最大限度地满足广大人民群众日益增长的文化需要。所以，我们要自觉地将公平正义作为中国社会发展的恒常价值取向，并通过法律和秩序来保障公平正义的文化权益的落实。始终以实现好、维护好、发展好最广大人民的根本利益作为一切工作的出发点和落脚点。

第五，要开放心胸，肩负起新文化创造的使命。文化的意义边界在任何时候都不是封闭的、静止的，文化是一条流动的长河，从传统奔向未来，但是能否拥有未来，关键在于文化是否拥有创造活力。中国是一个文化资源大国，但却是一个文化产业小国。尤其是在全球化时代的世界舞台上，我们的文化影响力非常有限。这一切昭示着我们的文化创造活力增强的严峻性与紧迫性。创造性精神最终实现的是一个民族的各种潜在价值，从而导致感觉与想象的丰富，思维的理性化，行动上的合理，以及健全的人格关系等，它是民族走向现代生活的核心动力。今天，文化建设新的历史时代已经开启，切实激活中华民族的创新精神，关系着文化中国能否在未来世界格局中重振雄风。所以，我们在致力于本民族的文化设计时，必须开放心胸，海纳百川，汲取世界各民族的文化精华，在与世界文化的交流融合中，建立起具有全球视野的民族新文化。这种文化本质上是开放的。它既是对世界文化的吸收，同时又构成了对世界文化的参与。

第六，培养全民族的理想与信仰。人是灵与肉的二重性存在，在一个人的社会生活中，其物质需求是有限的，物质所带来的快乐也是有限的，唯有精神的需求和幸福才是无限的。理想与信仰是人生的精神支柱，是民族凝聚力的寄托。信仰在人生的长河里，发挥着如航标灯般无可替代的作用，她引领人的生活方向，是一个民族和个人获得真正生活幸福的必由之路。在市场经济时代，意义缺失、信仰危机是一个全球性问题，人们走入了手段的王国而失去了人的目标，人的心灵越来越空虚，社会越来越浮躁。一个没有信仰的民族是一个没有灵魂的民族，更是一个没有希望的民族，唯有信仰的力量才能锻造出人类坚实的精神支柱。和谐健康的社会必须有高尚精神的参与，以使人的外在追求转化成内心的体验。唯有如此我们才能够真正支撑起历史的天空，共同守望我们的精神家园。

（原载《光明日报》2011年11月1日理论版）

注重社会发展的价值排序

对于处在大变局中的中国，要进行积极主动的价值排序，以达到确立发展方向、引领社会风尚、致力社会和谐的目的。

社会生活实践中当面临不同价值间冲突的时候，就需要我们做出必要的排序、甄别和取舍，以确立哪些价值是"优先性的选择"。个体的情形是这样，一个社会同样如此，对于处在大变局中的中国，同样要进行积极主动的价值排序，以达到确立发展方向、引领社会风尚、致力社会和谐的目的。

人是一种目的性存在，是一种创造价值并追寻价值与意义的存在。一个社会发展越成熟，就越应该体现社会发展的价值自觉，始终把握发展的方向，夯实社会发展的价值规范基础。中国历经30年的改革开放，"以人为本"的理念日渐深入人心，这也可以说是学界持续关注价值问题的最深厚社会基础。但是发展和改革的深化，也出现了诸多社会矛盾，这些矛盾如不稳妥有效地解决，将会危及未来中国的健康发展。而矛盾的解决就牵涉"价值排序"的问题。

笔者以为，首先需要我们去认真反省"什么是我们这个社会最想要得到的？"而有效回答这一问题，有赖于我们对中国社会发展历史方位的认知和判断。毫无疑问，"最想要"得到的一定是指向社会精神理念层面的目标，这是一种"社会愿景"——今天的中国经过30年的改革开放实践，我们确立了建设"美丽中国"、实现中华民族伟大复兴的目标，这就是全体中华儿女的"中国梦"，是我们最想要的"社会共同愿景"。近代西方著名的宗教改革家马丁·路德曾经讲过："一个国家的兴盛，不在于国库的殷实、城堡的坚固或是公共设施的华丽，而在于公民的文明素养，也就是人民所受的教育、人民的远见卓识和品格的高尚。"一个社会从"最基本"的价值需求到"最想要"的价值需求,体现了我们在发展观层面的自觉。

英国有一句民谚:"吃饭是为了活着,但活着不是为了吃饭(Eat to live, but not live to eat)。"的确,改革开放的前30年,我们围绕着中国"最基本"的价值需求进行布局谋篇——发展才是硬道理,一切以经济建设为中心,成功解决了国人的温饱问题,并取得了举世瞩目的经济成就。但是面对下一个30年中国的发展,可以说我们要集中围绕着老百姓"最想要"的来设计发展思路。既然我们所选择的是一条可持续发展之路,那么我们头脑中就应该始终储存着这样一个问题:"100年后中国的教科书怎么评价我们今天的发展与改革?"今天我们强调注重改革的价值排序,就是为了防止发展的本末倒置,防止走入手段的王国而失去了人的目标。

不容否认,面对当下社会阶层多层次化、社会思潮多元化、信息传播快速化、市场利益主体复杂化等社会现实,我们的社会生活出现了诸多价值失范现象,各种高下美丑你方唱罢我登场,似乎沉湎于一个不思明晨的狂欢之夜,冲淡并混淆了我们的社会主流价值。我们之所以强调价值排序,就是为了确立社会发展的方向性与目的性;之所以要思考"最想要"的价值,就在于要明确确立一种全体国人认同的主导性、统一性的价值观,以此来引领中国的可持续发展之路。

今天,国家一再强调改革发展的成果要由全民共享,"发展""富裕""民主""文明""公平""正义""友爱""互助""安定""和谐"等价值呼唤日益显现于我们的社会生活,笔者以为这也许就是民族复兴的最主要内涵和标志,也是我们的最核心的价值诉求。我们的社会发展应紧紧围绕这一目标展开,并将这一目标具体细化为社会公平公正的培育、国民现代素质的养成以及国家文化影响力的提升等具体环节,认清方向,扎扎实实的向前推进,从而保证整个社会维持一个稳定的发展方向,生成一种健康的精神气质。

(原载《人民论坛》2013年第9期)

当代哲学如何关注"中国问题"

一

中国的改革开放与现代化实践催生了各种哲学探求与研究思路。时代呼唤着哲学的自觉与创新，就马克思主义哲学领域的情形来看，围绕着马克思主义哲学的研究路径问题，学者们展开了诸多有意义的思考。其代表性观点有诸如重建本体论路径、生存论路径、思想史研究路径、人学路径、文化哲学路径以及回归生活世界的研究路径，等等。应该说，这些多样性的研究思考激发了思想的活跃，有利于不同哲学视阈的融汇交流；通过这种对话、互补与整合，必将推动马克思主义哲学研究的丰富与深化。经过这么多年的进一步反思，我们感到，学界对于马克思主义哲学研究路径的关注，所提出的根本问题在于：马克思主义哲学向何处去？马克思主义哲学如何面对全球化时代获得新的生机与活力？如何在当代社会生活语境中重新激活其中的一些重大理论命题？

综合来看，笔者认为，有关研究路径的思考的主要差异可以归结为"向后看"与"向前看"两个方面，而这两个方面实质上正是马克思主义哲学所固有的内在张力的凸显：一方面，"向后看"力主回到马克思，通过对马克思文本的解读，正本清源，还原马克思哲学的真精神。这种哲学努力对于克服以往哲学"泛政治化、实用化"的倾向，无疑具有重要的学术意义。另一方面"向前看"关注的重心则是当下时代和现实生活，尤其是面对全球化时代所呈现出的诸多社会发展问题，力求马克思主义哲学做出切实的、富有建设意义的回答，进而谋求中国发展道路的自觉。而这两个方面可以说是殊途同归的：只有切实把握马克思主义哲学的

"真精神",才可能有效回应现实生活所提出的问题,即切实地"返本"才能有效地"开新"。所以无论研究路径如何,都应该紧紧围绕马克思主义哲学的基本精神展开——关注时代精神,直面现实问题。

任何哲学都不纯粹是无文本的抽象体,因为哲学发展的历史就是关注人类自身命运的历史。对于既往哲学家及其文本的准确解读、对其哲学精神的透彻理解,可以让我们更清晰地厘定哲学的边界,把握哲学的内在精神品质,进而找准哲学面向生活的应有定位。但是,哲学关注时代、追踪时代的品格同时又根源于人类永恒的、追求自我超越的实践要求,这也是哲学生生不息的奥秘所在。我们今天的哲学研究,所面对的是全球化时代,是人类文化的综合发展时代,因此不能囿于自己的知识框架和视野,而对他者的哲学研究路径予以拒斥。尤其不能借所谓"回归文本""回到马克思"而放弃时代所赋予的责任,不能忽视哲学干预生活、引领时代的人文价值诉求,因为这是与马克思所倡导的哲学批判精神相左的。

我们不能把哲学研究变成一种纯书斋的学问。回视新时期以来中国的马克思主义哲学发展与实践历程,我们大概最无法忘怀的是关于"真理标准问题"的大讨论所引发的全民思想解放。然而,当社会正在大踏步前行的时候,我们的哲学研究却不知不觉间在回归学术和书斋,从时代的"中心"向"边缘"游离,结果造成我们今天的哲学理论在社会生活中的影响越来越有限,在一些关涉当代中国发展的重大问题上,常常听不到哲学的"发声",中国经济的繁荣似乎确实导致了"哲学的贫困"。

显然,面向时代去开拓马克思主义哲学研究的新境界、新水平,是摆在学界同仁面前的无法回避的紧迫课题。

二

马克思主义哲学研究不能没有"问题意识"。我们知道,马克思的哲学之所以能够产生划时代影响,根本原因就在于他的哲学凸显了人类发展的一系列重大历史课题,如人的异化、人的生存、人的价值、人的社会解放等,并且立足于人的自由与全面发展的价值高度,展开了自觉的哲学反思与批判。马克思在《资本论》中曾指出,辩证法在本质上是

"批判的和革命的",辩证法"在对现存事物的肯定的理解中同时包含对现存事物的否定的理解,即对现存事物的必然灭亡的理解"①。在马克思看来,哲学"问题意识"的产生,源于人的二重性生存境遇,马克思对此曾有过经典的论述:"人双重地存在着:主观上作为他自身而存在着,客观上又存在于自己生存的这些自然无机条件之中。"②"主观上为'自身存在'"是基于人的发展目的性的理想与价值关怀,指向的是人的超验维度;而"客观上的'自然无机条件'"之规定性则指向的是人的现实身体的、经验的维度。马克思认为,正是基于这种现实与理想的二元张力,哲学才找到了其存在的理由——对于人的灵与肉的双重关切。人类必须在实践中对生活经验现实自觉投射一种反思与批判意识,在成就与自信中清醒地看到存在的问题和危机,以使人类的实践生活减少盲目性、增加自觉性,并健康地向未来前行。

今天,我们的马克思主义哲学研究理所当然应该直面当代"中国问题"。我们这里所说的"中国问题",是指改革开放以来中国在特殊的历史境遇和发展环境下所衍生出来的、关涉中国未来社会健康发展的核心问题。我们知道,社会发展是一个系统,所呈现出的问题也复杂多样,但是毋庸置疑,我们对当代"中国问题"的审视是在"现代性"这一总题目之下展开的,也就是说,我们所有对于"中国问题"的思考都无法绕过"现代性"问题。而"现代性"作为"现代化"的内在精神,它始终与人类现代化的历史实践相伴随。虽然对于中国人来讲,现代性问题是一个迟到的问题,但是今天的"中国问题"由于受制于世界现代化发展的大环境,因而从某种意义上说业已打上了诸多"现代性"烙印。

众所周知,人类现代化实践的展开是以全球化、市场经济、工业文明、世俗化等一系列要素的生活呈现为标志的。自西方工业革命以来,资本主义所开启的现代化生活极大地拓展了人的经验生活空间,彰显了人的有限性(物质性)本质;人类现代化的脚步日益加速,今天已经成为生活实践领域中无法回避的元素,甚至演化成为当代基本的世界图景。随着20世纪中叶人类现代化的加速,诸多现代性问题日益凸显。中国30

---

① 马克思:《资本论》第1卷,人民出版社2001年版,第22页。
② 《马克思恩格斯全集》第30卷,人民出版社1995年版,第484页。

多年改革开放的现代化实践，使中国展现出空前的面貌，也带来诸多前所未有的问题，笔者曾经用"历时性问题的共时性承受"命题来概括当代中国的这种发展境遇。① 具体来说，中国的现代化之路面临着三重最基本的文化背景："前现代""现代"和"后现代"。这三种在西方原本属于历时递进的文明形态，在中国却共时并存、纠结交错、异常复杂，需要我们对这种历时性文化予以共时性的承受和消化。由此也折射出了当代中国改革与发展的艰巨性和复杂性，可谓"牵一发而动全身"。这意味着我们今天所面对的"中国问题"是一个"现代性的普遍性问题"与"中国地方经验的特殊性问题"的交织，是一个带有共时性的"问题丛"，这需要我们在全球化的视野下做综合的考量。

从这个意义上我们可以说，"中国问题"也是世界问题，世界问题也是"中国问题"。中国的发展设计如果无视当今的具有普遍意义的"世界问题"，过多地强调中国特色或中国国情，则会使我们的社会发展失去活力，放缓改革的步伐，甚至可能会迷失发展的目标。唯有在世界视野的参照下，我们才能增强社会发展的自觉性，养成既不妄自菲薄又不妄自尊大的平常心态，在中国与世界的互动中增强中国文化在世界的影响力，并形成未来中国清晰的文化发展图景。

三

与人类文化精神的世纪性整合的呼唤相适应，进入 21 世纪的中国正面临一个走向现代化的历史文化价值转型的过程之中。如果基于对现代性进行自觉反思的总体价值诉求，从哲学的视角来具体审视"中国问题"，则需要我们在中国的社会发展实践中着眼于社会的健康发展、个体素质提升与精神充实，以及中华文明的世界价值等问题去展开自觉的哲学反思，进而做出对中国社会与文化健康发展具有重要启示意义的哲学建树。笔者认为突出的哲学问题主要有：

首先是社会发展中的公平正义问题。从哲学的层面来看，公平并不单纯是不同社会成员之间利益的增减，就其性质而言，它还具有理性的

---

① 邹广文：《文化哲学的当代视野》，山东大学出版社 1994 年版，第 152 页。

内在"善"的要求，表达的是社会的良知。也就是说，公平正义是现代社会品质的体现，更是人类社会永恒的价值追求。当代中国在经济的高速增长中，效率优先的观念被过度强化，市场经济逻辑也被泛化，结果导致中国社会的快速发展与转型，同时也暴露出了严重的社会公平正义问题，突出表现为贫富差距加剧、城乡差距拉大、劳动关系失衡等，毫无疑问，这些问题已经偏离了"以人为本"的发展理念，成为影响国家长治久安、可持续发展的重要因素，如不加以妥善解决，将会动摇百姓对于中国未来发展的信心，使中国社会的发展失去最基本的动力。社会公平正义是我国建设和谐社会的基本要求，是确保社会稳定的基础，也是一个文明社会进步的突出标志。

其次是现代人技术（物质）与精神的平衡问题。现代化生活所导致的人类技术与精神的失衡可以说是一个世界性难题。现代工业文明极大地拓展了人的物质空间，技术理性对人类社会生活的全面渗透在给人类带来物质财富的巨大增长的同时，也使人的社会生活愈加技术化，人的精神世界被肢解，导致技术与精神的失衡；人们走入了手段的王国，从而迷失了作为人本身的生活目标，人不再是历史、传统和文化的存在。就当代中国的情形来说，过度的市场化导向以及利益驱动使社会文化实践出现了诸多问题：在社会实践层面表现为发展的"唯物质"倾向——发展缺少文化含量，缺少对于社会公平正义的呼唤，只关注经济的、量的扩张而忽略发展的品质提升；在个体实践层面表现为感性欲望的泛化、主体道德人格的迷失和精神价值的消解。为此，我们需要重新审视社会发展的本质是什么。笔者认为，它应着眼于物质丰盈与精神充实的统一，着眼于人的身心和谐与全面发展，切实体现以人为本，真正从人的角度把人当作目的，丰富人的精神世界，增强人的幸福指数，培育人的终极关怀。

最后是中华文明的反思与自觉问题。在全球化时代，增强民族文化自信与自觉至关重要。30多年的中国改革与发展，与我们经济领域所取得的举世瞩目的成就相比较，我们的文化在世界的影响力却十分有限；无论是文化产品的输出还是文化产业的发展，都与我们的经济发展、与中华悠久灿烂的历史文明不相匹配。因此，我们应该自觉反思"中华文明对于未来人类文明发展的可能贡献在哪里""中国可以向世界输出的主流价值观是什么"。只有对这些问题保持清醒的认识，我们才可能居安思危，肩负起创新民族文化、迎接未来中华民族文化复兴的历史重任。对于民族文化传统合理价值的自觉呵护与坚守，对任何一个民族而言都是伟大而严峻的文化使命。越是中西方文化碰撞交融，我们越是有必要认真研究我们的传统文化，增强自己的民族意识，保持对中华人文精神的自觉认同。只有这样，我们才可能有效参与国际文化的交流与对话，展示中华文化的风采。

哲学关注时代、追踪时代的品格根源于人类永恒的追求自我超越的实践要求，是哲学生生不息的奥秘所在。因此，我们未来的哲学研究应当体现出反思与创造的双重自觉，以关注人类的现实生存、促进人类发展进步作为哲学的核心使命，并提供持久推动力。哲学自身的这种要求表明，马克思主义哲学研究必须自觉强化自己的问题意识，不断地挖掘、提炼与人类生存、发展息息相关的"真问题"，排除假问题，从而使哲学永葆其"时代精神精华"的品格。

（原载《哲学动态》2013年第3期）

人类命运共同体意识的文化关切

借助于互联网技术的普及，我们从未像今天这样清晰地感受到世界与我们生活的紧密关联——经济一体化趋势日益明显，世界各民族间的文化冲突与融合日趋加剧，世界政治格局中主体国家的主权观念空前强化。置身于经济全球化时代，需要我们更新思维观念，尤其是要在基于对人类命运深刻思考的前提下，形成一种健康的未来发展意识，而这不论对中国还是世界而言都尤为紧迫。在2016年9月召开的二十国集团（G20）领导人杭州峰会上，借这一擘画全球治理蓝图的契机，习近平主席提出倡议："我们应该促进不同国家、不同文化和历史背景的人们深入交流，增进彼此理解，携手构建人类命运共同体。"

党的十八大以来，习近平主席在多种场合强调"人类命运共同体"。2013年3月，他在莫斯科国际关系学院演讲时首次向世界传递了对人类文明未来走向的中国判断："这个世界，各国相互联系、相互依存的程度空前加深，人类生活在同一个地球村里，生活在历史和现实交会的同一个时空里，越来越成为你中有我、我中有你的命运共同体。"2015年9月，在纪念中国人民抗日战争暨世界反法西斯战争胜利70周年大会上，他更是明确向世界各国呼吁："为了和平，我们要牢固树立人类命运共同体意识。"针对不同场合、着重不同阐述角度的这些讲话整合起来，形成了一个论述体系，一方面表现了当代中国领导人的世界情怀，另一方面也清晰的向世界传递了这样的信息：人类文明是一个有机整体，世界各国只有通过进一步推进不同文化形态间的交流互鉴，人类才有光明的未来。

一　人类的普遍交往与"命运共同体"

　　人类的文明发展是有目的性关切的。对人类发展现实与未来的美好期盼，是思想家们的重要思想表达。从世界的视角看，随着人类经济全球化的展开，世界整体发展意识也越来越清晰自觉。学术界通常以1492年哥伦布开辟新航路作为经济全球化开始的标志，因为此前的人类文明发展基本上是在离散时空环境下进行的，各大文明之间并无普遍交往。随着新大陆的发现，世界各民族在全球范围内进行着人种、物种乃至文化的广泛交流，极大改变了世界的发展图景。

　　基于对资本全球扩张的历史判断，马克思恩格斯在《共产党宣言》中深刻指出资本主义"挖掉了工业脚下的民族基础"。这就是说，资本的全球扩张，客观上将世界各个民族都拖入到了"现代化"的历史逻辑之中。紧接着马克思恩格斯预言，与经济全球化所开启的"世界历史"相伴随的将是一种"世界的文学"。而这种"世界的文学"指称的就是因人类现代性历史实践所带来的世界历史多元一体的文化景观。对于未来人类社会的发展图景，马克思恩格斯曾在《德意志意识形态》中用"共同体"或"联合体"等相关概念做了表达，意指一种扬弃了阶级对立的共产主义社会理想。

　　当前，人类文明进入了一个不同文明形态间的交往日益紧密的新的发展阶段。习近平主席对未来人类文明将走向"命运共同体"的判断，既与马克思恩格斯提出的文明交往理论有着内在的逻辑关联性，同时又是着眼于未来人类和平与发展所做出的时代新诠释。众所周知，现时代发展的突出特点是世界多极化、经济全球化、文化多样化和社会信息化。特别是随着资本的全球扩张和科技的迅猛发展，出现了一系列全球性问题，如粮食安全、资源短缺、气候变化、网络攻击、人口爆炸、环境污染、疾病流行、跨国犯罪等，这些问题的出现及其所造成的影响是全球性的，而这些问题的有效解决有赖于全世界各国的通力合作。

　　面对这一时代情势，我们急切呼唤和培育一种以应对人类共同挑战为目的的共同价值观。人类命运共同体的提出，体现了对中国与世界互动发展特征的清晰认识和把握。和平与发展——这是中国自改革开放以来不变的价值诉求，尤其是十八大以来，习近平主席对人类命运共同体理念做出了多角度的阐释，从"你中有我、我中有你"的判断到"人类只有一个地球，各国共处一个世界"的感言，从"牢固树立命运共同体意识"的号召，到"让命运共同体意识在周边国家落地生根"的期盼，从"共筑亚太梦想"的呼吁到"迈向亚洲命运共同体"的方案的提出……我们可以深刻感受到其中的核心价值诉求——坚持求同存异、和而不同，努力把握人类利益和价值的通约性，在国与国关系中寻找最大公约数。总之，面对日益增加的全球性挑战，世界各国的相互合作变得至关重要，亟须奏响和谐共生的时代乐章。

二 人类命运共同体理念的时代内涵

理论是时代的心声。人类命运共同体的提出，是中国领导人基于对历史和现实的深入思考给出的中国答案，是对人类文明未来走向的中国判断。那么，这一关乎人类未来发展的中国表达具有怎样的时代内涵呢？

第一，树立极限意识，致力于人与自然和谐关系的全球共建。20世纪70年代初，由英国经济学家B.沃德和美国微生物学家R.杜博斯主编的著作《只有一个地球》问世，书名如警世之钟，在旁征博引、丝丝入扣的论证中表达着强烈的忧患意识：生活在世界不同角落的不同人群，共同拥有唯一的地球，这就是我们通常所讲的"极限意识"。的确，不同的人群可以生活在不同的地区和国家，可以有贫富之别，可以占有不同份额的资源，但作为命运共同体，今天的人类有一点是平等的，即我们只有同一个地球。人类要生存，社会要发展，就必须拥有一个能与人类长期和谐共处的自然环境。告别盲目的发展状态，共同建立起一种全球性的生态文明，这是保证人类真正实现可持续发展的基础。因此，未来人类的实践行为必须自觉关注现代生态文明的重建，展示人类文明发展的真正意蕴。

第二，注意守护文化多样性，在文化的一元与多元之间找到平衡和张力。文化多样性问题是伴随着经济全球化与现代性的历史节奏凸显于我们的时代生活的。文化多样性本是世界的"原生态"，但经济全球化却加剧了不同文化系统之间的紧张，使人类文化多样性面临严重威胁。现代性的一元逻辑日益成为改变人们日常生活的发展要素，高效率、标准化、整齐划一取代了文化的个性化追求，人类文化发展的多样性被消弭。文化发展的实际情形常常是处于强势文化一方对弱势文化采取了"文化霸权"或"文化殖民"，并将自己的文化价值观强加于对方。今天，人类作为命运共同体，必须倡导文化多样性，尊重文明的多样性。这种文化多样性既是对文化个性与特殊性的表达，也是人类共同文化品质的展示，正所谓"越是民族的，才越是世界的"。只有尊重文化多样性，尊重文化的独立性、异质性和完整性，我们才能深切感受到世界文化的多姿多彩。

第三，坚持合作共赢原则，合力构建人类命运共同体的新文明。不可否认，当今世界仍然存在着不同的国家利益、不同的宗教信仰、不同的意识形态以及不同的社会制度的分歧和对立，冷战思维还不时充斥于国际关系之中。但只有超越冷战思维、零和博弈和各种偏见的樊篱，超越种族、文化、国家与意识形态的界限，让共同利益压倒分歧对立，做出和平共处、有序竞争以及合作共赢的明智选择，世界才可能有光明的未来。从这一价值诉求来看，人类命运共同体理念的提出，不啻为推动世界和平发展提供了一个理智可行的行动方案。而人类命运共同体的建构过程，也是人类新文明和世界新秩序的生成过程。要实现这一历史使命，绝非一日之功，更难凭一国之力，需要各国持续不断的共同努力。正像习近平主席所强调的："不管国际风云如何变幻，我们都要始终坚持和平发展、合作共赢，要和平不要战争，要合作不要对抗，在追求本国利益时兼顾别国合理关切。"所以，在未来的发展中，我们只有始终如一地高举"人类命运共同体"这面旗帜，世界的和平与稳定局面才可能真正形成。

三 努力培育人类命运共同体的中国经验

人类命运共同体理念的提出，体现了对当今复杂多变的国际局势及未来时代发展的中国判断，展现了应对当前挑战、加强全球治理、开创人类美好明天的中国智慧和中国方案。置身于这样一个世界大变局的发展时代，从容步入世界舞台中心的中国，没有理由不向世界贡献出建构未来的中国经验。

首先，从中国的文化传统来看，中华民族素有勇于担当的"天下"情怀，而且历经沧桑始终不变。从"协和万邦""贵和持中"的和平思想，到"己所不欲，勿施于人"的处世之道，再到"穷则独善其身，达则兼济天下"的价值判断，可以说"天下"情怀已然成为中国人固有的文化传统和文化基因，且薪火相传，绵延不绝。尤其是作为儒家代表的孔子所倡导的"和而不同""以直报怨"的中道智慧，其精义就在于克服两极对立思维，立足包容接纳的心态，才能达到天与人和谐、人与人感应、人与物均调。这一倡导对于我们今天缓解各国文明间的冲突与紧张，建构人类命运共同体，无疑是弥足珍贵的思想资源。

其次，从当代中国的发展情势分析，随着当代中国的和平崛起，中国在世界未来发展中将扮演越来越重要的角色。倡导包容性的多边主义外交理念，建构更加开放、公正和有效的世界秩序，在人类命运共同体的构建中贡献出富有示范性的当代中国经验，这应是我们所努力的方向和目标。从首次就落实2030年可持续发展议程制定行动计划，到支持非洲和最不发达国家工业化，此次G20杭州峰会再次向世界传递了这样的信息：中国是一个负责任的大国，正在更加积极有为地维护世界和平，倡导共同、综合、合作、可持续的安全观，致力于通过协商谈判和平解决争端；更加积极有为地参与国际事务，致力于推动完善国际治理体系，积极推动扩大发展中国家在国际事务中的代表性和发言权；更加积极有为地促进共同发展，坚持正确义利观，义利并举、以义为先，促进南北对话和南南合作，帮助发展中国家实现自主和可持续发展。

由世界大国走向世界强国，不仅仅意味着政治、经济和军事实力的增长，还意味着责任的增强。中国所坚持和奉行的和平发展道路，是一条倡导不同文明之间开放包容与交流互鉴、促进各个国家之间相互尊重与合作共赢、推动全世界共享和平与共同发展的道路。中国人民致力于实现中华民族伟大复兴的中国梦，追求的不仅是中国人民的福祉，也是各国人民共同的福祉。G20杭州峰会所传递的文化关切、所表达的中国价值，让人类命运共同体的理念得到了进一步发扬光大。

（原载《光明日报》2016年9月24日第1版"光明专论"）

后 记

感谢清华大学马克思主义学院,让笔者有这样一个机会对自己的学术历程做一下梳理。本书所选编的论文主要涉及三个领域:马克思主义哲学理论、文化哲学问题思考以及社会发展理论研究,这也是笔者学术致思重心之所在。

本书作为一本作者的"自选集",所选的论文涵盖了作者学术思考的基本视野。写作时间跨度近30年,恍惚间如白驹过隙。作者先天愚钝,学术悟性不高,故对于许多社会与哲学问题的思考不甚到位。但正所谓敝帚自珍,看着自己一些几十年前的文字,一些观点虽然流于肤浅,但却是对自己治学与心路历程的印证。

而今自己已经步入天命之年,但却更觉得诚惶诚恐,对学术思考有一种"望尽天涯路"的困顿。只好借庄子"吾生也有涯,而知也无涯。以有涯随无涯,殆已"之感慨聊以自慰。走上学问之路,也许注定了一生的"学"与"问",以求解社会人生之重重困惑。

邹广文

2019年初夏记于清华大学荷清苑寓所